S. FISCHER

ULRICH PELTZER

DER ERNST DES LEBENS

ROMAN

S. FISCHER

FSC
www.fsc.org
MIX
Papier | Fördert gute Waldnutzung
FSC® C014496

Erschienen bei S. FISCHER

Satz: Dörlemann Satz, Lemförde
Druck und Bindung: GGP Media GmbH, Pößneck
ISBN 978-3-10-002467-1

Das Glück loslassen können, während man gewinnt. So machen es alle Spieler von Ruf. Ein schöner Rückzug ist ebenso viel wert wie ein kühner Angriff. Man bringe seine Taten in Sicherheit, wenn sie ausreichend, wenn sie zahlreich sind. (…) Das Glück wird müde, einen so lange auf den Schultern zu tragen.

BALTASAR GRACIÁN,
HANDORAKEL UND KUNST DER WELTKLUGHEIT

1

Bruno van Gelderen. Viele denken, ich sei Holländer, wenn sie den Namen hören, klingt ja auch sehr flämisch. Niederländisch, würde ich sagen. Oder Adel, dabei heißt van Gelderen einfach: kommt aus Geldern … was beinah stimmt.

Auf einer Visitenkarte macht sich der Name aber gut. Die Leute sind so, schlicht gestrickt im Grunde. Manche knicken regelrecht ein, wenn man ihnen vorgestellt wird, fehlt nur noch, dass sie sich verbeugen.

Bruno hieß der Vater meiner Mutter, mein älterer Bruder ist nach dem anderen Großvater benannt, Bernhard, bei uns auf dem Land ist das Tradition. Oder bei uns in der Familie, auf unserem Hof, ich weiß es nicht genau. Als ich zur Schule ging, war ich der einzige Bruno weit und breit, wohl nicht modisch gewesen damals, in den achtziger Jahren. Diese Busfahrerei täglich, wie hab ich das gehasst. Und dazu noch humanistisches Gymnasium. Bernhard ist nach der zehnten Klasse zu Hause in den Betrieb eingestiegen, das wollte er ohnehin, ein Studium kam für ihn nie in Frage.

Bruno van Gelderen, Chief Financial Officer, Merkur-Invest, auf feinem Karton gedruckt, die Buchstaben leicht hervorgehoben, das sah nicht schlecht aus. Wenn man mich bei einer unserer Veranstaltungen so eingeführt hat, hab ich meist nachgeschoben, dass ich der Oberaufseher fürs Finanzielle wäre, der Mann mit der Peitsche, und das Eis war gebrochen. Man versteht ziemlich schnell, wie das funktioniert, wie man Vertrauen aufbaut, ein unverfänglicher Scherz, ein kleines Kompliment, Zuhören können. Nur eins darf man auf keinen Fall: durchscheinen lassen, man wüsste, warum sie gekommen sind … hier bei uns, bei Merkur-Invest, geht es um Business Opportunities und nicht darum, Geld am Fiskus vorbeizuschleusen. Womöglich noch Schwarzgeld, man glaubt nicht, was da gebunkert liegt.

Van Gelderen, das hat wahrscheinlich auch mit der Grenze zu tun, die nur ein paar Kilometer entfernt ist. Meine Eltern haben untereinander nie etwas anderes gesprochen als dieses Kauderwelsch aus Deutsch und Holländisch, diesen Dialekt, ek häbbet je jeseiht, das lernt man fast automatisch. Keine salonfähige Sprache, fand ich schon als Kind, aber später ganz hilfreich, wenn man in Amsterdam oder an der See war. Oder in Roermond, in irgendeinem Kiffercafé. Ich bin da immer mitgefahren, obwohl ich eins mit Sicherheit nie war, ein Kiffer. Dieses dämliche Nirwana-Grinsen, Augen auf halb acht.

Das flache Land allerdings ist meins, und je älter ich werde, muss ich gestehen, umso mehr. Jetzt bin ich noch nicht alt, alt ist was anderes, aber wie sich die Landschaft da, wo ich groß geworden bin, ohne jede Anhöhe bis an den Horizont erstreckt, unter einem Himmel, der ganz niedrig werden kann, wenn Wolken ziehen, das rührt mich, dafür hab ich eine Ader. Es gibt ein schönes Lied von Jacques Brel, in dem er das platte Land besingt, die höchste Erhebung Kirchtürme ... Scheiße, Windräder.

Kobiashvili erzählte mir mal, eine seiner vielen Geschichten, dass er in Georgien beerdigt sein will, er wisse auch schon wo, und hat mich dann gefragt, wo ich. Keinen Schimmer, hab ich geantwortet, wie er darauf komme. Heimaterde, meinte er ganz ernst, in fremder Erde finde die Seele keine Ruhe. Deine Seele, hab ich gesagt, na denn. Aber er, ungerührt, wiederholte seine Frage ... oder ob es mir egal sei, was nach dem Tod geschehe. Ich muss ihn verblüfft angeschaut haben, wer denkt darüber nach? Betschwestern vielleicht, wie eine Tante, die unverheiratet geblieben war und bei uns wohnte, den Rosenkranz immer griffbereit im Kittel. Das Leben nach dem Tod als Drohung, der himmlische Vater vergisst nichts, die unkeuschen Gedanken und die gestohlenen Süßigkeiten, von denen man als Kind bei der Beichte herumphantasiert, um irgendwas zu bekennen zu haben. Te absolvo und zehn Ave-Maria in den Kragen gemurmelt, dann war die Welt wieder im Lot. Andererseits die Frage, und da verstehe ich Koba, ob nach dem Tod wirklich Schluss ist. Wer weiß ... mir ist es völlig gleichgültig, wo man mich unter die Erde bringt. Und meiner Seele ebenso, vermute ich stark.

In Berlin bin ich in den ganzen Jahren in keiner Kirche gewesen, es gibt auch keine, die einen Besuch lohnen würde. Wie, sagen wir, den Kölner oder den Mailänder Dom mit den vielen Altären und Madonnen zum Anbeten ... eine Kerze ein Euro, was dabei täglich heute noch reinkommt, würde mich interessieren. Das katholische Geschäftsmodell, das dem Daddeln ähnelt, jede Münze, die man einwirft, eine neue Hoffnung. Was mich das über den Knast hinaus gekostet hat, will ich nicht wissen, ein halbes Reihenhaus bestimmt. Aber wer will in einem Reihenhaus wohnen? Alle, wenn's schon nicht zu einer Villa reicht.

Und ich? Bevor die Sache mit Koba richtig abhob, habe ich mehr als bescheiden gelebt, erstens hatte ich zu der Zeit einfach kein Geld, und zweitens wollte ich immer so wenig wie möglich für Miete ausgeben. Wozu auch, für wen, Bulthaup-Küche und Candlelight-Dinner im eigenen Penthouse standen und stehen bei mir nicht gerade oben auf der Agenda. Deshalb war Gropiusstadt kein Abstieg, habe ich nie so empfunden. Zwei Zimmer Neubau in Charlottenburg reichen mir, da konnte der Makler reden, bis ihm der Mund fusselig wurde, ein Courtageknecht wie aus dem Bilderbuch. Als könnte man die irgendwo bestellen, mit allem, was dazugehört.

Vielleicht ist es Vorherbestimmung, der man nicht entkommen kann. Jeden Tag ins Büro oder auf den Bau, jahraus, jahrein dieselben Gesichter. Und nie den Mut, sich ins Auto zu setzen und wegzufahren, wo 's Benzin ausgeht, bleibe ich, Salamanca oder Wuppertal. Wie in diesem Roman von Denis Johnson, den ich aus der Gefängnisbibliothek hatte, wird eine Spende gewesen sein, denn vorne stand *Unverkäufliches Leseexemplar* drin. Ein Typ am Ende, der neu anfangen muss. Ich habe mich in dem wiedererkannt, neues Spiel, neues Glück. Wie man es sich vor jeder Runde einflüstert, dieses Mal klappt's bestimmt. Das Hemd klebt einem auf der Haut, den Blick wie ein gehetztes Tier auf das Fenster mit den Zahlen und Symbolen gerichtet. Die Geräusche um einen herum, Gläserklirren, Stimmen, nichts hört man mehr oder wie durch eine Wand aus Watte. Man weiß, wie das abläuft, und kann trotzdem nicht zurück, nur ein Spiel noch, nur eins. Komisch, aber das Bedürfnis danach ist spurlos verschwunden, man könnte mich heute an einem Automaten festbinden, und nichts würde passieren.

Glück gehabt zu haben heißt nicht, auf Dauer glücklich zu werden oder glücklich zu sein, das sind nur Momente. Den Jackpot zu knacken, mit einer Dreierwette richtigzuliegen. Von dem High ist man schnell wieder runter. Wenn man es aber erlebt hat, kommt einem der Rest oft schal vor, flache Kurve ohne Ausschläge, weder nach oben noch nach unten. Um was also geht es? Wie unsere Eltern geschuftet haben, um den Hof zu halten, kein kleiner Hof, war hart. Rüben und Kohl für Kühne, die hatten in der Nähe eine Konservenfabrik, Milchvieh, das dann nichts mehr brachte, abends rumgerechnet, ob man groß in die Schweinemast einsteigen soll. Als Kind schnappte man das auf, Kinder kriegen sowieso sehr viel mehr mit, als Erwachsene denken. Ob die Lage wirklich existenziell war … Kredite, die bedient werden mussten … Bernhard wird's wissen. Wir beide, er ist drei Jahre älter, unsere kleine Schwester eine Nachzüglerin, waren als Kinder sehr eng, er war der Anführer. Meist sind wir uns selbst überlassen gewesen, wer sollte sich auch um uns kümmern? Was nicht das Schlechteste ist, ich hab nichts vermisst.

Als durch Bauland Geld in die Kasse kam, wurde es entspannter. Kann ich mir lebhaft vorstellen, so ein Beamter, der die Flächen ausweist und sich vorher informiert, was für ihn als Provision drin ist. Dicker Briefumschlag in der Aktenmappe, und jede Seite hat etwas davon. Man kennt sich, aber immer schön Abstand halten. Als Schutzwall gegen nachbarliche Missgunst, die nach acht Bier im Festzelt nicht mehr zu zügeln ist … pass auf, was du sagst! Pass du auf, das rat ich dir aber!

Entspannter wurde es auch, weil Bernhard eine radikale Kehrtwende vollzogen hat. Und es war überraschend, wie reibungslos das akzeptiert wurde. Ökologisch anbauen, Brot backen, Hofverkauf, Ziegenkäse und Gänsebrust aus eigener Produktion. Da kommen sie abends oder am Wochenende aus der Stadt und krabbeln mit einem Körbchen durch die Erdbeeren. Bitte, wenn sie sonst nichts zu tun haben, spart man sich die Erntehelfer. Daneben noch ein großer Kräutergarten, der Svenjas Revier ist, sie und Bernhard machen das gut. Eine Tochter und ein Sohn, der schon studiert. Aber? Es gibt kein Aber, obwohl Bernhard und Svenja wie früher von morgens bis abends rackern, der Unterschied ist nur, dass der Laden jetzt läuft. Und das ist nicht wenig, welche Ansprüche ans Leben oder an sich selbst man auch immer gehabt hat.

Es war, muss man von heute aus sagen, eine perfekte Idee von Kobiashvili, jemanden aus dem Fernsehen zu engagieren, um unsere Anlagestrategie vorzustellen. Keinen zu drängen, nie in den Überredungsmodus zu schalten war hier das A und das O. Ich stand meist an der Seite, hab sofort die Moderation übernommen, wenn unser

Mann ins Stocken geraten ist. Als sei es zu viel gewesen, ein paar Texte auswendig zu lernen, die wir ihm aufgeschrieben hatten. Da sitzen dir zehn oder zwanzig Leute gegenüber, die glauben, dass jemand, den sie aus der Glotze kennen, Bescheid wissen muss. Mit Merkur-Invest habe ich die beste Entscheidung meines Lebens getroffen.

Was sich anhört, als sei mir das leichtgefallen, durchaus nicht, es hat eine Zeitlang gedauert, bis ich drauf war. Bis ich verstanden habe, dass wir eigentlich nur Angebote machen, die man auch ablehnen kann. Niemand zwingt niemanden, in einen Fonds zu investieren … Kooperation nur mit den größten Banken, UBS, Deutsche, Paribas.

Die letzte Krise saß denen allen, hatte ich das Gefühl, noch im Fell, die verrückten Lehman Brothers und diese ganzen Hypothekenkonstruktionen, die selbst Einstein nicht durchschaut hätte. Die Relativitätstheorie der Schuldverschreibungen. Die Jungs waren Profis, Koba und ich haben mal versucht, so eine Collateral Debt Obligation auseinanderzunehmen, gescheitert, immer irgendeine Bedingung, die an dem Papier noch mit dranhing. Dagegen waren wir clean-cut fun for the whole family. Unsere Kundschaft musste nicht zehn Semester studiert haben, um zu verstehen, um was es sich handelt. Solider deutscher Mittelstand, der eine hatte ein vollautomatisches Sägewerk, der andere eine Palettenfabrik, Euro-Paletten, der Dritte belieferte die Autoindustrie mit Synchronringen … was immer Synchronringe sein mögen, hab's vergessen. Tennisclub, Lions, Patenschaften und Spenden. Eine geordnete Welt, manchmal habe ich so etwas wie Neid empfunden. Obwohl man das auf längere

Sicht nicht erträgt, immer so eine leichte Unzufriedenheit, dem ganzen Geld zum Trotz. Dass irgendwer ihnen irgendwas vorenthält, obwohl wahrscheinlich keiner es hätte benennen können, welcher Mangel, woran? Auf mehr als einer Motoryacht kann man nun mal nicht unterwegs sein, das sagt einem schon die Physik.

Von Anfang an Latein und später noch Griechisch. Das konnte man sich nicht aussuchen, das stand auf dem Lehrplan. Wie ich es geschafft habe, da durchzukommen, wird mir ein Rätsel bleiben. Ein Rätsel auch, warum sie Bernhard und mich auf diese Schule geschickt haben und nicht auf ein normales Gymnasium. Nach Lobberich oder Viersen, was von der Fahrtzeit her fast das Gleiche gewesen wäre. Agricola: der Bauer, ancilla: die Magd. Damit fing es an, die A-Deklination, ach so, dachte ich, mein Vater ein agricola, nur hatten wir keine ancillas. Dafür Polen, die Reisevisa für drei Monate hatten und meist paarweise rüberkamen. Die Frauen halfen rundum auf den Höfen im Haushalt, die Männer arbeiteten auf dem Feld oder machten Trockenbau. Bäder, Kammern, Stallungen. Die sparten eisern, das weiß ich, weil darüber beim Essen gesprochen wurde. In Polen empfahl man uns weiter, war ein Pärchen weg, kam postwendend ein neues. Natürlich schwarz ... was sich für alle Beteiligten gerechnet haben muss, sonst wäre der Nachschub ja ausgeblieben.

Ich erinnere mich, dass mir die Grammatik von Latein zuerst gefallen hat, beinah eine mathematische Sprache. So dass mir das Lernen keine Probleme machte, es sind mehr oder weniger Listen, die man sich einprägen muss. Die Begeisterung ließ rasch nach, ab da hieß es nur noch, sich durchzufädeln. Was mir gelungen ist, und zwar, möchte ich mal betonen, ohne sitzenzubleiben. Der Griechischlehrer war ein Idiot, außerdem nur drei Jahre, die man absaß, die anderen Fächer, Englisch, Geschichte, ließen sich bewältigen. Und das war die Hauptsache, versetzt in die nächste Klasse.

Nach der Entscheidung, dass Bernhard den Hof übernehmen würde, hatte ich freie Hand. Für ihn das Beste, für mich … na ja. Wenn ich aber an irgendwas kein Interesse hatte, dann war es Landwirtschaft, keine Konkurrenz zwischen uns. Was interessierte mich denn? Computer fand ich öde. Besaß ich alles, hab Spiele getauscht, ein bisschen programmiert, aber das war nicht mein Fall. Allein in einem Zimmer zu sitzen vor einer Maschine, in die man Befehle eingibt. Obwohl ich später oft genug allein vor Maschinen gesessen bin, doch dafür bin ich nicht geschaffen.

Mit der WM 1990 in Italien ist dann so eine Art Fieber erwacht. Wetten auf Ergebnis, der Einsatz war eine Mark pro Begegnung. Je mehr mitmachen, desto höher der Topf, bei keinem richtigen Tipp gehen die Einsätze an die Buchmacher. Mich und Krešimir, auch wenn wir uns nie so bezeichnet hätten. Aus der 10a. Wir wussten gar nicht, was das ist, abgesehen davon, dass kaum ein Spiel ohne eintreffende Vorhersage blieb. Aber wenn doch, hatte jeder von uns plötzlich zehn Mark. Oder zwanzig. Unkostenbeitrag für unseren Aufwand, der Elfmeter von Andy Brehme, Sieg.

MTV habe ich geguckt bis zum Umfallen, ich hatte

einen Minifernseher, den ich angemacht habe, sobald ich auf meinem Zimmer war. Die Red Hot Chili Peppers mit »Under the Bridge« … das schönste Lied, das ich je gehört habe. Und dann kamen noch Beavis und Butt-Head, die beiden Comicfiguren. Diese Klemmbrüder, erledigt von Hormonen und bizarren Überlegungen. Anthony Kiedis und Flea von den Peppers waren etwas anderes, die habe ich bewundert, wie ein paar Jahre zuvor noch Jim Hawkins aus der »Schatzinsel«. Helden, die sich auf abenteuerliche Reisen begeben, ohne Bedenken einfach aufbrechen. Ein Mädchen zu finden, das genau das auch will, war immer so ein Wunsch von mir. Mit dem ich bis jetzt allein geblieben bin.

Gelesen habe ich dann Jahre nicht mehr, Literatur erst wieder, als ich im Knast für die Ausleihe zuständig wurde. Ausleihe, Rückgabe, Registrieren, Sortieren. Zu tun hatte man wenig, fast die Einzigen, die sich Bücher holten, waren die Russen, Russlanddeutsche. Der Rest dumpfte vor sich hin, ich befürchte, bei vielen Kollegen in Tegel handelte es sich ganz simpel um Analphabeten. Was mir aber egal war, ich habe die Zeit durchgelesen. Und, muss man sagen, die Bibliothek war gut ausgestattet, selbst Lyrik gab es im Regal, Ingeborg Bachmann, Joseph Brodsky.

Durchkommen … das dachte ich während der letzten Schuljahre. Wie viele Punkte fehlen, um nicht abzuschiffen? Bernhard war völlig in die Arbeit auf dem Hof eingespannt, Britta, unser Stern, kam gerade in die erste Klasse. Mit ihren großen Brüdern, die auch ihre Onkel hätten sein können. Kriegst du geregelt, sagte Bernhard einmal zu mir, und das habe ich auch, der erste van Gelderen mit Abitur. Während Britta auf dem Weg zu einer Professur ist. Als Internistin, das wird ihr gelingen, kein Zweifel.

Knapp zweieinhalb Jahre waren's, inklusive U-Haft, dann mit Auflage entlassen. Ein anderer Richter hätte vielleicht milder geurteilt, wäre eher dem Gutachter gefolgt, der mich als minder schweren Fall betrachtete, die Beute lächerlich. Was ich mir hätte ausrechnen können, wenn ich bei Verstand gewesen wäre. Dagegen sprach fürs Gericht, die reizende Frau Staatsanwältin in ihrer beeindruckenden Robe, meine Intelligenz und folglich mein Urteilsvermögen, das sie nicht beeinträchtigt sah durch Substanzenabusus und eine vorgebliche Spielsucht. Sei's drum, Zeit zum Nachdenken.

Mein Vater und meine Mutter wissen das bis heute nicht, Bernhard, Svenja und Britta haben mich gedeckt. Ich sei in Indonesien, wo ich für einen deutschen Holzimporteur arbeiten würde, mir gehe es gut. Ob die beiden das geglaubt haben? Sicher wollten sie's, viele Fragen haben sie nicht gestellt, als ich wieder da war. Britta hat sogar, als sie in einem Krankenhaus in Jakarta oder Manila ein Praktikum oder so etwas gemacht hat, einen langen Fakebrief von mir an den Niederrhein geschickt. Da ich noch nie ein großer Briefeschreiber war, wird ihnen das genügt haben. Sich nie nach einer Mailadresse erkundigt, einer Telefonnummer. Ich war zwar schon mal länger als ein Jahr nicht zu Hause gewesen, aber dreißig Monate? Das sind fast tausend Tage, Tage und Nächte … bis von Bernhard die Meldung kam, ich sei wohlbehalten in Frankfurt gelandet und würde bald zu Besuch erscheinen. Ein abgeschlossenes Kapitel, eine wichtige Erfahrung, jetzt gelte es, sich beruflich neu zu orientieren.

War das richtig? Geschwister und Schwägerin zu Komplizen zu machen? Aber ihnen schien die Lüge, mir eigentlich auch, verträglicher zu sein als die Wahrheit. Weil ich ja doch ein anderer Mensch sein würde hinterher, jemand, der seine Lektion gelernt hat. Als könnte man meine Zeit hinter Gittern nicht als amüsantes oder dunkles Geheimnis betrachten. Sich selber ein offenes Buch … leider nein. Ein Buch, in dem sich eins in einer logischen Folge aus dem anderen ergibt, Bernhard übernimmt den Hof, Britta wird Ärztin, heiratet einen Architekten. So finden alle ihren Platz in der Welt, läuft's darauf hinaus?

Seit mehr als zwanzig Jahren lebe ich in Berlin, in letzter Zeit denke ich manchmal, dass es reicht. Sonst bleibt man wirklich hängen, irgendwie, als hätte man sich selbst verloren. Mein Geld ist gut verstaut, da kommt niemand ran, sollen sie klagen, so viel sie wollen. Was kann man Koba, kann man mir vorwerfen? Falsche Entscheidungen getroffen zu haben, Spekulation? Als hätten wir Zwang ausgeübt, ein Renditeversprechen ist eben ein Versprechen, dem gewisse Risiken anhaften. Diese winzigen Fußnoten in jedem Prospekt, die den aufmerksamen Leser darüber aufklären, dass man am Ende möglicherweise nicht den investierten Betrag zurückerhält. Um das Wort Totalverlust zu vermeiden. Schlimmes Wort, am besten, man nimmt es nie in den Mund.

Von uns, weiter westlich in Deutschland geht ja nun gar

nicht, ist Berlin weit weg, wie München oder Hamburg. Oktoberfest und Reeperbahn, mehr fällt mir dazu nicht ein. Kobiashvili war ein Musicalfan, der ist mit seiner Frau nach Hamburg gefahren, und nicht nur nach Hamburg, um sich »Cats« oder, keine Ahnung, »Das Phantom in der Oper« anzugucken. Habe ich immer dankend abgelehnt, seine Einladungen, das hätte mir noch gefehlt.

Sehr spät erst ist die Stadt für mich ein Begriff, ein konkreter Ort geworden. Durch die Nachrichten jeden Tag, Westberlin, Ostberlin, die Demonstrationen, die Flüchtlinge. Worüber in der Schule gesprochen wurde, im Unterricht, aber wen hat das gekümmert? Als die Mauer gefallen war, haben wir vor dem Fernseher gesessen und uns das angeschaut, zwei Mitschüler sind sogar nach Berlin gefahren, mit einem Lehrer, der von drüben war. Von drüben sein, so hieß das. Man verspüre, wurde feierlich gesagt, den Atem der Geschichte … ich denke, es war den meisten in unserer Gegend egal, meinen Eltern garantiert. Die sind erst gereist, als sie auf dem Altenteil waren, vorher höchstens mal für ein Wochenende irgendwohin. Brüssel, Atomium. Als Bernhard vor einigen Jahren den großen Speicher entrümpelt hat, schießt mir grad durch den Kopf, apropos Geschichte, ist er auf Dokumente gestoßen, die ziemlich eindeutig belegen, dass unser Urgroßvater bei den rheinischen Separatisten war, Aufständische versteckt hat, einige Male zur Polizei vorgeladen wurde. Heben wir auf, haben wir beide gesagt, nicht versteigern lassen, falls man dafür überhaupt ein Gebot bekommt. Etwas, das man nicht so einfach verkaufen kann.

Zuerst habe ich im Weinbergsweg gewohnt, dann ein paar Monate auf der Danziger, mit Julia auf der Schöneberger Insel, dann Belziger Straße, nach dem Knast Gropiusstadt, bis ich die Wohnung in Charlottenburg gekauft habe, noch günstig.

Koba, Guram Kobiashvili, hatte damals in Schmargendorf eine Villa, und er war nicht der einzige Georgier oder Russe oder Armenier, der in dem Viertel dort ein Haus besaß. In der Eingangshalle ein Bösendorfer, im Carport seine teuren Schlitten. Für mich hatte das immer etwas Orientalisches, der Sultan und seine Diamanten. Hier, eine Handvoll für dich, mein treuer Diener. Natürlich ist es nicht so gelaufen, wir hatten eine Verabredung über meinen Anteil, an die er sich strikt gehalten hat. Als plötzlich Geld auf mein Konto floss, nach dem ersten Monat bei ihm, war ich einen Augenblick wie vor den Kopf geschlagen, ist das ein Irrtum? Es handelte sich um keine Riesensumme … aber ich hab lange den Auszug angestarrt, bis ich zur Bank gegangen bin und tausend Euro abgehoben habe. Einfach so, selbstverständlich, der Herr, gerne. Mit einem Mal verfügte ich über Kredit, ein ganz neues Gefühl. Ein bisschen mehr als tausend Euro im Monat hatte ich beim »Fußball-Echo« für ein Dutzend Artikel verdient, plus Redaktionsarbeit, plus die Rumhängerei bei irgendwelchen Spielen. Nicht gerade prickelnd, Friedenauer TSC gegen BSV Al-Dersimspor … *Die Überraschung bleibt aus*. Aber ich will nicht klagen, ich hatte nach dem Gefängnis einen Job, und bei einer Oberligabegegnung lernte ich Koba kennen. Der trat da als Sponsor auf, sein Sohn spielte bei Grün-Weiß in der D-Jugend. Warum er das machte, hab ich ihn nie gefragt, was er sich davon versprach. Wie ein Russe, der Geld in einen anderen Verein reinschoss, immerhin aber eine

Klasse höher, Regionalliga Nordost. Vielleicht, weil sie's hatten, was soll's, was kost' die Welt ...

In der letzten Zeit bin ich öfter in Köln gewesen, ich mag die Stadt. Auch ohne Mira, die, für mich paradox, unbedingt nach Berlin will. Wie das zu finanzieren wäre, weiß sie selber nicht, ihre Wohnung in Köln ist klein, aber bezahlbar. Miras Videokunst wird auf Festivals gezeigt, Marseille, Thessaloniki, was sie verdient, geht sofort wieder raus, jeden Monat plus / minus null. Selbst mit Stipendien, alles fließt in ihre Arbeit. Von mir nimmt sie nichts, bis jetzt nicht, denn das würde Beziehungen vergiften. Zumindest darf ich bezahlen, wenn wir essen sind, oder ab und zu in einem Club. Dabei bedeutet mir Geld nichts, es ist angenehm, wenn man's hat, aber keinen Cent darüber hinaus. Prestige, großes Auto. Ausnahme Anzüge, die ich mir schneidern lasse, den ersten bald nach Kobas erster Überweisung, in Köln gibt es ein Geschäft, das auf Tweed spezialisiert ist, ein feiner Stoff. Mira gefällt's, sie zieht sich auch gern etwas eleganter, oder sagen wir, extravaganter an.

Sind's die Gene? Habe ich mich gefragt, als der Gedanke, aus Berlin wegzugehen, deutlicher Gestalt annahm. Was hält mich hier? Wovon hängt's ab, wenn man die Wahl hat, sich eine Stadt auszusuchen? Wie viele Theater es gibt, wie viele Kinos, Museen, wen man kennt, wen man kennenlernen möchte? Dass man Sehnsucht nach einer Landschaft hat? So sentimental ist man oft, obwohl man weiß, wie flatterhaft solche Sehnsüchte sind.

Toby war schon in Berlin, er stammte aus Schaag, was nur ein paar Kilometer von unserem Hof entfernt ist. Und wo man nicht tot überm Zaun hängen möchte, seine Worte. Er war zwei, drei Jahre älter als ich, hatte Jobs beim Film, zu denen er über die studentische Arbeitsvermittlung gekommen war. Scheinwerfer schleppen, so etwas, bis er später das Studieren ganz bleiben ließ und bei einer Produktionsfirma anfing, in der Projektorganisation. Was er bei Heimatbesuchen von Berlin erzählte, hörte sich vielversprechend an, ich vermute, wenn es Frankfurt gewesen wäre, hätte ich mich nach dem Abitur für Frankfurt entschieden. Aber Toby hatte zudem eine Wohnung an der Hand, in die ich sofort einziehen konnte, eine Ein-Raum-Buchte im Weinbergsweg, ohne Bad und Heizung, die zweihundert Mark kostete, gegenüber ein Trümmergrundstück, ein rissiger Zeitungskiosk. Ich kaufte mir eine gebrauchte Duschkabine, die gerade so in die Küche passte, Matratze, Tisch, zwei Stühle, Kühlschrank, als Grundausstattung, zu der sich im Lauf der Zeit, um ehrlich zu sein, nicht viel dazugesellt hat. Ein Holzregal für die Bücher, die ich fürs Studium benötigte, Einführung in die Politikwissenschaft, Staatstheorie, Internationale Beziehungen.

Warum Politik? Vielleicht, weil mir das Fach diffus genug erschien, um mich nicht festlegen zu müssen, wie es bei Jura oder Betriebswirtschaft der Fall gewesen wäre. Ein gewisses Interesse war schon vorhanden, aber letzten Endes nur ein Vorwand, um nach Berlin zu ziehen. Ganz ohne Wohnungssuche, die sich, das Netz steckte noch in den Kinderschuhen, alles lief über Modems, bestimmt schwierig gestaltet hätte. Wohnung und Studienplatz, fünfhundert Mark als Unterstützung von zu Hause, es konnte losgehen. Ich war bei der Studienberatung, hab mir ein paar Seminare ausgesucht, woraus man schließen darf, dass guter Wille vorhanden gewesen ist.

Aber die Diskussionen im OSI waren nicht zu ertragen, auf der einen Seite struppige Aktivisten, die immer Marx oder Lenin parat hatten, auf der anderen die feministische Fraktion, und auf der dritten, wahrlich ein gleichschenkliges Dreieck, Grünbewegte mit Halstüchern und gesundheitsbewusstem Schuhwerk ... tut mir leid, das war nicht meine Welt. Ich hab zwar diesen und jenen Schein gemacht, dazu habe ich mich doch durchgerungen, aber nach dem Vordiplom war Schluss. Man könnte also sagen, dass ich ein vordiplomierter Politologe bin, Gesamtnote befriedigend, an jeder anderen Universität in Deutschland wäre ich in jedem Prüfungsfach durchgefallen.

Meine Freizeit, was in diesem Zusammenhang ein etwas kurioses Wort ist, verbrachte ich anfangs mit Toby, durch seine Arbeit beim Film kannte er eine Menge Leute, die nichts mit höherer Bildung, mit dem ganzen akademischen Kram, zu tun hatten. Auf der Gartenstraße, neben oder hinter einem Flachbau mit einem Supermarkt, war ein kleinerer Club, in den wir oft gegangen sind, so eine E-Höhle, die Interkauf hieß, nein, Discount, glaube ich, wo alles ein bisschen selbst gebastelt war, ich erinnere mich an ein verranztes Sofa im Vorraum, auf dem man abhängen konnte, wenn man eine Pause von der dröhnenden Musik brauchte. Mir ist es da immer zu laut gewesen, auch auf diesem Sofa, man schrie sich bei Unterhaltungen ins Ohr. Weil Toby und seine Crew in der ersten Zeit aber meine einzigen Bekannten waren, bin ich mit ihnen mit, wenn man Glück hatte, ergab sich auch was.

Natürlich reichten die dreihundert Mark, die ich im Monat zum Leben übrig hatte, hinten und vorne nicht, also habe ich mir über die »Heinzelmännchen« immer wieder Jobs besorgt, Schubkarreschieben bei einem Abbruchunternehmen oder als Hilfslagerist, das eine so elend wie das andere. Viel leichter ging's, wenn man bei einem englischen Buchmacher mit einer Kombiwette richtiglag, man kreuzte an, wer das nächste Formel-1-Rennen gewinnen würde, und dazu das Ergebnis irgendeines Fußballspiels. Wie viele Tore fallen werden. Ein Kollege von Toby hatte mich darauf gebracht, der setzte bei den Engländern auf die abseitigsten Wettvorschläge, die mit den höchsten Quoten, was weiß ich, ob der Papst die nächste Woche überlebt oder ob bald Außerirdische entdeckt werden. Ich traf bei einer meiner ersten Wetten schon ins Schwarze, hundertfünfzig für zehn, das waren zwei Arbeitstage für zwei Kreuze mit dem Kuli, hätte ich drei Tipps abgegeben und gewonnen, wäre das Geld für ein paar Monate drin gewesen. Ich war noch vernünftig genug, nie große Summen zu setzen, außerdem … ja, ich fand das sehr abstrakt, einen Kick hat mir diese Art von Spielen nie gegeben. Das Warten darauf, ob man gewonnen hat, nächstes Wochenende, das dauerte mir zu lange.

Im Sommer traf sich Koba, wenn ein bedeutender Renntag anstand, in Hoppegarten mit einigen Landsleuten, alle in großer Garderobe, speziell die Ehefrauen. Man war weniger an den Rennen interessiert, obwohl auch gewettet wurde, als daran, sich zu zeigen, vielleicht ein Business anzuschieben, Klatsch und Tratsch. Weil sie georgisch sprachen, mitunter russisch, habe ich nichts verstanden, aber die Atmosphäre war heiter, man stellte mich vor, Schulterklopfen, Scherze. Und mehr als eine Flasche Champagner kam auf die Stehtische, was auch sonst. Mir behagte das nur halb, in Mariendorf auf der Trabrennbahn gefiel es mir besser, habe ich mich immer wohler gefühlt. Ein anderes Publikum, das sich dort auf der Tribüne und vor den Schaltern jeden Sonntag wieder einfand, vom abgeschabten Rentner bis zum Loddel mit Strähnchen im Haar, Berufsspieler, ältere, offenbar alleinstehende Frauen, die ohne Ausnahme wetteten, was das Portemonnaie hergab, denn darum ging es, ums Zocken.

Man kaufte sich am Eingang für eine Mark eine Rennzeitung, sah die Quoten durch, sah sich an, wie die Pferde in den letzten Rennen abgeschnitten hatten, Platzierung, Preisgelder, und markierte seine Tipps. Wettschein ausfüllen, sich ein Bier holen, hoch auf die große Tribüne vorm Zieleinlauf. Die früher zur Strecke hin verglast war, man saß in dichter blauer Luft, für Nichtraucher muss das die Hölle gewesen sein.

Blieb's nach dem Start jeden Rennens noch ruhig, nur einzelne Flüche, wenn ein Pferd zu galoppieren begann, erhoben sich nach der letzten Kurve aber die ersten Stimmen, es wurde lauter und lauter, schließlich gebrüllt: ja, ja, und: lauf, lauf, lauf, so dass der Bahnsprecher fast nicht mehr zu hören war: in Führung Golden Girl, zwei Längen vor Happy Hanover … bis Sekunden nach dem Einlauf der Lärm erstarb, Wettscheine wurden zerknüllt, Fäuste siegestrunken geballt.

Niemand machte hier niemandem etwas vor, wahrscheinlich war es das, was mich anzog. Angezogen hat, genauer gesagt, denn ich bin seit Jahren, seit meiner Entlassung, nicht mehr in Mariendorf gewesen. Auf irgendeiner Rennbahn, außer Hoppegarten mit Kobiashvili. Ich bin froh, dass zu meiner Zeit das Smartphone noch nicht erfunden war, gar nicht auszudenken, man hätte von einer Parkbank aus in Hongkong oder New York mitwetten können, Spielautomaten online. Das ist verrückt.

Bevor ich es vergesse, den Zivildienst habe ich größtenteils in der Fahrbereitschaft einer Behinderteneinrichtung abgerissen, Langeweile pur.

An einem dienstfreien Wochenende besuchte ich Toby. Oder war ich schon nach Berlin gezogen? Nein, erst ein Jahr später, ich bin zu Besuch bei ihm gewesen. Und er hatte für den Samstagabend etwas arrangiert, wir sind auf eine Party, wo man sich vor Tanz und Feier im Fernsehen den Boxkampf ansah, von dem seit Wochen gesprochen wurde, Oberleutnant Maske gegen Rocchigiani. Der Gentleman gegen den Rüpel, Ost gegen West. Was gab's da zu überlegen? Ist doch Ehrensache, es mit den Außenseitern zu halten, mit denen, die in der Sportwelt oder der Öffentlichkeit schief angesehen, bestenfalls als Kanonenfutter betrachtet werden. Vor allem, wenn's nicht um Geld geht, das man gewinnen oder verlieren könnte, völlig interesselos, wie hier. In der Riesenhalle schon ein gewaltiges Pfeifkonzert, als Rocky aus der Kabine kam und zum Ring schritt, sinnigerweise zur Titelmelodie von »Spiel mir das Lied vom Tod«. Toby und ich klatschten, kann sein, dass Toby etwas Aufmunterndes rief, etwas wie: Du machst es, oder: Hau ihn um. Ich war reservierter, ich kannte weder die Gastgeber noch irgendwen von den Gästen.

Als sich einer zu uns umdrehte, wir standen hinten, mit einem Gesichtsausdruck zwischen Irritation und Unverständnis, ahnte ich schon, wie die Stimmung im Raum war, außer Toby und mir schienen alle anderen aufseiten des Vorzeigeboxers zu sein, ohne Skandale, von Kopf bis Fuß werbetauglich. Und heute Abend würde der Prolo aufs Maul bekommen, zerlegt werden nach den Regeln der Kunst. Man hatte ihn schon abgeschrieben, er hatte sich nicht im Griff, immer wieder Alkohol, und ein Schweiger dazu. Keine Statements in den Medien, einsilbige Antworten bei unumgänglichen Interviews. Als wäre das nicht schon Grund genug gewesen, ihm den Sieg zu wünschen, egal, woher er kam, Osten, Westen, für Toby und mich spielte das wirklich keine Rolle.

In den ersten Reihen am Ring sogenannte Prominenz, Fußballer, Fernsehhöflinge, aufgebrezelte Halbwelt, ich glaube, sogar Politiker, zum Kotzen, was, flüsterte mir Toby zu, reich mir die Schale, sagte ich leise, er deutete nach unten aufs ramponierte Parkett. Gong zur ersten Runde.

Rocky hielt sich gut, er landete Treffer, die den Weltmeister beeindruckten. Dessen Schläge prallten an seiner Doppeldeckung ab, Haken, Schwinger, keiner der beiden wich auch nur einen Zentimeter zurück. Superkampf, sagte ich, Toby nickte, ohne seinen Blick vom Bildschirm abzuwenden. Hast du was gesetzt, fragte ich, er schüttelte den Kopf. Ab der sechsten Runde ungefähr hatte ich das Gefühl, dass eine Sensation in der Luft liegen könnte, die Frage war, wer dieses Tempo länger durchsteht, Kondition, Nehmerqualitäten. In der Halle hörte man »Henry, Henry«-Sprechchöre, man sah Rocchigianis Frau, die ihm von unten etwas zurief. War es bisher im Raum eher ruhig geblieben, wurde nun laut kommentiert, kam es zu Ohs und Ahs, wenn der Favorit in Bedrängnis geriet, nur Toby und ich feuerten den Herausforderer an. Was sind das hier für Arschgeigen, dachte ich, das ist doch nicht wahr. Runde neun, oder vielleicht elf, als der Gentleman schwer getroffen wurde, er taumelte durch den Ring, wusste nicht mehr, wo er war, und uns zwei riss die Begeisterung mit. Mach ihn jetzt fertig, schrie Toby, und ich: Du hast ihn, du hast ihn. Doch Rocky fehlte die Kraft, den letzten, den entscheidenden Schlag anzubringen, der Kampf hatte auch ihn alles gekostet, der Schlussgong rettete sie beide.

Stühlerücken, Aufstehen, sich vor der Bekanntgabe des Siegers noch ein Getränk holen. Wir wurden angeguckt, ich schwör's, als seien wir vom Mars. Irgendwas stimmt mit denen nicht, dachte ich, viele Kommilitonen oder Ex-Kommilitonen von Toby, unser Alter. Dann wurd's noch einmal still, der Ringsprecher verkündete die Wertungen der Punktrichter, Sieger nach Punkten war der Weltmeister. Jawoll, stürmischer Beifall im Raum. Beschiss, sagte Toby, der Kampf war verschoben, von vornherein. Was er denn erwartet habe, fragte ich ihn, mit Rocky kannst du keine Geschäfte machen, für was sollte er werben? Table-Dance, sagte Toby, komm, wir hauen ab.

Sind wir auch sofort, wir waren in Moabit, gingen wortlos zur S-Bahn-Haltestelle auf der Beusselstraße. Hinter der Brücke erstreckte sich, wie heute noch, das Gelände des Großmarkts, Hallen und Rampen und Büros, die in fahl gedämpftem Licht lagen. Da konnte man sich um drei oder vier Uhr morgens anstellen, um einen Job als Kistenschlepper zu ergattern, in einer Reihe mit verwegenen Gestalten, die zum Teil direkt aus der Kneipe kamen. Man roch das, ich hab's gerochen, als ich das einmal gemacht habe, wie heißt es: eine Erfahrung fürs Leben, die man nicht missen möchte.

Als wir auf den Zug warteten, fragte ich Toby, was mit den Leuten los gewesen sei, was er eigentlich für Bekannte habe. Er hob die Schultern, schnippte seine Zigarette auf die Gleise. Unbegreiflich, sagte er dann, erklär's mir. Ich hob auch die Schultern, es gab die Dinge, die für mich selbstverständlich waren, und solche, über die sich reden ließ. Nicht nur im Sport, sondern immer, wenn die Gewichte ungleich verteilt sind … als sei man bei diesem einen Zeichentrickfilm, Tom & Jerry, aufseiten der Katze und würde darauf lauern, dass die Maus erwischt wird. Für mich war das gegen die Natur, gegen mein Gerechtigkeitsgefühl. Das waren Aktentaschenträger, wie schon in der Schule. Jeder mit einem Rückgrat aus Gummi, biegsam in alle Richtungen und um keine Rechtfertigung verlegen, springender Punkt stets, man kriegt am Ende ein Stück vom Kuchen ab. Dagegen sind Hütchenspieler ehrlich, die machen einem nichts vor, wir ziehen dir das Geld aus der Tasche, mal versuchen?

—

Freunde hatte ich wenig, in der Schule nicht und auch nicht übers Studium, wenn wir diese fünf Semester ein Studium nennen wollen. So etwas schweißt ja zusammen, gemeinsam zu lernen, an Arbeitsgruppen teilzunehmen. Ich bin hin und wieder ins Kino gegangen, hab Konzerte besucht, oft in der alten Staatsbank, zu Hause viel Musik gehört. Ich könnte nicht sagen, dass ich unglücklich war, dafür müsste man wissen, was Glück für einen wäre. Jedenfalls habe ich nicht unter meinem Alleinsein gelitten, ich habe mich weder verkrochen noch zwanghaft versucht, jemanden kennenzulernen. Drei- oder viermal kam es zu etwas, man sah sich eine Zeitlang, dann verläpperte es wieder. Toby hatte immer ein paar Mädels an der Hand, der brauchte Gesellschaft, manche rasend hübsch, obwohl er selbst nicht unbedingt ein Brad Pitt war. Ein erstaunliches Phänomen, Geld kann's nicht gewesen sein. Sex?

Sonntags bin ich regelmäßig nach Mariendorf rausgefahren, groß gewonnen habe ich nie und nur selten den letzten Schein am Schalter gelassen. Um dann drei Stunden zu Fuß in die Stadt zurückzugehen, anstatt schwarzzufahren, als hätte ich mich bestrafen wollen. Unbewusst, weil ich mich zwar geärgert habe, wenn ich mit einer Wette danebenlag, es aber unter, drücken wir es so aus, unter Lebensrisiko verbuchte, Selbstvorwürfe habe ich mir nie gemacht. Notfalls eben wieder zu den »Heinzelmännchen«, neben der Krankenversicherung ein anderer Grund, immatrikuliert zu bleiben.

An Automaten habe ich in den ersten Jahren in Berlin kaum gespielt, einfach, weil man nie in gewöhnlichen Kneipen war, wo meist ein Gerät an der Wand hängt.

Groschengrab, sagte mein Vater, ob wir rüber zum Groschengrab wollten, wenn Bernhard und ich ihn in die Wirtschaft begleiten durften und um Geld baten, fünfzig Pfennig für jeden, um den Rotamint zu füttern ... Klingling, wenn man gewann oder ein Sonderspiel angezeigt wurde. Im Steigenberger am Los-Angeles-Platz gab es Slot Machines, da war ich später Stammgast, bevor es ganz nach unten ging. Hundert Meter von der Tauentzienstraße weg, eine in sich abgeschlossene Welt aus Versuchung und Niederlage und sehr spärlichem Triumph. Spielbanken sind nie etwas für mich gewesen, Roulette, Black Jack, ich habe gerne zugeschaut, gut, auch mal gesetzt, aber der Gedanke, effektiv irgendwo einzusteigen, lag mir immer fern. Lediglich bei Craps, das fand ich außerordentlich spannend, nur sind die Regeln, die Optionen, die man gegen die Bank hat, so kompliziert, dass man ein paar Wochen in den eigenen vier Wänden üben muss, bevor man am Tisch zu würfeln beginnt. Für mich war das Spielen eine Art von Zweikampf, der billigsten Sorte im Grunde, an dem außer mir und dem Automaten niemand sonst beteiligt gewesen ist oder beteiligt sein durfte. Das hat sich über die Zeit verselbständigt, als sei ein Schalter im Gehirn umgelegt worden, es galt nur noch, die Maschine zu bezwingen.

Obwohl man einer Elektronik ausgeliefert war, die völlig autonom ein Programm steuert. Auch wenn man sich das Gegenteil einbildete. Aber hier hing nichts mehr von eigenen Entscheidungen ab, ob man etwa einen Würfel auf dem Tisch belässt, alles bewegte sich jenseits von Wahrscheinlichkeiten oder Gedächtnis. Wie beim Black Jack, wo die echten Cracks sich merken, welche Karten schon gefallen sind, und blitzschnell überschlagen, wie ihre Gewinnchancen stehen, zwei, drei Runden vor Schluss, bevor der Dealer oder die Dealerin, da sind viele Frauen dabei, ein neues Blatt aufreißt. Ich kann nicht verhehlen, dass mir das große Bewunderung abnötigte, ein solches Rechentalent, Zähltalent, zumal ich lange geglaubt habe, mit Zahlen nichts anfangen zu können. Dass es reizvoll ist, sich mit Zahlen zu beschäftigen, kann man lernen, die Logik von Quartalsberichten, Tabellen, Bilanzen, von Aktiva und Passiva, und wie man sie ins Gleichgewicht bringt. Als hätte Koba gespürt, welches Potenzial bei mir vorhanden war, vor allem, würde ich in eine Bewerbung reinschreiben, was schöpferisches Kalkulieren betrifft.

Wo war ich? Ja, Berlin. Wenn es mir in der Stadt zu viel wurde in den ersten ein, zwei Jahren, habe ich mich in den Zug gesetzt und bin Richtung Westen, ein paar Tage nach Hause auf den Hof. Ich hab schon mitgeholfen, aber wie das fünfte Rad am Wagen, mehr aufgeräumt, als wirklich zu arbeiten. Britta Vokabeln abgefragt, spazieren gegangen, Fahrrad gefahren. Bis es dann wieder genug war und ich zurückgegondelt bin. Von niemandem angesprochen zu werden, mit niemandem sprechen zu müssen, wenn man nicht will, empfand ich immer als den entscheidenden Vorzug, den eine Großstadt zu bieten hat, selbst in dem Haus, in dem man wohnt, man kennt die Leute nur flüchtig. Anders als auf dem Land, wo jeder alles vom Nachbarn weiß. Oder zu wissen glaubt. Diese Redseligkeit kann einem den letzten Nerv rauben, es interessiert mich nicht das Geringste, wer mit wem und warum. Wenn man die Anfangsphase hinter sich hat, denn man muss sich schon daran gewöhnen, ganz für sich zu sein, will man nicht mehr darauf verzichten, man wird in Ruhe gelassen, im Extremfall Monate tot auf der Couch vorm laufenden Fernsehgerät. Nichts ist umsonst.

———

Irgendwann hatte ich die wechselnden Jobs über. Ein anderes Studium noch einmal zu beginnen kam mir nicht in den Sinn, was auch? Ich hätte es nicht sagen können, heute vielleicht Volkswirtschaft, damit befasse ich mich seit geraumer Zeit, seit den Geschäften mit Koba. Geld und Politik, und wie beides zusammenhängt. Schon aus Eigeninteresse, wenn die Zinsen weltweit gegen null tendieren. Wo ist ein sicherer Hafen, wo muss man schwer aufpassen? Vor zwanzig oder noch vor zehn Jahren hätte ich diese Fragen absurd gefunden, aus einem Kosmos, der nicht verschiedener von jenem hätte sein können, in dem ich damals herumdriftete … die Beziehung zu Julia am Ende, Arbeit weg, immer auf der Suche nach den letzten fünfzig Euro.

Ich sah mich also um, erkundigte mich persönlich hier und da, ohne aber etwas zu finden, das von Dauer gewesen wäre. Öfter mal jobbte ich in einer Konzertagentur, als Mädchen für alles, die zwei Chefs hatten aber versprochen, an mich zu denken, falls etwas Reguläres frei würde. Anscheinend ist das ein Grundübel von mir, nie gewusst zu haben, was ich machen will, in welchem Beruf, es gibt ja Leute, die mit sechzehn oder dreizehn verkünden, ich gehe zur Polizei, studiere Biochemie, Archäologie, und es dann auch tun. Ich dagegen hatte nie eine Vorstellung, ein Wunschbild, in dem ich als irgendwer einen Platz eingenommen hätte mit einem Haus, einem Ort, wo ich leben will, mit Frau und Kindern. Oder in was für einer Konstellation auch immer.

Vererbung kann es nicht sein, die Familie klebt am Boden, seit ein paar hundert Jahren, und auch Bernhard und Britta, meine Geschwister, deren Lebenslinien sind stetig, da reißt nichts ab. Ich meine, richtig abreißen und nicht wegen einer neuen Stelle die Stadt, das Land, den Kontinent wechseln müssen. Als sei ich fortwährend auf der Flucht gewesen, ein Mysterium, wovor eigentlich. Dass Julia und ich heiraten würden, ist bei uns nie aufgekommen, in den intimsten Momenten nicht. So wenig wie nach Hochzeiten, die wir zusammen besucht haben, ihre Freunde heirateten am Stück ... um sich bei einer Trennung dann ausgiebig streiten zu können. Bei Bernhard und Svenja war es anders, ich hatte schon nach der ersten Begegnung mit ihr den Eindruck, ein rarer Eindruck, dass die beiden füreinander geschaffen waren.

Er hatte sie in einem Ausflugslokal kennengelernt, wo sie während der Semesterferien, sie studierte Romanistik, als Aushilfskellnerin arbeitete, der Juniorchef war ein Bekannter meines Bruders. Und hinter ihr her, wie sie später erzählte, ob man nicht mal in Düsseldorf in der Altstadt ausgehen sollte und so weiter. Nur sei er nicht ihr Typ gewesen, ganz nett, aber erotisch leider null, keinerlei Anziehung. Eines Morgens, nachdem der Bus in Viersen nicht gekommen war, hatte Bernhard sie mitgenommen, als sie per Anhalter zur Arbeit wollte. Das sei kein Zufall gewesen, sagte Svenja lächelnd, der Bus kommt nicht, und ausgerechnet an diesem Tag um diese Zeit fährt er außerplanmäßig die Straße lang, wo ich stehe. Rechne mal die Wahrscheinlichkeit aus, ich steig bei ihm ein, und die Funken sprühen.

Ihre Hochzeit war ein großes Fest, mit einem überschwänglichen Polterabend vor dem Haus von Svenjas Eltern, bei dem ganze Waschbecken und Kloschüsseln von einem Hänger heruntergeschmissen wurden, die beiden konnten für Stunden gar nicht mehr aufhören, Scherben zusammenzukehren, ein Schwein am Spieß, Altbier in Strömen. Und dass am nächsten Tag, Standesamt und Kirche, strahlendes Wetter herrschte, es war Mitte Juni, fügte sich passgenau ins Bild ein, was sollte, was könnte hier schiefgehen? Ist es auch nicht, die Eltern haben sich bald zurückgezogen und den Betrieb an Bernhard und Svenja übergeben. Sie umstandslos mit eigenem Geld unterstützt bei ihren Vorhaben ... was partout nicht selbstverständlich ist, kennt man ja, den Nachfolgern reinquatschen bis ins Grab.

Ein Tick zu idyllisch? Wozu die Erinnerung neigt, always look on the bright side of life, während man schon am Kreuz hängt. Aber am Abend des Festes, als eine Band im Hof spielte, dachte ich das bereits, wie schön ist es hier, die Wirtschaftsgebäude an den drei Seiten vorm Haus mit bunten Lampen geschmückt, so viele vergnügte Gäste, die Kinder und die Alten, Essen und Trinken bis buchstäblich zum Abwinken. Zugleich schloss sich jeder Gedanke an eine Wiederholung aus.

In den fünfzig Stunden Therapie, die Teil der Bewährungsauflage waren, sprach ich auch einmal über dieses Fest, nur konnte ich Missgunst nicht bei mir entdecken.

Oder Rivalität. Oder das Gefühl der Zurücksetzung. Ich habe eifrig mitgemacht, vor mir eine nette Psychologin, die auf Suchterkrankungen spezialisiert gewesen ist, bloß spürte ich keine Sucht mehr, wie weggeblasen. Den Drang, an einen Automaten zu müssen, das Konto dafür zu plündern, zugeballert mit Amphetaminen. Als befände ich mich jetzt in einem anderen Leben, nicht geläutert, o ich seh ein, wie falsch das alles war, sondern befreit von einer Last, die ich mir aus unerklärlichen Gründen aufgehalst hatte.

Ob der Knast dafür verantwortlich war, wage ich zu bezweifeln, der Knast übt auf niemanden eine heilsame Wirkung aus. Wie kann man den Unfug immer noch glauben? Dass man drei oder acht Jahre in sich geht, zutiefst bereut, um anschließend ein gesittetes Leben zu führen. Beruf, festes Einkommen, keine Drogen mehr. Dafür ist diese Gesellschaft nicht gemacht, und etwas Sinnvolleres als Wegsperren fällt ihr bis heute nicht ein. Ich hab die Strafe akzeptiert, ist halt so, war meine Einstellung, bring's hinter dich, nach zwei Dritteln kommst du raus, mit Glück nach der Hälfte. Trumpf war, dass ich gleich eine Einzelzelle hatte, in einem der Neubauten, ich hab nachts nicht ins Kissen geheult und musste mir keine Geschichten anhören. Als ich in die Bücherei gekommen bin, habe ich wieder angefangen zu lesen, was vorher nicht gerade meine Lieblingsbeschäftigung gewesen ist. Sogar Kafka, »Der Prozess«, das passt ja, dachte ich, äußerst witzig. Aber witzig ist das Buch tatsächlich, der Herr K. an der Grenze zum Perversen, Sadomaso, Vögelei, alles drin. Ganz anders als das Bild, das man von Kafka im Kopf hat, ich hab oft gelacht. »Wiederbelebung eines Gehenkten« hat mir auch über die Maßen gefallen, dieses unverkäufliche Leseexemplar, das wohl jemand der Bibliothek geschenkt hatte. Und Lyrik, also Gedichte, was für mich eine Überraschung war, dass ich ein Faible für Gedichte haben könnte, nach der Entlassung sofort alles von Brodsky gekauft, der für mich der Allergrößte ist. Ich will nicht behaupten, ein Dauerleser geworden zu sein, aber wenn ich auf Reisen bin, steckt jetzt immer ein Buch in meiner Tasche, gern was Klassisches, ich sag mal, Gottfried Benn oder Thomas Mann.

Kobiashvili hätte ich von meiner Zeit im Gefängnis nicht erzählen müssen, wie in einem Vorstellungsgespräch, wo man notgedrungen mit der Wahrheit herausrückt, weil das polizeiliche Führungszeugnis so oder so alles enthüllen würde. Es war auf einer längeren Autofahrt nach Süddeutschland, als er vorschlug, dem Casino in Baden-Baden einen Besuch abzustatten. Um den Abend totzuschlagen, Termine hatten wir erst am nächsten Tag. Weil meine Begeisterung sich in Grenzen hielt, okay, sagte ich nüchtern, meinetwegen, fragte er nach, was das Problem sei, ob ich ein Problem habe. Ich hätte kein Problem, entgegnete ich, gehen wir ins Casino. Er ließ aber nicht locker, ich verberge etwas, eh, Koba, sagte ich, wenn ich etwas zu verbergen hätte, würdest du es nie erfahren. Also? Also schilderte ich ihm in Umrissen meine Geschichte, diese Episode, mit der Pointe, dass ich Tegel von innen kennen würde, gut kennen … falls er mal Infos bräuchte. Kobiashvili lächelte, don't worry, sagte er dann trocken, und ich ergänzte: be happy. Ich glaube, meine Knasterfahrung hat ihm imponiert, kein Thema, um das man größeres Aufheben macht.

Meine Vermutung, dass Koba selbst schon in Konflikt mit der Justiz geraten war, noch in Georgien, in den frühen Neunzigern, als bei den Privatisierungen einiges drunter und drüber ging, ist immer eine Vermutung geblieben, er hatte mal etwas angedeutet, in eine allgemeine Bemerkung übers Rechtswesen gekleidet, ich hab nicht weiter gefragt. Heute scheint von dort keine Gefahr mehr zu drohen, sonst wären wir nie nach Gori gefahren, das war sein Heimatort, wo er offenkundig die besten Verbindungen besaß. Hier sitzt Geld am Tisch, dachte ich bei mehr als einem Essen.

Männer unter sich, Stunden. Sich zutrinken, Trinksprüche, eine Platte mit Leckerbissen folgte der anderen. Einen größeren Unterschied zu der Kost hinter Gittern kann man sich nicht ausmalen, abgesehen vom Rest. Zelle, Aufenthaltsräume, Arbeit. Viele Kontakte hatte ich nicht, man ließ mich aber in Ruhe. Obwohl räuberische Erpressung im Urteil stand, gehörte ich, natürlich, weder zu den Heavys, wie ich sie für den Privatgebrauch nannte, noch zu den Trickstern, die hintenrum versucht hatten, an Bares zu kommen. Voll aufs Auge oder etwas raffinierter, die graue Eminenz war ein unverbesserlicher Heiratsschwindler, ob man's glaubt oder nicht, der knapp an der Sicherungsverwahrung vorbeigeschrammt ist. Daneben die Taten aus Ehre und Eifersucht und dergleichen, wie unbeherrscht kann man sein. Ganz ohne Stoff im Blut, was bestimmte Delikte ja erklärbarer macht. Hat mich die Psychologin auch gefragt, wie's jetzt aussehe bei mir mit Aufputschmitteln, kein Bedarf, sagte ich, das sei vorbei wie das Spielen. Eine Art von Hochschaukeln, ohne im Nachhinein zu wissen, was zuerst da war, High Speed in jedem Fall.

So haben wir die Therapie durchgezogen bis zur letzten Stunde, wie vereinbart und mir auferlegt. Von Heilung konnte keine Rede sein, weil ich mich nicht krank gefühlt hatte. Oder nicht mehr, schon als ich entlassen wurde. Stabil, das war der Begriff, ich käme ihr jetzt ausgesprochen stabil vor, meinte sie, bevor wir uns voneinander verabschiedeten. Frau Leder, mit dem schönen Vornamen Aurelia.

Als sei der Sonntag, vor allem der Sonntagnachmittag, ein Problem, das man zu lösen hat, bin ich häufiger auch ins Mommsenstadion zu den Heimspielen von Tennis Borussia. Einmal im Monat sicher, zweite Bundesliga, Stehplatz neben der Haupttribüne. Vor dem Anpfiff sorgten weiß gekleidete Trommler auf der Laufbahn für Stimmung, nur trommelten sie manchmal zu lange, zu viel Samba für meinen Geschmack. Was aber hundert Prozent erträglicher war als die besoffene Grölerei auf anderen Fußballplätzen, diese strunzdummen Vereinshymnen.

Ulf und Can waren richtige Fans, trugen lila Schals, und wenn ich mich nicht irre, ist Ulf sogar Mitglied bei TeBe gewesen. Da die beiden auch immer neben der Haupttribüne standen, begrüßten wir uns schon bei meinem zweiten Besuch im Stadion, Sieg gegen Köln, glaube ich, hinterher gingen wir noch etwas trinken. Ulf war ein wandelndes Fußballlexikon, er hätte jede Quizshow locker gewonnen, wer stand bei Rot-Weiß Oberhausen dann und dann im Tor? Can kam aus der Türkei, war erst vor ein paar Jahren zu seiner Mutter nach Berlin gezogen, sein Heimatclub war Kayserispor, leider eine Fahrstuhltruppe.

Ich stellte mich als Politologiestudent vor, der zu Tennis ging, unter anderem, weil er eine instinktive Abneigung gegen das Olympiastadion hatte, ein Fan wie sie müsse ich erst noch werden. Eine Abneigung gegen das Olympiastadion zu haben sei von vorneherein gut, sagte Ulf, ein etwas älterer, hagerer Typ in Jeans und Anorak, wenn TeBe aufsteige, gerate man allerdings in eine Klemme, er hob sein Bier, um mit uns anzustoßen, aber, sich Schaum von den Lippen wischend, Vereinstreue schlägt Nazibrut, wir räuchern den Ungeist aus. Can nickte, erst mal ausräuchern. Nur ausräuchern, sagte Ulf, wir sind gewaltfrei, man lernt. Can klopfte ihm auf den Rücken, wir lernen alle. Die zwei kannten sich aus dem Café Kotti, wo Can gekellnert hatte, einer seiner zahllosen Jobs. Er war jünger als ich, ein Schalk, mit sehr viel Charme. Wie Ulf, der bei seinen Storys immer ein Lächeln im Gesicht hatte, das Leben ist schon ernst genug.

War ich im Stadion, gingen wir anschließend irgendwohin, meist in Kreuzberg, wo sie wohnten, Bateau Ivre oder Bierhimmel. Sonst trafen wir uns nie, außer zu Ulfs Geburtstag, zu dem er mich seither Jahr für Jahr einlädt. Er arbeitete als Archivar, Bundesarchiv, hatte spät noch Bibliothekswissenschaft studiert, nachdem er sich lange, wie er sagte, herumgetrieben hatte. Zuerst in Italien, dann Aufbauhelfer in Nicaragua, als die Contras anfingen, das Land zu terrorisieren. Meine Frage, ob's gefährlich gewesen sei, tat er mit einer Handbewegung ab, nicht an seinem Einsatzort, zu Selbstmord habe er kein Talent. Dass Ulf je die Nerven verlieren könnte, schien mir unwahrscheinlich, er wirkte ungemein entspannt. Warum wir uns nie näher angefreundet haben ... ich vermute, ich bin nicht so jemand. Der zum Telefon greift, eine Mail schreibt.

Can habe ich einmal auf der Straße getroffen, am Rand einer Kundgebung am Kottbusser Tor, bei der es um die Sache der Kurden ging, bunte Fahnen wurden geschwenkt, Bilder von Getöteten hochgehalten. Mir ist entfallen, was ich in Kreuzberg zu erledigen hatte, ich hörte die Sprechchöre, sah flackerndes Blaulicht, wollte mir das angucken aus reiner Neugier. Can, den ich schnell entdeckte, war in Begleitung von zwei Frauen, zwei Aktivistinnen, die atemberaubend aussahen … wenn ich das hier sagen darf … ich war sofort auf ihrer Seite. Über seine Herkunft hatte er sich nie ausgelassen, den Weg seiner Familie, seiner Mutter, von Kayseri nach Berlin, obwohl wir bei unseren Kneipenbesuchen gelegentlich auch über Politisches sprachen, die neue Regierung, Krieg gegen Serbien, was so anlag damals. Ulf war ein unbeugsamer Linker, aber seine Meinung zu verschiedenen Themen konnte ich mühelos unterschreiben. Außerdem sein Humor … wie er als Punk in London einen Pub voller Skinheads betrat und die Glatzen ihn über Blocks hinweg verfolgten, bis sie endlich aufgaben … Turnschuhe gegen Springerstiefel, Converse All Star rules … man kam nicht entfernt auf den Gedanken, er sei verbiestert oder dogmatisch.

Genau, dogmatisch ist das Stichwort, das hat mir das Studium dann bald verleidet, ich saß zwischen allen Stühlen. Und meine Leidenschaft für die Politik war nicht ausreichend, um mich allein durch den Stoff zu schlagen, ein Gebiet zu finden, in das ich mich hätte versenken wollen. Möglich auch, dass ich für wissenschaftliche Arbeit nicht geeignet bin, so wenig wie für ein Dasein in einer Organisation. Hierarchien, die zu beachten sind, Sprachregelungen. Was für die einen Luxusprobleme sind, sind's für die anderen nicht, ich gehöre zu den anderen.

Mit meinen Sonntagnachmittagen im Stadion war es vorbei, als Tennis Borussia die Lizenz verlor und sich der Zwangsabstieg anschloss. Habe ich in der Zeitung verfolgt, da rollte eine Prozesslawine gegen die Investoren, allerdings ohne Erfolg. Immer sehr bequem, die Verantwortung zu delegieren, als sei man unfähig, einen Vertrag zu lesen. Und zu unterstellen, es habe sich um verabredeten Betrug gehandelt, ist nur Verleumdung, weil man sich die eigene Dummheit nicht eingestehen kann. Die eigene Gier. Die, wenn es um Geld geht, unbezwingbarer ist als bei Sex. Ein Erfahrungswert, für den ich mich heute verbürge. Nenn eine Zahl, und der Verstand setzt aus. So plötzlich, als hätte man das Licht ausgeknipst, dreihunderttausend Kilometer in der Sekunde.

Wann habe ich zum ersten Mal Speed genommen? Und warum nichts anderes, oder nur selten, wie Toby und seine Freunde, die sich Acid und E einschmissen, als gäb's kein Morgen. Bei mir hielt sich alles im Rahmen, selbst wenn ich getrunken hatte, erst später, als ich Nächte vor Automaten verbrachte, artete es aus. Kokain ist mir meist zu teuer gewesen, mochten die Preise auch noch so verfallen. Wie die Qualität, mit Milchzucker gestreckt oder was sie da reinpanschten in alles. Domestos, bis Löcher in der Nase sind. Konnte mir nicht passieren, weil ich bei einer Dealerin kaufte, deren Sortiment von organisch bis synthetisch zuverlässig gut war. Man hatte mich an sie empfohlen, ohne Empfehlung kam man bei ihr nicht über die Schwelle. Ein Kollege aus der Konzertagentur, in der ich arbeitete, gab mir die Telefonnummer, nachdem er mit Reela gesprochen hatte.

Ihre spartanisch eingerichtete Arbeitswohnung, frisch saniert, ein Zimmer mit eleganter Couch und zwei Clubsesseln, Aluminiumrollos, sonst nichts, lag in Schöneberg, unweit des Winterfeldtplatzes. Wie ich von dem Kollegen erfuhr, war sie seit langem im Gewerbe tätig, eine Connection noch aus der Zeit vor dem Mauerfall. Mitte vierzig, schätzte ich, außerordentlich gepflegt, ein Pagenschnitt mit wenigen grauen Strähnen, farblos lackierte Nägel, schwarze Jacke, schwarze Hose. Ich war oft genug bei ihr, dass mir Details in Erinnerung geblieben sind … der teure Füller, mit dem sie sich während eines Telefonats Notizen machte, in der akkuratesten Schreibschrift, die ich je gesehen habe … der große Siegelring am rechten Mittelfinger … das zusammengebundene Lederetui, in dem sie ihre eigenen Drogen aufbewahrte.

Wahrscheinlich, dachte ich, muss man so ordentlich sein, wenn man sich als Dealerin behaupten will, nicht im Kleinsten ein Kontrollverlust. Obwohl sie selber heftig konsumierte, dazu ihr leises Schniefen, als sei sie erkältet, ständig. Ein Leben mit Grüntee und Kokain, zur Entspannung eine Purpfeife zwischendurch. Dabei sah sie gesund aus, ein zartbrauner Teint von den Reisen nach Mexiko und Thailand, wo sie halbjährlich ihre Kontakte pflegte. Im Goldenen Dreieck, wurde gemunkelt. Ich traute ihr das ohne weiteres zu, sie wirkte souverän, eine Geschäftsfrau, wie man sie sich vorstellt. Besuche bei ihr hatten nichts

Konspiratives an sich, nichts Heimliches, als hätte man einen Termin auf dem Amt. Einmal wurde ich Zeuge, wie sie die Qualität einer Lieferung aus Amsterdam testete, sie gab mit einem Löffelchen eine kleine Menge Kokain in eine Art Reagenzglas mit einer Flüssigkeit, schüttelte es und las dann auf einer Farbskala irgendwas ab. Was sie zufriedenstellte, danach hackte sie für jeden von uns eine Line … wenn ich schon mal da war. Der Flash, der folgte, war sensationell, man hätte die Welt aus den Angeln heben können. Und zugleich Mund und Rachen schwer betäubt, die eigne Spucke wie ein Fremdkörper. Später fragte ich mich, ob Reela das jemandem rein verkaufte, ob sie Vorzugskundschaft hatte. Bevor sie die Ware dann behutsam verlängerte, um auf ihre Mark zu kommen. Eine Rechenaufgabe, Grundschule.

Koba war frei davon, absolut kein Drogentyp. Es trieb ihn von allein an, morgens sofort vor den Computer, Kurse, Beteiligungen, Mails. Und Telefonate in verschiedenen Sprachen, oft auf Russisch, das er noch in der Schule gelernt hatte. Komsomolze gewesen, ich schätze, viele seiner Verbindungen stammten von daher. Auch Geld. L'argent, wie er gern sagte, obwohl er Französisch nicht beherrschte, Englisch und Deutsch aber sehr gut. Seit mehr als fünfzehn Jahren war er schon hier, als wir uns bei Grün-Weiß begegneten, erst einige Monate in München, dann in Berlin. Sein Office hatte er auf der Schaperstraße, eine dieser Altbauwohnungen, nach denen man sich die Finger leckt, überall Stuck, poliertes Parkett, Flügeltüren. Zwei Mitarbeiterinnen erledigten den Schriftverkehr, die Vorbuchhaltung, oder machten Termine, Baya aus Georgien und Silke aus Pankow, beide gelernte Bürokauffrauen, die ich an jedes Unternehmen weiterempfehlen würde. Das war es schon, die beiden, Kobiashvili und dann ich. Mit eigenem Schreibtisch, auf dem jedoch nie viel lag. Man muss alles im Kopf haben, meinte Koba mehr als einmal, und wo er recht hatte, hatte er recht.

Ob wir uns auf Anhieb sympathisch waren, könnte ich nicht sagen … also, nicht unsympathisch, das sicher … ich war nach einem Spiel auf ihn zugegangen, um zu fragen, wo er den Verein in den nächsten Jahren sehen würde, hatte ihn vorher auf der Tribüne beobachtet, wo er zwischen den biederen Altfunktionären auffiel, von seiner Art her, und weil er Engagement zeigte, von seinem Sitz hochsprang, wenn es Chancen gab. Oder eine Chance vergeben wurde. Ich wusste, dass er Georgier war, das wusste man, und die Mannschaft finanziell unterstützte, noch nicht so alt, in seinen Vierzigern, untersetzt, ohne behäbig zu wirken, auch nicht bullig, mit sehr dunklen Augen, die seinem Blick etwas Eindringliches und zugleich etwas Warmes verliehen.

So fing es an, fünf, sechs Jahre her, in denen ich was gelernt habe. Ja, auch einiges verdient, aber das hängt zusammen. Wie viel einsames Kapital in der Welt ist, das Anschluss sucht, reich ihm freundlich die Hand, und es folgt dir willig. Normale Menschen haben keine Idee davon, hatte ich auch nicht, was Wohlstand bedeutet, und damit sind nicht Milliarden gemeint. Ein Leben in der Yellow Press, Martha's Vineyard oder Biarritz, sondern die, nennen wir's unbefragte Selbstverständlichkeit, dass es einem glänzend geht. Schönes großes Haus, ein Pool, ein Boot, und keinen Gedanken daran verschwenden müssen, was morgen sein wird. Oft schon seit Generationen. Klar, manchmal fällt einer auf die Fresse, aber selten genug. Mitleid ist in so einem Fall von mir nicht zu erwarten, nicht wenn man erlebt hat, wie sich Hemmungen in Luft auflösen. Gesetzlicher oder moralischer Natur, was sich nicht immer deckt.

Wobei Moral ... was heißt das? Wenn's um Geld und Steuern und Anlagen geht, ist alles sehr abstrakt. Ist losgelöst von Alltagsfragen, spring ich in den Kanal und rette das Kind? Wer jetzt sofort ja sagt, kennt sich nicht. Macht sich etwas vor. Als erkundigte man sich bei einer Investition nach Steuernummer und Finanzamt ... der Papst vielleicht. Oder warum etwas über ein Konto, eine Holding in Andorra abgewickelt wird? In Luxemburg, in Slowenien. Das sei am bequemsten, sagte ich, sei für uns keine Sache, nachdem Entsprechendes angedeutet worden war. Er hatte sich gewunden, mit sich gekämpft, aber dann ist unser Angebot doch zu verlockend gewesen. Er, das war der Eigentümer von Deeg-Chemie, achtzig Mitarbeiter an zwei Standorten, Jahresumsatz bei dreißig Millionen. Hygienekonzepte für Großküchen, Medizinprodukte, seit neuestem Kunststofftechnik. Drei Töchter und die Nachfolge nicht geregelt. Was er vielleicht im Hinterkopf hatte, als er mich zu einem Segeltörn nach Spanien einlud, zufälligerweise seine älteste Tochter mit an Bord. Mit der ich mich gut verstanden habe, beide fragten wir uns, ob das sein Ernst sei. Ob er sich das wirklich so ausgedacht hatte, der Raimund. Jeden Morgen auf den Heimtrainer, einmal die Woche allein in die Kellersauna. Er strahlte für mich etwas Freudloses aus, dazu ein leicht gebeugter Gang, kaum sechzig. Wie er die väterliche Firma groß gemacht hatte, war sein Ruhmesblatt, er wurde in der Region hoch geachtet, saß im Aufsichtsrat der Raiffeisenbank … wohin mit den Überschüssen? Aber wozu? Die Frage hätte Deeg selbst nicht beantworten können, das weiß ich, die alte dumme Frage nach dem Sinn.

Was klingt, als könnte ich's, natürlich nicht. Meine Ambitionen lagen und liegen drei Stufen darunter, erst mal durchkommen. Und wenn ich ehrlich bin, ist es schon wohltuend, morgens aufzuwachen und keinen Kater zu haben. Dieses Zittern in den Knochen, bis man eine Line gezogen hat. Oder eine Pille geschluckt, Flachmann auffüllen und ab in den nächsten Spielsalon. Finde ich gar nicht wenig.

Viel helfen beim Segeln musste man nicht, weil die Seilwinden vollautomatisch funktionierten. Tanja und ich also auf dem Vorschiff, erzählen uns dies und das. Woher ich ihren Vater kennen würde, wie die Einladung zustande gekommen ist. Sie lebte in Frankfurt und hatte keinen Hang zu Chemie, zu Geschäften, war Restauratorin in einem Museum. Was sie von ihrer Arbeit berichtete, fand ich interessant, ich brauchte ihr nichts vorzumachen. Wenn ich etwas von ihr gewollt hätte, obwohl mir das schwerfällt. So zu tun, als habe man seit langem nichts Spannenderes gehört. Dafür fehlt mir die Geduld, entweder ergibt sich schnell ein Thema, oder man lässt es bleiben. Nichts ist nervtötender, als sich schweigend beim Frühstück gegenüberzusitzen, weil alles schon gesagt worden ist, unter falschen Voraussetzungen. Nur für einen Fick, das lohnt sich nicht. Was Toby anders sah, und er war nicht der Einzige, in jeder Bar, in jedem Club, sofort den Checkerblick kreisen lassen.

Gefiel sie mir? Ich habe keine Vorlieben wie dieser Kollege aus der Agentur, Dermot, der immer auf der Suche nach einer Blonden war, kurze Haare sollte sie haben. Manche sind ja fixiert auf so etwas, schlank oder nicht, obenrum üppig oder flach wie ein Brett, wonach sie mit einer irren Obsessivität Ausschau halten. Klamotten, Schuhe, Tanzstil, und schon setzt es aus. Dabei lässt sich oft wenig an solchen Äußerlichkeiten ablesen, sofern es wirklich zu Sex kommt. Sorry, aber das ist meine Erfahrung, vielleicht nicht groß genug. Groß genug jedoch, um sagen zu können, dass Unscheinbarkeit und Spaß sich nicht widersprechen. Ohne dass viele Worte gefallen wären, das übliche Gesülze. Auch wenn dann nichts draus wird, zweimal gesehen und gevögelt und fertig. Weil es um nichts anderes ging, keine Schwüre und Bekenntnisse.

Ich muss zugeben, dass ich Tanja ziemlich attraktiv fand, allerdings war die Situation, in die wir uns hatten bringen lassen, zu seltsam, um unbefangen zu sein. Nicht zu überspielen durch Lockerheit, bei gemeinsamen Essen mit ihren Eltern, obwohl wir uns darum bemühten. Sie konnte toll zeichnen, einen Nachmittag habe ich ihr auf der Veranda des Ferienhauses, das den Deegs in Spanien gehörte, für ein Porträt gesessen. Hat sie mir hinterher geschenkt, ich mit freiem Oberkörper. Realistisch, ein wenig Flaum auf der Brust, die gerade noch zu sehen ist, zwei Tage nicht rasiert. Meine Gesichtszüge hatte sie fast zu schmeichelhaft dargestellt, zu geglättet. Ich würde zu meinem Gesicht nicht grob sagen, irgendwie bäurisch aber schon. Nichts Durchgeistigtes, als entstammte ich einer Familie von Gelehrten und Kirchenmusikern. Mein Mund war gut getroffen, auch das runde Kinn. Ich glaube, ich sehe ganz passabel aus, normal groß, keine auffälligen Narben oder Tätowierungen. Über meinen Körper, Körperbau, habe ich nie nachgedacht, scheint, dass ich alles in allem damit einverstanden bin. Immer gewesen bin eigentlich.

Na ja, graue Haare, werden mehr, auch nicht zu ändern. Wenn man nachts unterwegs ist, fällt's nicht weiter auf. Dass die einen älter machen, als man ist. Meine Sorge soll das nicht sein, ich muss niemandem etwas vorspielen. Musste man in Berlin auch nicht, hier lief jeder rum, wie er wollte, und erntete höchstens ein Schulterzucken. Ich denke an den Abend, als ich von meiner neuen Wohnung zum Central runtergegangen bin, am Hackeschen Markt, um mir einen Film in der Spätvorstellung anzugucken, und ein Mann ins Foyer trat, der nichts anhatte außer einer Pelzstola und hochhackigen Schuhen, es war Februar oder März. Ungerührt verkaufte ihm die Kassiererin ein Bier, und er ging wieder. Verkühl dich nicht, rief sie ihm nach, nein, nein, rief er zurück und winkte ihr aus der Tür noch flüchtig zu. Ich weiß nicht, wie man heute reagieren würde, ich war gebannt, so ist die Großstadt, dachte ich, bei uns auf dem Land hätte es Aufruhr gegeben, hätte man die Polizei alarmiert.

Solche Begegnungen der zweiten oder dritten Art waren damals nicht ungewöhnlich, alles war provisorisch, Baustellen, Umleitungen, so dass mir mein Leben kein schlechtes Gewissen bereitete. Die Welt ist in Bewegung, irgendwas wird schon laufen. Da machte jemand in einem baufälligen Keller einen Club auf, dann den nächsten, und heute ist er Großgastronom mit Sterneküche und Designhotel. Muss man aber auch wollen, eines Tages muss man sich entscheiden, so geht das jetzt weiter. Mit dem Ehrgeiz, der dafür nötig ist, gegen alle Widerstände … die man später ausschmücken kann, um's noch eindrucksvoller aussehen zu lassen, was man erreicht hat. Vom Drogen schluckenden Spaßvogel zu einer Stütze der Wirtschaft, die man gern zu Rate zieht, wenn es um die Zukunft geht. Von Tourismus bis Städtebau. Oder für was sich die Öffentlichkeit gerade interessiert, das brennt uns unter den Nägeln. Mir nicht, außer es betrifft mich direkt, wie bei der Haussanierung auf dem Weinbergsweg, als ich aus der Wohnung rausmusste. Weil das doch zweierlei ist, Theorie und Praxis, aber vielleicht fehlt mir einfach auch ein Stück DNA. Was sie einem predigen, Verantwortung für die Gesellschaft. Ich? Etwa genauso wie ein Manager, der ein paar Millionen im Jahr verdient? Meinetwegen auch Managerin, das ist dasselbe in Grün. Um wen kümmert sich die Gesellschaft denn? Bis es mal kracht und den Leuten alles um die Ohren fliegt, denen oben und denen unten. Fragt sich, wo man dann besser aufgehoben ist.

Mehrere Wohnsitze zu haben, einen in Spanien, einen in Deutschland, hilft immer. Schon steuerlich, wenn man's geschickt anstellt, legal. Auch wenn die goldenen Zeiten vorbei sind, als Ländergrenzen noch Grenzen waren, ohne die Digitalisierung von heute. Verdienst du fünf Euro im Ausland, dann rechne damit, dass sie es in Reinickendorf erfahren. Also kein Wunder, dass man, aus reinem Selbstschutz, auf bestimmte Angebote zurückgreift, die einem großzügig aus Übersee offeriert werden. Von jenseits des Bodensees, um geographisch nicht allzu weit zu schweifen. Lass das Geld von da aus arbeiten, aber arbeiten muss es, um nicht in einem Schließfach zu vergammeln. Auf einem namenlosen Konto, von dem niemand außer dir etwas weiß. Ob Tanja eingeweiht war? Darüber haben wir nicht gesprochen, aber wie ich Deeg, der ja clever war, einschätze, wird er Vorkehrungen getroffen haben … ein versiegelter und an sie adressierter Briefumschlag, der bei einem Notar im Tresor liegt. So oder so, eine gute Partie, wie man früher sagte, wäre Tanja gewesen … hätte man es darauf abgesehen gehabt, Ehevertrag hin oder her.

Halteverbotsschilder für die Trucks aufstellen, die Halle checken, die Rowdys einweisen, Catering für sie organisieren, Abendkasse durchzählen, den Abbau des Equipments überwachen, Licht aus, mit den Kolleginnen und Kollegen trinken gehen. Das immer, sonst habe ich noch alles Mögliche gemacht während der ersten Monate in der Agentur. Tagsüber Mails beantwortet, Kaffee gekocht, Essen in die Mikrowelle geschoben, gespült, Papiere sortiert. Das Geschäft lief gut, so brauchten sie jemanden, den sie als Springer einsetzen konnten, als Bürokraft, Fahrer, Geldboten, dazu ausgestattet mit einem hinreichend dicken Fell für Diskussionen mit den Tourmanagern, die an den Veranstaltungsorten dieses zu beanstanden hatten oder jenes. Meist auf Englisch … one dressing room, not two, look at the contract …

Falcon Concerts residierte in einer großen Wohnung

auf der Torstraße, die einen riesigen Heizkessel in der Küche hatte, den man mit Briketts füttern musste, fast industriell, bis die Chefs, Willie und Claudio, eine Gastherme einbauen ließen. Die beiden saßen in zwei Zimmern hinter der Eingangstür, das ehemalige Wohnzimmer war die Operationszentrale mit einem Kopierer, Stahlrohrschreibtischen und zwei Faxgeräten, über die paraphierte Verträge reinkamen. Oder versendet wurden. Was heute, fünfzehn, höchstens achtzehn Jahre später, vorsintflutlich anmutet, genau wie dieser Kopierer, ein halber Kleiderschrank. Dann der Besprechungsraum mit Couchgarnitur und Sideboard, auf dem eine Musikanlage stand, vor der Küche eine Kammer voller Aktenordner, Platten, CDs, an den Wänden und Türen Plakate von Konzerten, die man abgewickelt hatte. Manche mit Autogramm, Robbie Williams, Kylie Minogue.

Zum ersten Mal in meinem Leben arbeitete ich auf Steuerkarte, auch zum letzten Mal. Immerhin aber einige Jahre, so dass ich einen Rentenanspruch habe, fünfundachtzig Euro. Kann man 's Telefon von bezahlen, ist das nichts? Monatlich ein Gehalt zu beziehen war ein ungeahnter Komfort, und falls man einen Vorschuss brauchte, ging das meistens problemlos. Auf Stundenzetteln wurden die Arbeitszeiten eingetragen, niemand kontrollierte, ob's der Wahrheit entsprach. Ich glaube, alle waren ehrlich, die Atmosphäre in der Agentur war so. Ich muss sagen, dass ich anfangs gern dahin gegangen bin, nach und nach schaffte ich mich in das Veranstaltungsgeschäft rein. Von Leidenschaft kann man nicht sprechen, Karriereaussichten, die ich mir gemacht hätte, aber der Job war gut, vor allem klingelte morgens kein Wecker.

Außenstehende stellen sich das oft glamourös vor, man hat hautnah mit Stars zu tun, schaut sich alle Konzerte an, und hinterher die Partys. Sex und Drogen. Nichts dagegen zu sagen, wenn es so gewesen wäre, die Wirklichkeit ist anders. Bei großen Acts geht es vom Flughafen ins Hotel, vom Hotel zum Auftritt, und nach dem Konzert wieder zurück. Vielleicht noch in ein Restaurant, links und rechts Aufpasser von einer Sicherheitsfirma. Stehen sie nicht im Rampenlicht, fallen viele Künstler nicht weiter auf, manche sind kleiner, als man vermutet hat. Weil man sie sich immer überlebensgroß denkt, Frauen wie Männer, geschminkt und in ihren Bühnensachen. Ungeschminkt und untoupiert muss man dann zweimal hinschauen, um sie zu erkennen … die echte Person und die Illusion fürs Publikum. Liefer ihm, was es haben will, dafür hat es gezahlt.

Sonderwünsche zu erfüllen war eine Zeitlang meine Aufgabe. Was in der Garderobe an Essen und Trinken verlangt wird, alles auf einer Liste des Managements haarklein verzeichnet. Eine bestimmte Sorte Wein, exotisches Obst, Süßigkeiten, die es nur in England gibt. Und noch kein Amazon Food, wo man das Unmöglichste bestellen kann. Das KaDeWe war eine gute Adresse, Importgeschäfte, die einiges auf Lager hatten, Tipps von erfahrenen Kollegen. Man telefoniert von Pontius bis Pilatus, Mineralwasser aus Gletschereis, von den Fidschi-Inseln, Spezialschokolade, peruanischer Schnaps. Und dann steht das Zeug später rum, ist nicht angerührt worden. Was tun? Erstens sich ärgern über die Arroganz und die Empfindlichkeiten von Stars und denen, die sich für Stars halten, und zweitens alles einpacken und in die Agentur bringen … an Ort und Stelle aufessen, mit den Kollegen austrinken, stehenlassen fürs Reinigungspersonal.

Jeder hatte dazu eine Geschichte beizusteuern, die besten waren die von Claudio aus den Anfangstagen von Falcon Concerts, als man sich auch noch um die Drogenversorgung der Bands zu kümmern hatte. Einmal wurde eine derartige Menge Kokain verlangt, dass man sämtliche Händler abzuklappern genötigt war, die für halbwegs zuverlässig galten, man wollte es sich mit den englischen Bookern nicht verderben. Beschwerden über die Behandlung in Berlin, kein Stoff, Scheißhalle, Scheißsound, besoffenes Publikum. Längerfristig hätten sie gerechnet, sagte Claudio, weil es ihr Durchbruch am Markt gewesen sei, als besserer Zwei-Mann-Betrieb damals den Zuschlag für, das waren die Zeiten, The Clash oder The Cure zu ergattern … *boys don't cry*.

Monate vergingen, ein Jahr. Die Entscheidung, ob ich mich an der Universität abmelden soll, hatte ich vor mir hergeschoben, es war ein Schritt. In etwas Ungewisses, als hätte mir das andere eine Sicherheit geboten, die ich verlieren würde. Das andere? Student zu sein, ohne zu studieren, zu lesen, und sich dabei von einem Job zum nächsten zu hangeln? Denk vernünftig, sagte ich mir, lass dich nicht länger aushalten, das ist daneben. Auch eine Frage der Selbstachtung … die man schnell verlieren kann, wenn Sucht im Spiel ist, erstaunlich, wie flott es sich dann trickst und lügt.

Das Geld sei nicht rausgeschmissen gewesen, rechtfertigte ich mich vor Bernhard und meinen Eltern bei einem

Besuch, es war Weihnachten, Raureif lag über den Wiesen und Äckern. Ein Spaziergang am ersten Feiertag längs der Niers, wie in jedem Jahr, Britta las zu Hause in einem neuen Buch, Svenja hochschwanger auf dem Sofa … schon deswegen nicht, ich sah meinen Bruder an, rausgeschmissen, weil ich zum einen das Vordiplom bestanden hätte und immer noch einen Abschluss machen könnte, wer wisse schon, was in drei Jahren sein werde, und zum anderen, weil ich … weil, ich hätte doch einen guten Einblick bekommen. In Bernhards Miene, obwohl ernst, er hatte die Augenbrauen gehoben, glaubte ich aber Nachsicht zu entdecken, auch das. Schließlich würde ich niemandem auf der Tasche liegen, ich hatte Arbeit, war fest angestellt, spätere Selbständigkeit nicht ausgeschlossen. Unsere Eltern nahmen's schweigend hin, des Menschen Wille ist sein Himmelreich, sagte meine Mutter nur, und damit war es für sie erledigt. Ein weit vom Land entfernter Kontinent, Berlin, Politologie, mein Leben, wer kennt sich aus?

Vermisst habe ich die Universität keinen Augenblick, auch nie Reue empfunden, bis heute nicht, das Studium abgebrochen zu haben. Sowieso eine Verlegenheitslösung gewesen, dabei noch nicht einmal eine Lücke im CV. Eine dieser Leerstellen, die man bei Bewerbungen sorgsam zu kaschieren versucht. Julia, die drei Monate auf Sri Lanka als Sensibility-Training verkaufte, ich glaube, sie hatte sogar ein windiges Zertifikat von irgendeiner Chamber of Commerce. Gibt es aber, davon habe ich gehört, Coaching für Geschäftsleute, die mit Kunden aus anderen Kulturen verhandeln … was bei denen Irritationen auslöst, was auf jeden Fall zu unterlassen ist. Sich in Gesellschaft schnäuzen, linke Hand, rechte Hand, falsche Hand. Ob Franzosen sich ebenso vorbereiten, ist doch fraglich, die Angst vor dem Fettnapf, bloß nicht auffallen, das kommt mir sehr deutsch vor.

Als ich Geburtstag hatte und man mir mailte, mich anrief, fiel mir auf, dass ich schon einige Monate in der Agentur arbeitete, die Zeit vorher wurde zu einem mehr und mehr verblassenden Kapitel. Ich hatte ein kleines Notizbuch, in das ich die Namen und Telefonnummern der Leute eintrug, die in England oder sonst wo meine Kontakte waren, Bestellungen und Rückfragen. Dermot speicherte alles in seinem Blackberry, aber ich war schneller, wenn man jemanden suchte, wollen wir wetten? Zweimal fünfzig Euro gewonnen: bis man von der Namensnennung an die Daten hat, Adresse, Handy.

Auf eine bestimmte Art verschluckte mein Alltag mein Leben, auch weil man oft abends beschäftigt war, mit den Konzerten und dem ganzen Drumherum, manchmal bis in den frühen Morgen. Zum Nachdenken kam man nicht, hätte man nachdenken wollen. Über was? Meist ja verpasste Chancen, die immer wieder durchgegrübelt werden. Ist mein Eindruck, dieses: Hätte ich nur. Oder: Hätte ich nur nicht. Weil dann alles anders gekommen wäre, das Glück stand doch schon vor der Tür. So viel Einbildungskraft besitze ich nicht, sich Traumgebilde auszuspinnen, mit feurigem Eifer. Zu machen, zu planen, einen Kredit aufzunehmen in der Hoffnung, die Dinge würden so werden, wie man sie sich in der Phantasie zurechtgerückt hat. Kredite habe ich aufgenommen, zugegeben, Geld von jedem geschnorrt, der mir über den Weg lief, aber geträumt davon, den Hauptgewinn abzuräumen? Den Automaten jetzt endlich bis auf den letzten Euro zu leeren? Das funktioniert anders, kein Vergleich. Am nächsten Tag wäre es weitergegangen, als sei der Verlust das Ziel.

Im Büro hatte man Gesellschaft, redete, amüsierte sich über die Kauzigkeiten von Snowfoot, der für die Technik zuständig war. Englische oder amerikanische Verstärker, deutsches Stromnetz. Snowfoot hieß mit bürgerlichem Namen Rudi Felske, war in Friedrichshain groß geworden, berlinerte wie keiner sonst. Dichter schwarzer Bart, längere, ganz dichte schwarze Haare wie ein Südländer, wuchtig. Man sagte, Resi aus der Buchhaltung erzählte mir das, Snowfoot sei nach der Wende ein paar Monate in Kanada in einer Indianerreservation gewesen, aber Genaueres wisse keiner ... ob er sich den Namen selbst gegeben habe, die Natives oder irgendein Witzbold, weil kein größerer Gegensatz denkbar war zwischen seinem Auftreten, dampfende dunkle zwei Zentner, und Schnee. Wenn er ins Büro kam, hatte er immer, ich betone, immer, eine gerollte Berliner Zeitung in der Hand, in der anderen eine Tüte vom Fleischer und eine vom Bäcker, auf dem nagelneuen iPod lief Motörhead oder Bob Marley. Das Einzige, was gegen Nazis hilft, meinte er einmal, einer seiner ganz trocken, ganz beiläufig vorgetragenen Sprüche, ist eins in die Schnauze, ick spreche diese Sprache, Volkshochschule. Was einem bei seiner Statur zu glauben keine Mühe bereitete.

Ein harter Trinker und Cannabiskonsument, dabei ein akribischer, zuverlässiger Elektronikfachmann, pünktlich, einfallsreich. Wahrscheinlich absorbierte seine Massivität den Alkohol besser, die gerauchten Tüten, er fiel nie aus. Mein Eindruck war, dass Snowfoot gut mit sich zurechtkam, er klagte über nichts, obwohl er wüst drohen und maulen konnte, für eine Frau schien in seinem Leben kein Platz zu sein. Oder für einen Mann, keiner fragte, und er hielt sich bedeckt. Als sei das eine unausgesprochene Vereinbarung, die alle respektierten. Reiner Spaß, mit ihm nach der Arbeit noch zechen zu gehen, man musste nur einschätzen können, wann es für einen selber genug war. Fuck the system, hörte ich ihn, breitbeinig, mehr als einmal auf einer nächtlichen Straße brüllen, dann: Rastafareiii, und, mit hochgereckter Faust: straight ahead.

Gut mit sich zurechtkommen ... bedeutet für mich, nichts hinterherzutrauern, ein Job, wenn es schon sein muss, der einen ausfüllt, die Welt kein Rätsel. Über das man nachzudenken genötigt ist. Ob man eine Bestimmung hat, die es zu entdecken gilt. Womit ich jetzt nicht philosophisch werden will oder Regeln aufstellen. Die meisten Regeln sind einem sowieso nicht bewusst, wahrscheinlich befolgt man sie deshalb. Und dann steckt man in etwas drin, aus dem rauszukommen eine Energie erfordert, die nicht jeder besitzt. Es sei denn, man wird von außen dazu gebracht, wie auf einer Ereigniskarte: *Gehe in das Gefängnis. Begib Dich direkt dorthin. Gehe nicht über Los* ... nur zu spät darf man die Karte nicht ziehen, kurz vor Schluss, so dass die Mitspieler einen noch überrunden.

Wie es ist, und das geschieht doch immer, schleicht sich bei jeder Arbeit Routine ein, manches lernt man blind zu erledigen. Was auch Vorteile hat, man gewinnt Zeit. Dinge, für die man Stunden gebraucht hat, wickelt man jetzt im Handumdrehen ab. Und man erschrickt nicht mehr vor Schwierigkeiten, die einen früher äußerst nervös gemacht haben. Obwohl sich fast immer jemand in der Agentur fand, der weiterwusste … war der Ehrgeiz nicht groß genug, ein Problem allein zu lösen.

In einer Bäckerei auf der Brunnenstraße kaufte ich mir jeden Tag einen Becher Kaffee und ein Rosinenbrötchen, aß und trank ich im Gehen, im Schlendern, wenn das Wetter es zuließ. Versonnen, könnte man poetisch sagen, meist hatte ich es nicht eilig. Sicher nicht nach Konzerten, alle verstanden, dass man dann später einlaufen würde. Auf dem Weg lag eine Spielhalle, lag sie schon immer, an jenem Morgen stand ein Putzmann in einem Overall davor, neben sich einen großen Staubsauger, und sah auf sein Handy. Entschuldigung, sagte ich, er blickte hoch, was denn? Ich deutete zur Tür und fragte ihn, ob hier bereits geöffnet sei. Er nickte und wies mit dem Daumen über seine Schulter. Eine Geste wie eine Aufforderung, nur hereinspaziert.

Innen war es nicht besonders hell, das meiste Licht kam von den Automaten, die an den Wänden hingen, es roch nach kaltem Rauch … wie morgens im leeren Gastraum der Königsburg oder in dem halbdunklen Festsaal mit seiner Flitterdekoration, den man durch eine Doppeltür neben der Theke betrat. Das Lokal hieß so, Königsburg, obwohl es nichts mit einer Burg zu tun hatte, war auch keine in der Nähe. Es gehörte einem Bruder meiner Mutter, unser Vetter, zu dem wir in den Ferien mit dem Rad fuhren, um gemeinsam etwas anzustellen, war in Bernhards Alter, Konditor geworden. Dass es so roch, weil tagsüber und abends die Gäste, ob gegessen wurde oder nicht, dampften, was das Zeug hielt, war mir als Kind nicht klar, machte mich aber jedes Mal, ich weiß nicht, auf seltsame Weise beklommen.

An einem Tisch gegenüber der Tür saß eine Aufsicht, eine Frau mittleren Alters, die mich kurz ansah und sich dann wieder dem Heftchen zuwandte, in dem sie las. Ich war wohl die erste Kundschaft heute, in meiner Hosentasche das Wechselgeld aus der Bäckerei. Ich hatte noch den Kaffeebecher in der Hand, wohin damit? Wohin überhaupt? Die Spielautomaten sahen anders aus als die Rotamints von früher, bunter, elektronischer, ich steckte in den nächstbesten einen Euro, dann noch einen. Und einen letzten. Nichts gewonnen, über mir blinkte eine Anzeige, auf der Jackpot stand. Das war's, ich rief tschüs in Richtung der Frau und trat wieder auf die Straße, der Putzmann war weg. Ich hatte plötzlich Lust zu rauchen, ich musste jetzt eine Zigarette rauchen, kaufte mir ein Päckchen. Marlboro, glaube ich.

Es dauerte ein paar Tage, bis ich noch einmal auf dem Weg zur Arbeit die Spielhalle besuchte, Merkur-Spielothek. Dieselbe Frau, irgendein Automat. Anhalten, weiterlaufen lassen, Bonus. Eine verwirrende Anzahl von Möglichkeiten, Risiko, Double-Risiko. Ich versuchte, das System zu verstehen, schien mir aber aussichtslos zu sein … wann man wie viel gewinnt. Als ich kein Kleingeld mehr hatte, ging ich, einen Schein wollte ich nicht wechseln. Ein anderer Spieler war inzwischen gekommen, saß rauchend auf einem Stahlhocker zwei, drei Automaten weiter. Tackerte auf einen der Knöpfe und hielt dabei die Scheibe zu, hinter der die Kirschen und Kronen und Sterne rotierten. Bingo oder nicht, spannend.

Wenn ich mir überlege, was die Fixpunkte in meinem Leben sind oder waren, fällt mir nicht viel ein. Hobbys habe ich keine, keine Kinder, kein Theaterabonnement, keinen Stammtisch. Termine, die man unbedingt einhält. Nur Ulfs Geburtstag im Mai, der stand bei mir immer im Kalender. Über die Jahre hinweg in wechselnden Konstellationen und Wohnungen, Kollegen, Freunde, Freundinnen, Ex-Freundinnen, ein Sohn, der erwachsen wurde, Marco aus Madrid, Can, Ulla und ihre Lebensgefährtin Thuong, die eine Praxis für Physiotherapie betrieben, Osteo… Osteopathose?

Ulla war mit einem Bolivianer verheiratet, wegen der Aufenthaltsbewilligung, Geld hatte sie nicht dafür genommen. Die Frage lag mir auf der Zunge, als es darum ging, ob sie und Thuong ihre Partnerschaft eintragen lassen sollten, denn vorher müsste die Scheidung sein. Wenn er einen deutschen Pass habe, sagte Ulla, die Behörden seien die reinsten Spionageagenturen. Es handelte sich um irgendwas Politisches, eine Gruppe, der sie angehörte, hatte alles mitorganisiert. Gut, dass ich nicht gefragt hatte, mich als jemand entlarvend, der gleich ans Finanzielle denkt und nicht an Idealismus. Überzeugungen, für die man einiges tut, die gerechte Sache. Wenn man weiß, was das ist, oder wenigstens dran glauben kann, als müsse man einen Glauben haben. Dritte Welt, das Treiben multinationaler Konzerne. Für mich war das zu weit weg, bei uns lief genug schief. Aber auch das ist eine Sache der Perspektive, von wo aus man die Welt betrachtet, Kellerfenster oder Beletage.

Auf diesen Geburtstagsfeiern, einige Jahre hat Julia mich begleitet, kam ich mir immer ein wenig deplatziert vor, nicht zugehörig, bis heute. Ich kann nicht genau sagen, warum, denn Ulfs Freunde und Bekannte waren aufgeschlossen, an den Geschichten interessiert, die ich zu erzählen hatte. Die Konzerte, Macken von Musikern, wie's bei uns auf dem Hof zugegangen ist. Unromantisch. Vielleicht, ich meine das Gefühl, nicht dazuzugehören, weil mir die Ruhe der anderen fehlte, etwas Elementares, das ihnen zu eigen war, sie wussten ungefähr, wo sie in zwölf Monaten sein würden, als Archivar oder Physiotherapeutin, während ich von Tag zu Tag lebte, selbst mit Festanstellung, mit Julia. Der Einzige, dem ich mich innerlich verbunden fühlte, war Can, der in der türkischen oder kurdischen Onkelwirtschaft zur Not sein fragiles Auskommen fand, zur Unfreude seiner Mutter. Schrieb kleine Storys, die er Ulf und mir einmal vorlas, eine war auch schon abgedruckt worden. Bestimmt, sagte er, als Ulf ihn ermunterte, sich an einem Roman zu versuchen, wenn ich Zeit habe.

Als habe man immer eine Wahl zu treffen, als sei ich dazu nicht in der Lage. Sich eine Möglichkeit aussuchen und dann dabei bleiben. Der Wurf einer Münze vor jeder Entscheidung hätte eine Lösung sein können, fällt sie auf Kopf, machst du ihr einen Heiratsantrag, fällt sie auf Zahl, steigst du in den Zug und fährst nach … oder das erste Flugzeug, in dem noch ein Sitz frei ist. Fifty-fifty, und keine Diskussionen hinterher, wie's andersrum gelaufen wäre. Totale Freiheit, wenn man sich so dem Schicksal unterwirft, finde ich. Oder Kerker auf ewig, was das Gerede vom freien Willen, über den man verfügt wie über ein großes Vermögen, verstummen ließe. Schicksal und Zufall sind vielleicht sowieso dasselbe … womit ich mich nicht herausreden will. Nur so eine Idee, der Mensch denkt, Gott lenkt. Wer das auch sein könnte, aber falsch ist der Reim nicht. Was ihn noch nicht wahr macht.

Leicht komisch war es auf Ulfs Geburtstagen in den letzten Jahren, als ich, darf man vermuten, mehr Geld auf dem Konto hatte als die anderen zusammen, und den Fragen, mit was ich mich derzeit beschäftige, berufsmäßig, so elegant es ging auswich. Das heißt, etwas von einem Versicherungsbüro erfand, Industrieversicherungen, Hermesbürgschaften, wo ich mit Vertragsabwicklung beschäftigt sei. Schienen sie anstandslos zu glauben, nach zwei Sätzen glaubte ich mir das auch und strengte mich an, das Thema zu wechseln. Ich war heuchlerisch genug, nicht im Anzug, sondern in Jeans zu erscheinen, aber ich freute mich darauf, sie nach einem Jahr alle wiederzusehen, und wollte in ihrer Runde nicht auffallen, Erklärungen abgeben. Selbst Ulf gegenüber, der mir schließlich nach meiner Entlassung aus dem Knast den Job beim »Fußball-Echo« vermittelt hatte. Ohne den ich nie im Leben Kobiashvili begegnet wäre, unser erstes längeres Gespräch im »Wiener Caffeehaus« auf dem Hohenzollerndamm, Sportwagen und Limousinen in Zweierreihe vor der Terrasse. Und ich mit dem Bus gekommen, das passte doch ideal zusammen.

Zwei Welten, zwei Blasen, zwei Sprachen. Auf was man Wert legt und was einem völlig unbekannt ist. Nicht nur wie geredet wird, auch wie man sich bewegt, kleidet, Dos and Don'ts. Das Schöne ist, wenn man damit Erfolg hat, zu Anfang kann man's kaum glauben. Schlüpf in die Uniform, und schon bist du einer von uns. Von denen. Nicht dass ich je nachlässig oder schlampig angezogen gewesen wäre, aber für Koba und seine Vorhaben taugte das keinesfalls, Windjacke, Levis. Er schoss mir das Geld vor, mit dem ich bei mientus einkaufen war, eine Investition in die Zukunft. Ja, die Zukunft.

Im Rückblick sich etwas zu erklären, wie in der Therapie bei Frau Leder, dient doch nur als Entschuldigung. Wie auch bei dem Gutachter, der ein Bekannter meines Anwalts war. Nachdem er festgestellt hatte, dass ich nicht debil bin, fragte er mich nach meiner Familie aus, als fände man da einen Grund für mein Verhalten. Der Vater, die Mutter, und wie sie einen in der Kindheit behandelt haben … geschlagen worden, der Vater an der Flasche. Die hatten aber so viel Arbeit, dass sie froh waren, sich um uns, Bernhard und mich, nicht kümmern zu müssen. Die unverheiratete Tante, Waltraud, stand in der Küche, die Eltern den ganzen Tag mit dem Hof beschäftigt. Was man gleich als Vernachlässigung interpretieren könnte, nichts falscher. Und mitzuhelfen, als wir etwas älter waren, empfand ich als selbstverständlich, keine große Sache, keine bleibenden Schäden.

Ich will nicht bestreiten, dass es Zusammenhänge gibt, dass es Menschen gibt, die im Leben heftig gebeutelt werden, von ihrer Geburt an. Nur wird nicht jeder von denen kriminell oder fällt negativ auf. Man kann sich Eigenschaften auch zulegen, meist unbewusst, und rutscht dann in irgendwas rein. Vorherzusagen ist das nicht, außer man glaubt an Astrologie oder ähnlichen Mumpitz. Übersinnliches. Nicht jede Vorliebe hat einen reellen Kern, zu dem sich vordringen lässt. Das muss man einfach hinnehmen, trotzdem interessant, sich selber auf die Spur zu kommen. Schritt für Schritt, ohne weitreichende Schlüsse daraus ziehen zu wollen, das vorausgesetzt, ergibt sich der Rest dann von allein.

Julia wohnte auf der Danziger Straße, das Haus war einigermaßen runtergerockt, aber hundertzwanzig Quadratmeter. Ein klappriges Heizsystem noch aus DDR-Zeiten, jeder Heizkörper musste einzeln gezündet werden, brennt jetzt die Flamme? Ich kannte einen ihrer Mitbewohner, Franco, einen jungen italienischen Keyboarder, der gern kochte, logisch, Italien, Kochen, und genauso gern Leute zum Essen einlud. Der andere hieß Claas, fummelte an einer Doktorarbeit über eine französische Regisseurin, Claire irgendwas. Im Flur hing das riesige Plakat einer Partei, Rifondazione Comunista, die wähle er, sagte Franco, Alternativen gäb's nicht.

Bei einem der Essen saß ich neben Julia, wir verstanden uns auf Anhieb, ohne dass Weiteres schon abzusehen gewesen wäre. Sie hatte Geschichte studiert, wollte wie Claas promovieren. Ich dachte zunächst, die beiden seien ein Paar, auch weil sie gemeinsam aus Göttingen nach Berlin gezogen waren, Irrtum. Franco flatterte so herum, seine Herkunft aus Italien schien dabei nicht unwesentlich zu sein. Ciao bella, das zog. Und dann noch ein vorzüglicher Koch, ein langer, mit weißen Laken gedeckter Tisch in dem großen Erkerzimmer zur Danziger hin, im Hintergrund perlt leise Cool Jazz aus den Boxen.

Wir waren an dem Abend zu acht oder zehnt, Dermot noch dabei, der Schlagzeug spielte und gelegentlich mit

Franco improvisierte. Julia kam aus Neu-Isenburg, jeder hat sein Päckchen zu tragen, sagte ich, sie lachte. Beschäftigte sich mit Staatenlosigkeit, Menschen ohne gültige Papiere, wie es sie nach dem Ersten Weltkrieg in Massen gegeben habe. Vorher sei die Nationalität nicht wichtig gewesen, nicht wie heute, wo jeder einen Ausweis besitzt. Besitzen müsse. Später sagte sie mir, meine Neugier habe ihr gefallen, nicht gekünstelt. Der Ton, in dem sie über ihre Profession, ihre Forschungen sprach, war ernst, Julia nahm das sehr ernst und versuchte erst gar nicht, ins Plaudern zu verfallen.

Sie hatte kurze braune Haare, braune Augen, trug einen Pulli und einen Rock, wie so oft. Über dem Pulli eine Kette mit einem Amulett, das sie in Sri Lanka gekauft hatte. Ob sie Buddhistin sei? Spinner. Fragen darf man ja. Darf man, natürlich.

Meist hatte Franco mehrere Gänge vorbereitet, Vorspeisen, Nudeln, Ochsenschwanz und Polenta, kleine Rouladen mit Mangold, zum Nachtisch, ganz Tradition, ein Kuchenblech mit Tiramisu. Oder Panna cotta. Man konnte sich bei ihm einiges abschauen, alles wirkte unangestrengt, mehr wie ein Spiel. Das gefiel mir, mit Zutaten und Töpfen jonglieren, ohne den Überblick zu verlieren, die Ruhe weg haben, sagt man bei uns dazu. Hätte ich auch gern gehabt, jederzeit die Ruhe weg, obwohl man mir, denke ich, nicht ansieht, wenn ich unsicher oder nervös bin. Aber was heißt unsicher? Heißt, in einer Materie nicht vollends drinzustecken und zu befürchten, sich eine Blöße zu geben. Dass ein Geschäft nicht zustande kommt, weil man Misstrauen erregt durch Unsouveränität. Was in einer Situation notwendig ist, muss man zur Hand haben, Zahlen, Umsätze, eine gute Story. Manchmal aus dem Stegreif, nicht alles lässt sich einkalkulieren, und wer nichts erfinden kann, sollte Beamter werden.

Julia bezog Geld für ihre Arbeit von einer Stiftung, von den Grünen, auf die ließ sie nichts kommen. Politisch, noch als Schülerin hatte sie einen Eine-Welt-Laden mitgegründet, fairer Handel. Ob das die Probleme löse, fragte ich sie, gegen den freien Markt, korrupte Regierungen. Sie schüttelte den Kopf, fragte mich dann, was ich tun würde, um Missstände zu bekämpfen, Reden allein verbessere nichts. Gab ich ihr recht, hatte keine Lust auf eine Diskussion. Julia anscheinend auch nicht, denn sie kam auf die Konzertagentur zu sprechen, wie's mit Freikarten aussehe? Für was sie wolle, sagte ich, leicht großspurig, gehen wir doch zusammen mal.

Sind wir auch, einige Wochen später, da waren wir, und das ist die wahre Wahrheit, bei einem Konzert von David Bowie, Ausrufezeichen. Falcon war nicht der Veranstalter, aber ich hatte gerade eben noch Tickets besorgen können, von den Kollegen, eine Hand wäscht die andere. Julia war aus dem Häuschen, genau wie ich, eine unfassbar gute Band mit einer sensationellen Bassistin und David Bowie in aufgekratzter Stimmung, Helden für einen Tag, zwei, drei Stunden lang. Nach dem Konzert sind wir einfach nur rumgelaufen, als sei es unmöglich, sich jetzt irgendwo reinzusetzen. Einfach too much, und wir sind dabei gewesen.

Zwar, das große Zwar, schenkte mir Julia leuchtende Blicke, umarmte mich vor Begeisterung, aber mehr ist an diesem Abend, in dieser Nacht, nicht passiert. Darauf hatte ich es auch nicht angelegt, diese billige Nummer mit einer Freikarte, nicht mal im Hinterkopf oder in anderen Körperteilen. Und sicher nicht bei Julia, aber vielleicht geht das immer so, langsam, wenn es mehr ist als etwas Flüchtiges. Oder wird, auf dem Gebiet bin ich kein Experte. Dass ich allein war, allein blieb, konnte Koba nie verstehen, ein Mann müsse eine Frau haben, sagte er, das sei ein Naturgesetz. Und Kinder, zwei mindestens. Was nicht ist, könne noch werden, erwiderte ich ihm, obwohl ich selber nicht dran glaubte. Julia hat heute einen kleinen Sohn, ein Wunschkind, dem Erzeuger bin ich nie begegnet.

Ob das Konzert vor oder nach der Bundestagswahl war, verschwimmt in meiner Erinnerung, aber die drei, Julia, Claas und Franco, hatten am Wahlabend Freunde eingeladen ... halt, halt, es war der Abend der Wahl, an dem das Konzert stattfand, die ersten Hochrechnungen hatten wir noch miterlebt, sind dann erst los, die Halle ist von der Wohnung auf der Danziger ja nur wenige Schritte entfernt, neben dem Sportpark. Wo die Ergebnisse schnell vergessen waren, vom ersten Song an. Die Grünen hatten ein paar Prozent gewonnen, Julia klatschte kurz, andere auch. Mir war's egal, ich wähl die Grünen nicht, falls ich wählen geh, das sind Simulanten. Immer dieses Gemähre vom Weltuntergang, dabei wollen sie auch nur an die Fleischtöpfe. Was ich nicht für verwerflich halte, nur sollte man nicht ständig das Wohl der Menschheit im Mund führen, das schwerstens bedroht sei, wenn man nicht mitregiere. Außerdem keine andere Partei, deren Mitglieder so erbarmungswürdig angezogen sind ... und dazu noch die absonderlichen Frisuren. Als ließe sich nicht etwas ablesen an solchen, freundlich gesprochen, Verirrungen.

Koba trug teure gute Sachen, er war Stammkunde bei mientus, rief vorher an und sagte, was er wollte oder brauchte, und die Verkäufer legten alles zurecht. Man kannte seinen Geschmack, er ließ sich auch von Elisso beraten, die bei Kleidung auf Gediegenheit achtete, denn Koba hatte, durchaus, eine schrille Ader. Elisso war als Au-pair nach Berlin gekommen, bei irgendeiner Festivität von Expats hat sie Guram getroffen, der sie, praktisch auf der Stelle, geheiratet hat. Welche Gelder geflossen sind, kann man nur spekulieren, ihre Familie schien ihn zuerst nicht so gemocht zu haben. Später renkte sich alles wieder ein, ihre Eltern und ihre Schwester sind manchmal zu Besuch in Berlin. Blutsbande, wie man so sagt … wofür mir, gestehe ich, der Sinn ein bisschen abgeht. Aber möglicherweise ist Sinn nicht das richtige Wort, weil es sich doch um ein Gefühl handelt. Gefühl der Verbundenheit mit der eigenen Familie, das stärker ist, stärker sein soll, als gegenüber anderen Menschen. Weiß ich nicht. Kann man sich wirklich nahekommen, über eine gewisse Schwelle hinaus? Loyalität, ja, aber vielleicht ist es ein großer Fehler, mehr zu erwarten. Was nicht ausschließt, dass es das gibt, nennt's, wie ihr wollt.

Nachdem wir uns in Julias Wohnung schon ein paarmal gesehen hatten, uns gut unterhalten, zusammen auf dem Bowiekonzert waren … und bevor ich für einige Monate bei ihr eingezogen bin, weil das Haus im Weinbergsweg verkauft worden war, mit den üblichen Maßnahmen zur Wertsteigerung … an was hab ich gedacht? Keine Liebe auf den ersten Blick. Auf den zweiten? Die berühmten Gegensätze, die sich anziehen? Dass ich vieles leichter nahm als sie, wird im Spiel gewesen sein, denn eins war

Julia nicht, unüberlegt. Auf ihre Arbeit in Archiven und Bibliotheken konzentriert, ein klares Ziel vor Augen. Ihre Ordnung tat mir gut ... obwohl, so unordentlich war mein Leben gar nicht, als wir uns begegnet sind. Es gab keine Ausfälle, keine Geldnot, Lügen, Abstürze. Was ich ihr zugemutet habe, bis sie, sehr vernünftig, eines Tages für sich die Reißleine gezogen hat. Heute telefonieren wir manchmal, spazieren gegangen sind wir schon länger nicht mehr. Bedaure ich, aber vielleicht wäre es auch ohne meine Abhängigkeiten zu Ende gewesen. Oder nicht, wer könnte es sagen? Sechs Jahre, von diesem frühen Abend im Volkspark Friedrichshain an, wir beide ein wenig außer Atem, nachdem wir den Trümmerberg raufgerannt sind ... Julia setzt sich auf meinen Schoß, als sei es die natürlichste Sache der Welt.

Das Ding nämlich waren Staatsanleihen. In den Neunzigern, als Russland nichts nötiger brauchte als frisches Kapital. Um den Bankrott abzuwenden, die Zinsen also hoch, höher, am höchsten. Riskant, sagte Koba, bestreite er nicht, mit einem Zahlungsausfall habe er damals jedoch nicht gerechnet. Das wäre für die Russen das Ende gewesen, folglich hätten sie die Forderungen bedient, der Wertverfall der Papiere selbst zu verschmerzen. Wer Mut hatte, war drin im Markt, groß, ob ich verstehe, was er meine, mit groß, ab einer sechsstelligen Hausnummer sei der Rubel gerollt wie bei Donald Duck. Die Dollars und Pounds.

Ein Meisterstreich, ich war der Lehrling, er der Erzähler, man musste ihn nie lange bitten. Und ich fand's aufregend, weil es sich so unglaublich anhörte. Unglaublich, wie ich heute weiß, für jeden, der mit der Dimension nicht vertraut ist, mit Geschäften im Geisterreich von Obligationen und Bonds, von Puts und Calls, wo Hunderttausende und Millionen bewegt werden. Sich bewegen. Wenn man sie hat. Woher auch immer das Geld für die Investitionen stammen mag, von Koba war, was das betraf, keine Auskunft zu erwarten.

Meine Lernkurve in den ersten Wochen in seinem Office war steil, steil nach oben, und ich fragte mich, warum ich erst so spät auf den Geschmack gekommen war. Der Unterschied zwischen einem offenen und einem geschlossenen Fonds, was Underlying ist und Libor, Bond-Stripping … als lernte man eine Sprache, die nur wenige sprechen, wie in einem geheimen Mönchsorden, eine Art von Weihe. Zu begreifen, was an der Börse oder an einer Foreign Exchange abläuft, um nur mal die beiden Bereiche zu nennen, trieb mich regelrecht an … wie es eigentlich in der Schule sein sollte, aber nicht ist bei den trüben Gestalten, die einen mit ihrer privaten Unzufriedenheit quälen.

Ich spürte auch, dass es um Macht ging, um Einflussnahme, selbst wenn unser Business klein war im Vergleich zu anderen, die über Milliarden verfügen, Versicherungen, Pensionskassen. Gegen die waren wir Krämer, Einzelhändler, die gute Geschichten verkaufen mussten, damit die Leute bei uns einsteigen, und das haben wir. Eine Zukunft für stilles Kapital, das nach Gesellschaft sucht. Wie ich schon sagte, biete ihm glaubwürdig deine Freundschaft an, und es kommt von allein aus der Deckung.

Es fiel mir überraschend leicht, mich mit meiner neuen Aufgabe zu identifizieren, die eine Wende um hundertachtzig Grad war, denn was hatte mich vorher die Wirtschaft interessiert? Finanzen waren dürftige Kontostände, ein paar Scheine in der Tasche, Ratenzahlungen und Urlaubsgeld. Schulden. Oder ein Haushaltsbuch, wie Julia es führte, Einnahmen ihr Stipendium und mein Lohn. Große Sprünge waren damit nicht möglich, aber wie heißt es beschwichtigend: Hauptsache glücklich. Man versteht sich, ist zufrieden, die Arbeit macht Spaß. Und ab und zu gönnt man sich was, ein teurer Restaurantbesuch, ein Wochenende in einem Luxushotel, das Zimmer für dreihundert Euro. Ohne Frühstück. Als Julia auf einem Kongress oder Symposium in Frankfurt gewesen ist und wir danach für zwei Nächte in der Villa Rothschild am Stadtrand waren, Blick auf die Skyline. Morgens kein zermanschtes Buffet, sondern ein Kellner in weißer Jacke, wie ein Schiffssteward, der einen fragte, was man haben wolle, Rührei, Spiegelei, Waffeln, Toast, Tee in der Kanne, Silberbesteck. Und neben der Kloschüssel hing ein zweites Telefon … um keine Zeit zu verlieren. Wenn man 's Handy nicht parat hat und einem beim Scheißen 'ne Order einfällt.

Ich glaube, die meisten Menschen, mich lange eingeschlossen, denken bei Wirtschaft an Fabriken, Supermärkte, Autos, es wird etwas hergestellt und anschließend verkauft. Wogegen nichts zu sagen ist, das findet statt, aber niemand fragt, woher die Mittel dafür kommen, wie Übernahmen funktionieren, und dann, was man mit seinen Gewinnen macht. Wenn sie mehr abwerfen sollen als mickrige drei Prozent. Bietet sich Merkur-Invest an, breite Produktpalette, internationale Serviceleistungen, individuelle Betreuung. Ich mit meinen Unterlagen bei Deeg im Wohnzimmer, vor dem Panoramafenster fließt ein glasklarer Bach und dahinter der Schwarzwald, herrlich.

Learning by Doing, aber ich habe auch eine Menge gelesen, jeden Tag die Börsen-Zeitung, Marktberichte, Infobriefe, die wir im Abo hatten. Zusammenhänge werden einem deutlich, Namen, die immer wieder auftauchen. Was ist eine Holding, was eine Stiftung, mit welchen Banken arbeitet man reibungsfrei? Einer Bank nicht als Bittsteller gegenüberzutreten, den man am Schalter oder in einem billigen Büro abfertigt, sondern, wie soll ich sagen?, auf Augenhöhe, weil die was von dir wollen, deine Geschäfte abwickeln, Provisionen, ist ein Kick fürs Selbstbewusstsein, wie … man fühlt sich … wie eine Pflanze, die endlich getränkt worden ist. Irgendwann kam der Punkt, an dem Koba mich zu meiner Meinung bei einem Investment fragte, ob man da einsteigen solle. Würde ich, sagte ich nach kurzer Bedenkzeit, und er: Gut, fände er auch, regel das doch.

Wir beide in seinem Büro, Kobiashvili saß hinter der gläsernen Schreibtischplatte, ich mit Papieren und Rechner auf der schwarzen Ledercouch. In den Tagen zuvor hatte ich mich mit Pennystocks beschäftigt, Papiere, die am Markt noch vor sich hin dümpeln, obwohl's die Unternehmen de facto nicht mehr gibt. Nicht um die Kurse künstlich hochzutreiben, diese Masche, für die sich immer Käufer finden lassen, sondern mit dem Gedanken der Wiederbelebung für eigene Listings. Was ich hier jetzt nicht erklären muss, irgendwann schüttelte Koba den Kopf und lehnte sich in seinem Deskchair zurück. Schien nicht sein Tag zu sein ... dabei hatte Grün-Weiß am Abend zuvor ein Nachholspiel gewonnen und war ins gesicherte Mittelfeld aufgerückt. Was willste mehr?

Selten genug, aber es kam vor, dass er plötzlich wie abwesend war, irgendwo in fernen Regionen unterwegs, eine halbe Minute. Und eine halbe Minute ist lang, wenn dir jemand gegenübersitzt, der teilnahmslos in den Raum starrt. Ich hab ihn dann später starren lassen und nicht mehr angesprochen, freundlich, Koba ... he, Koba, du hattest mal Staatsanleihen erwähnt. Was? Russische Staatsanleihen. Ein Motor, der nach ein paar Fehlzündungen wieder anspringt, dreht wieder ... auf Hochtouren ... ein Putsch, das sei die einzige Befürchtung gewesen, die er damals gehabt habe, Militärputsch, und alles wird dichtgemacht. Keine Zinsen mehr, sechzig Prozent, ob ich rechnen könne? Allerdings habe nichts, was zu erfahren war aus dem Apparat, darauf hingedeutet, Panik immer ein ganz schlechter Ratgeber. Wenn einer hinten im Theater Feuer ruft, dann lauf am besten in die andere Richtung. Wer der Herde folge, sei dumm, zu dumm, und verbrenne. Unweigerlich.

Zum Schluss war es belanglos, an welchem Automaten ich spielte. Dass man denkt, heute nur an einer Slot Machine, den Rhythmus finden, sich eintunen in den Lauf der Walzen, die Gewinnmöglichkeiten. Was die letzte Stufe vor dem Wahnsinn ist, bevor man anfängt, sich mit der Maschine zu unterhalten, der Glaube, man könnte mit ihr verhandeln. Mit dem Wesen, das hinter der Scheibe zwischen den Drähten hockt, du kennst mich, lass uns irgendeine Basis finden.

Dazu das Zeug, Speed hält dich wach, Whisky aus dem Flachmann dämpft alles schön ab. Unauffällig in der Innentasche der Jacke verstaut, als es ganz übel wurde, nahm ich die Flasche mit, in einer Plastiktüte. Verstohlen draus gesüffelt nach einem Blick über die Schulter. An einem frühen Morgen war ich so verstört, dass ich mich nicht in die Wohnung auf der Belziger getraut habe, sondern hoch zum Boden gegangen bin, wo ein Podest war, auf das ich mich gelegt habe. Ich würde beschattet, war mein einziger Gedanke, manisch um sich selbst kreisend. Ich lauschte, ob im Treppenhaus Schritte zu hören wären, ein Sondereinsatzkommando mit Türramme. Jetzt ... jetzt werden sie reinstürmen.

Man kann nicht mehr schlafen, einschlafen, hinter den geschlossenen Augen tauchen Figuren auf, die so echt sind wie in einem Traum. Verzerrte Gesichter, vor denen man zurückschreckt, die Augen wieder aufreißend. Schlaftabletten habe ich nie genommen, nur getrunken, um runterzukommen. Einen Becher Nescafé zum Frühstück, eine Line, einen Schluck Jim Beam, wo ist Geld zu holen? Was taugt noch fürs Leihhaus? Ob Snowfoot einen Schein übrig hat, wenn man ihn in seiner Kneipe drauf anspricht? Ein Pfund, kriegst du nächste Woche zurück. Alle moralischen Schranken sind niedergerissen, schon bei einer Sucht, bei mir waren es zwei, die sich ineinanderschoben. Und geraucht wie der sprichwörtliche Schlot, um zu sparen, habe ich zu Hause selbst gedreht, mit so einem altmodischen Maschinchen, das den Tabak rollte, mit zittrigen Pfoten.

Wann es umgeschlagen ist, könnte ich nicht sagen, der Tag, die Woche, als der Drang zu spielen übermächtig wurde, das alltägliche Leben überlagert hat, und es bloß noch darum ging, sich vor einen Automaten zu setzen. Das unvergleichliche Glücksgefühl, wenn man eine Serie hat, die totale Leere, wenn die letzte Münze im Apparat verschwunden ist. Obwohl man dachte, einen Kontakt aufgebaut zu haben zu … na ja, seiner Seele, es gab doch einen Gedankenaustausch. Was sich heute für mich so irrational anhört wie für jeden vernünftigen Menschen, andererseits, vernünftige Menschen, wie drehen sie ab in der Hoffnung, irgendwo einen Prozentpunkt mehr rausschlagen zu können. Versprich ihnen zehn, und sie verwandeln sich in Triebtäter.

Sein Leben von außen zu betrachten ist unter normalen Bedingungen schon schwierig genug, tun doch die wenigsten, wie erst für jemanden, den Abhängigkeiten in sich eingewickelt haben, die Synapsen, chemische Vorgänge. Man muss sich dem stellen, wenn man wieder klar denken kann … was für eine Jammergestalt man war. Es ist gut zu wissen, dass man nicht davor geschützt ist, vor einem Absturz, keiner, denn ich würde mich nicht zu den Ausnahmen zählen. Was nicht heißt, dass ich mich heute ständig selbst beobachte, aber manchmal trete ich einen Schritt zurück und schaue auf mich wie ein Forscher. Was macht der da? Welche tiefere Überlegung steckt hinter einer Entscheidung? Schaden und Nutzen abwägen auf längere Sicht, nicht nur kurzfristig bis nächste Woche oder nächsten Monat. Wo man hingehört, mit wem, welche Interessen man wirklich hat. Bin immer noch dabei, das rauszufinden, ist nicht einfach. Wenigstens habe ich ein Polster, das zwar nicht für die Ewigkeit reicht, aber ein paar Jahre sicher noch. Irgendwas wird mir schon einfallen.

Wie eine Seuche, könnte man sagen, die sich erst von Haus zu Haus, dann immer schneller über die ganze Stadt ausbreitet. Mit einem unscheinbaren Kuvert fängt es an, der Brief trägt eine automatische Unterschrift und teilt dem sehr verehrten Herrn van Gelderen mit, dass sich die Besitzverhältnisse geändert haben. Die Miete sei nun an eine Firma namens ImmoBerlin IV zu überweisen, aufs Konto bei einer spanischen Bank. Immerhin, dachte ich, bin ich sehr verehrt, darf man nicht meckern.

Ein zweiter Brief kündigte Modernisierungsmaßnahmen an, die das Budget aller Hausbewohner überschritten, Thermofenster, Marmorkacheln, Heizung, der Treppenaufgang. Wer sollte hier später wohnen? Der Kronprinz von Asturien?

Es gab, nach Beschwerden und Klagen, Umsetzwohnungen, mir bot man janz weit draußen etwas an. Am Ende von Lichtenberg, wo ich erst gar nicht hingefahren bin, um mir die Bude anzugucken. Zurückgekonnt hätte ich nicht, nicht bei der Miete, die die Ganoven nach erfolgter Sanierung haben wollten. Wurden von einer Frankfurter Rechtsanwaltskanzlei vertreten, deren Drohschreiben sehr individuell gestaltet waren, wie sich auf einer der beiden Hausversammlungen, an denen ich teilnahm, herausstellte. Der übliche Schrecken, angefangen beim plötzlich defekten und nie reparierten Licht im Treppenhaus bis zum vernagelten Keller, aufgerissenen

Wänden, Staubschichten überall, ohne dass eine Baugenehmigung vorgelegen hätte. Und das Bezirksamt im Dämmerschlaf, was gibt's heut in der Kantine?

Wenn man keine Erfahrung mit Anwälten hat, mit dem Juristischen, ist man von einem bestimmten Tonfall schon eingeschüchtert, von den Begriffen, mit denen da hantiert wird, als würde einem ein unumstößliches Urteil verkündet. Paragraphen, Forderungen, wenn Sie nicht so, dann das, Schadensansprüche behalten wir uns vor. Was dazu dient, einen schrumpfen zu lassen, du hast keine Chance, jeder Widerspruch zwecklos. Man fühlt sich wie ein Angeklagter, der eine Strafe zu erwarten hat und vielleicht sogar ins Gefängnis muss. Hohes Gericht, nein, ich wusste doch nicht, wie konnte ich nur, bitte vielmals um Verzeihung.

Damit rechnen sie ja auch, dass die Leute den Unterschied zwischen Strafsachen und Zivilrecht nicht kennen, dass man glaubt, da wären Richter und Geschworene, es ginge um Sühne, um Verbrechen und derlei, Brandstiftung … oder ein Fall von Fahrerflucht. Es war Dermots Wagen, aber er saß wegen Vollbenebelung nicht am Steuer, sondern ich. Obwohl auch angeschlagen. Wo die Kulmer Straße vierspurig zu den Yorckbrücken einbiegt, berührte ich ein anderes Auto, Front an Heck, oder das andere Auto uns, weil es die Spur nicht gehalten hatte, wer vermag das zu entscheiden? Ich fahre rechts ran, wir steigen aus, ein trüber Frühlingsmorgen kurz vor dem Berufsverkehr um sieben. An den Kotflügeln war nichts zu erkennen, weder da noch dort auffällige Kratzer oder eine Delle. Als der andere Fahrer von Polizei anfing, zeigte ihm Dermot einen Vogel, und wir sind weg.

Ein paar Wochen später kommt unvermittelt die Anklageschrift, an Dermots Adresse, unerlaubtes Entfernen vom Unfallort. Mit seinem Anwalt machen wir Folgendes aus: Er wird aussagen, dass er nicht gefahren sei, den Fahrer selbst aber nicht kenne, und Einstellung des Verfahrens. Sollte es Probleme geben, würde ich als Zeuge zur Verfügung stehen. Fragt der Staatsanwalt in der Verhandlung: Ist der Führer des Fahrzeugs, das den Unfall verursacht hat, im Raum? Sagt der Spießer: Ja, und deutet zur Anklagebank, daraufhin Dermot, wie er mir am Nachmittag berichtete: Oh, jetzt fällt mir doch gerade wieder ein, wer gefahren ist.

Beim zweiten Termin stellt der Staatsanwalt die gleiche Frage, der sehr irritierte Typ glotzt zu Dermot, zu mir, zu Dermot, und entscheidet sich dann, die Wahrheit zu sagen. Vielleicht hatte er ein schlechtes Gewissen, vielleicht dachte er auch, wie der Anwalt meinte, die Versicherung würde nur bei einer Verurteilung zahlen. Womit er nicht gerechnet hatte, niemand, war der Ausbruch des Staatsanwalts, der nun nicht an sich halten konnte und unterm ungläubigen Kopfschütteln der Richterin etwas von uneidlicher Falschaussage herumwetterte, vom hohen Gut der Zeugenschaft, wie könne man nur, es sei nicht zu fassen. Freispruch für Dermot, die Staatskasse übernahm die Kosten.

Denn Zeugen sind der Wahrheit verpflichtet, Angeklagte aber keineswegs, das war mir völlig neu. Darüber hatte uns der Anwalt informiert, das Gericht müsse nachweisen, ob jemand lügt oder nicht, und sich selber zu belasten, könne man von niemandem verlangen. Außer in einer Diktatur, oder man gesteht alles, weil man auf mildernde Umstände setzt. Was ich gemacht habe bei meinem Prozess, es gab auch nicht viel zu leugnen oder abzustreiten. Aber die Tatsache, dass ich in ein Kino bin, um die Kasse zu erbeuten, tags darauf in einen Spätkauf und nicht in eine Bank oder ein Juweliergeschäft, hätte dem Gericht signalisieren können, wie es um mich stand, total von der Rolle, Zurechnungsfähigkeit nicht mehr messbar.

Mit der Zeit wird man klüger, verliert die irrationale Angst vor Anwaltsschreiben und Justiz, schwarzen Roben. Die noch übrig geblieben sind von der alten Herrlichkeit, die modernen Gerichtssäle sehen alle aus wie größere Büros. Oder wie der Veranstaltungsraum einer Gemeinde, Sankt Lambertus, schlichte Stühle und Resopaltische. Meiner Erfahrung nach, die nicht überwältigend ist, aber auch nicht gering. Ausreichend, um mir nicht mehr in die Hose zu machen, wenn irgendein Schrieb im Kasten steckt. Anwalt Abel, übernehmen Sie bitte.

Julia und ich waren noch nicht lange ein Paar, als ich die Wohnung auf dem Weinbergsweg verlassen musste. Wohin? Lichtenberg entfiel, das kam mir damals doch wie eine Verbannung vor. Ungerecht, ich mochte meine Wohnung, Julia nicht so sehr. Frugal, sagte sie bei einem der ersten Besuche zu meiner Einrichtung, ein Diätprogramm, was? Ich sah Annoncen durch, telefonierte rum, besonders viel Energie investierte ich allerdings nicht, noch drei Wochen, noch zwei … kann sein, dass ich, halb unbewusst, darauf spekulierte, sie würde mich fragen, mir anbieten, bei ihnen auf der Danziger einzuziehen, natürlich übergangsweise. Natürlich, das wäre toll. Franco und Claas hatten nichts dagegen, hinten in dem langen

Flur war eine Rumpelkammer, in die ich meine drei Sachen packte, einen Arbeitsplatz brauchte ich ja nicht. Je weniger man hat, desto besser.

Als sei es irgendwie verpflichtend, Wochenendbesuche in Neu-Isenburg und auf unserem Hof. Julia hatte ihren Eltern von mir erzählt und dass ich jetzt bei ihr wohne, vorerst, bis ich etwas anderes gefunden habe. Ich wäre nicht auf die Idee gekommen, teilte nur Bernhard meine neue Anschrift mit, nachdem ich ihm den Ärger mit Immo-Berlin IV geschildert hatte.

Bräuche, die fortleben, man holt sich den Segen ab, denn sonst gibt's nichts zu erben. Daher stammt das, stelle ich mir vor, aus grauer Vorzeit. Aber Julia hatte, wie sie mir einmal gestand, außer einem Jugendfreund, mit dem sie zum Studium nach Göttingen gegangen war, niemanden mehr kennengelernt, dem sie Neu-Isenburg, ihre Heimat sozusagen, hätte zeigen wollen. Oder neugierig genug zu sein, von ihrer Seite aus, zu erfahren, woher jemand kam, sich das mal anzusehen. Sofern nicht schwerwiegende Gründe dagegen sprechen, gibt's welche? Keine, sagte ich, von denen ich wüsste.

Eine mittelgroße Stadt, zersiedelt, Grünflächen, Wäldchen, der Frankfurter Flughafen gleich nebenan. Ist man schnell weg, lag mir auf der Zunge, als wir vom Bahnhof mit dem Bus zu Julias Eltern fuhren, dem Reihenhaus in einer Siedlung aus den siebziger Jahren, wo sie groß geworden war. Ihr Vater arbeitete bei Fielmann, nachdem er sein Geschäft aufgegeben hatte, rentierte sich einfach nicht mehr, Aufwand und Ertrag, ihre Mutter war Grundschullehrerin. Nette Leute, ein älterer Bruder, der als Logopäde mit seiner Familie in Hannover lebte, warum nicht? Es war Sommer, wir saßen abends auf der Terrasse, Spargel, Wein und Erdbeeren. Julias Eltern waren diskret genug, mich nicht auszufragen, Job, Herkunft und Zukunft, aber was ich erzählen konnte vom Leben auf dem flachen Land, schien sie zu interessieren, das spürt man, glaube ich.

Wir gingen durch die Stadt, hier die Schule, an der Julia Abitur gemacht hatte, hier die Kneipe, in der man abhing, hier der Laden, Fair Trade, dessen Einrichtung auch ihre Initiative gewesen war. Sonst gab es, außer man führe nach Frankfurt, da machten wir uns nichts vor, wenig zu sehen, nur noch die Gedenkstätte für Bertha Pappenheim. Kannte ich nicht, Julia klärte mich auf, eine berühmte Patientin von Freud, den kennst du aber? Freud … Freud … das war doch … Schwachkopf. Man tue ihr jedoch großes Unrecht, sie darauf zu reduzieren, weil Pappenheim eine bedeutende Sozialreformerin gewesen sei, den Jüdischen Frauenbund habe sie gegründet und sich um gefallene Mädchen gekümmert, was für ein Wort, oder?, hier in Neu-Isenburg. Nicht schlecht, sagte ich, gucken wir uns das an.

Vitrinen, eingetrübte Fotos, Dokumente in einer schönen großen Villa, wo die Kinder betreut worden waren. Julia war in ihrem Element, und nicht nur, weil die Geschichte des Heims zur Stadtgeschichte gehörte, was man in der Grundschule lernt. Lehren, die aus der Vergangenheit zu ziehen sind, im Allgemeinen und in jedem einzelnen Leben. Manchmal dauert es, bis man verstanden hat, was schiefgelaufen ist, wann und wo es anfing. Mit wem.

Oder zu begreifen, welche Dinge einem wichtig sind, welche Menschen, welche Orte, samt den Folgen auf persönlicher Ebene. Bleiben oder gehen und sich nicht einreden, es gäbe ein Drittes dazwischen.

Als wir das Haus verließen, hatte ich dank Julia einiges gelernt, über das Judentum und auch die Psychoanalyse. Die Hysterie, die junge Frauen damals befiel, eingesperrt in ihre Familien, ohne Chance, studieren zu können. Aber Bertha Pappenheim hatte sich daraus befreit, war Aktivistin geworden und, sagte Julia, rechtzeitig genug gestorben, um von den Nazis nicht ermordet zu werden. Was man ihr nicht als Zynismus auslegen möge, aber so müsse man das wahrscheinlich ausdrücken. Stimmte ich ihr zu, wie verquer sich die Formulierung auch anhört. Dem entkommt man als Deutscher unmöglich, so viel steht fest.

Nach Frankfurt sind wir nicht gefahren, dafür war die Zeit zu knapp, erst ein oder zwei Jahre später, als Julia auf diesem Kongress war. Von denen es einige gab, irgendwelche Veranstaltungen, wo sie oft ein Referat hielt, Staatenlosigkeit gestern, heute, morgen. Wenn alle Daten in Clouds gespeichert sein werden und man keine Papiere mehr vorweist, sondern eine App öffnet. Früher an der Grenze dagegen dicke Fahndungsbücher, in denen jeder verzeichnet war, der Dreck am Stecken hatte, vorgeblättert bis zum passenden Buchstaben, und der Arm des Gesetzes griff zu. Oder die Hand, steigen Sie aus. An die Bücher kann ich mich erinnern, fand ich aufregend, als unser Vater Bernhard und mir erklärte, was es mit der Schwarte in dem Zollhäuschen auf sich hat, Verbrecherjagd. Da fährt man besser mit dem Fahrrad über die grüne Grenze, nur ein kleines rundes Schild neben dem Waldweg, Douane, und schon ist man in Holland.

Schmuggelrouten waren's, über die nach dem Krieg Waren ins Land kamen, mein Großvater hatte davon erzählt. Ein Sack voller Muskatnüsse war Gold wert, weil die Metzger Muskat beim Wurstmachen brauchten. Überhaupt Gewürze, dass Pfeffer oder Salz fehlen könnten, ist heute schwer vorstellbar. Butter, Eier, Milch. Aber doch nicht für euch, sagte Julia, als wir durch die Gegend radelten, Bauern hatten doch immer genug. Vermutlich, sagte ich, einen Vorteil muss das Landleben haben.

Bernhard hatte begonnen, den Betrieb umzustellen, Pläne für einen Hofladen lagen abends auf dem Tisch, ein alter Stall wurde umgebaut für die Haltung von Ziegen. Und dabei noch die andere Arbeit, die getan werden musste, Lieferungen für Kühne, Svenja und das zweite Baby. Alles auch samstags und sonntags, das war immer schon so, sagte ich zu Julia, wenn's Wetter günstig ist für irgendwas, Aussaat, Ernte, dann hat der Tag des Herrn keine Chance. Meine Eltern sind Ostern, Pfingsten, Weihnachten und Fronleichnam in die Messe, Bernhard und ich nach der Firmung gar nicht mehr. Schon um sich die Predigten zu sparen, ich lächelte Julia an, hier wählt man schwarz, wie es einem der Pfarrer diktiert.

In den drei Tagen sind wir nirgendwohin gefahren, ich meine, wir sind mit dem Rad unterwegs gewesen, spazieren gegangen. Als wollte ich ihr einen Umzug schmackhaft machen, pries ich die Landschaft an wie ein Werbetexter oder Politiker, der dafür bezahlt wird. Die von Kopfweiden gesäumten Wiesen, Sträßchen mit Pappeln, dann wieder Felder, die ganz eben zum Horizont hinlaufen, da ein verlorener Tümpel, ein Bach, über den man hinwegspringen kann, dort ein Wäldchen, das im Sommer Schatten spendet, und im Herbst der Nebel, der jeden Morgen über dem Land liegt, eine weiße, undurchdringliche Decke, die etwas Magisches an sich hat. Auch gespenstisch, alles umhüllt von feinem Dampf. Ist bestimmt schön, sagte Julia, kann ich mir vorstellen. Und die Höfe, fuhr ich fort, als könnte ich nicht aufhören, wie so kleine Burgen, die verstreut sind in der Ebene. Aus rötlichem Backstein, immer mit vier Ecken.

Der Himmel, wir saßen an einer Böschung, die Räder lagen neben uns im Gras, erinnere sie an alte Bilder, Julia sah mich an, diese niederländische Malerei, du weißt schon, mit den dramatischen Wolken. Unbedingt, sagte ich, außerdem waren die Römer hier, es gab in der Nähe ein Kastell, das man jetzt ausgegraben hat. Heißt? Zivilisation. Dein Ernst? Seit zweitausend Jahren. Wenn ich das sage, Julia lachte, wolle sie mir glauben. Müsse sie auch, ich lehnte mich gegen die Böschung, weil es die Wahrheit sei.

Ich hatte anfangs meine Zweifel. Das werden doch keine Kaffeefahrten, dachte ich, nur auf etwas gehobenem Niveau. Von heute aus betrachtet war meine Einschätzung falsch, aber hinterher ist man bekanntlich immer klüger. Schade, dass es im Leben nie rückwärts läuft, die Zeitanzeige ein Stück nach links ziehen und mit einem anderen Drehbuch weitermachen. Obwohl ... könnte genauso in die Hose gehen, man bilde sich da nichts ein.

Kobas Idee war, jemanden aus dem Fernsehen als Attraktion bei unseren Veranstaltungen auftreten zu lassen, er hatte schon mit einer Agentur gesprochen, Honorare nachgefragt, Konditionen. Ein Kandidat, er zeigte mir ein Bild, so eine Autogrammkarte, wäre für ihn der hier, der sähe gut aus. Als sei das ein Gesichtspunkt, als käme es darauf an, Zahlen waren wichtig, unser Geschäftsmodell. Und dann noch, wie es im Netz stand, der Moderator einer Spielshow aus dem Vorabendprogramm.

Credibility, Trust ... war beim Marketing doch das Entscheidende, in jedem Handbuch nachzulesen. Wie erst, wenn's um Geld geht, um Anlagestrategien. Selbst bei kleinen Sparern mit ihren zinslosen Notgroschen. Weil, täuschen wir uns nicht, es gibt nichts Heikleres auf dieser schönen Welt, nichts, was einem mehr Sorgen bereitet als die Frage, was mit dem eigenen Vermögen passiert, wo es am günstigsten aufgehoben ist, wo es etwas abwirft. Ob nun ein paar tausend Euro oder Millionen. Da sollte Expertise vorhanden sein, ein natürliches Vertrauen. Hätte Koba einen Nachrichtensprecher vorgeschlagen, wäre ich weniger skeptisch gewesen. Was der den Leuten erzählt, ist immer umweht von einem Hauch Objektivität, so ist es, überprüfbare Fakten. Das sei nicht der Punkt, sagte Koba, er muss nur bekannt sein. Und beim Fernsehen, Fernsehen zieht. Wahrscheinlich habe ich den Kopf geschüttelt ... wer guckt denn Fernsehen? Irgendeine Rateshow um halb sieben? Du nicht, sagte Kobiashvili, andere schon, du liest ja auch keine Frauenzeitschriften. Die sind beliebt, die strahlen was aus. Ich wollte nicht davon anfangen, dass unsere ... unsere Zielgruppe etwas Besonderes sei, höher gestellt, kein Durchschnitt. Wen er so erreichen wolle, fragte ich, mir leuchtete das nicht ein.

Aber Koba hatte sich schon seine Gedanken gemacht, schaffe die richtige Atmosphäre, nie frontal sein, auf den dritten Schritt kommt es an, nachdem der erste einmal getan ist. Würde ich so zusammenfassen, auch wenn sich das anhört wie von einem Kalender, jeden Tag ein Spruch. Weisheiten für den Hausgebrauch ... die man oft unterschätzt. Als sei das Leben eine Therapiesitzung mit verwickelter Psychologie. Ist es nicht, immer ein Fehler, von oben herab mit jemandem in Kontakt zu treten. Und immer das Beste, den anderen deutlich zu machen, dass man ihre Schwächen teilt, Gewohnheiten, wertes Publikum, das ist vollkommen normal, wir sind doch alle Menschen.

Ob's Instinkt war oder ob Koba häusliche Erfahrungen einfach verallgemeinerte, kann ich nicht sagen, bei ihnen in Schmargendorf war meist ein Fernseher eingeschaltet. Selbst wenn niemand hinsah, der Ton nicht lief, irgendein Satellitenprogramm aus der Heimat. Und keine Prominenten zu kennen war mein Defizit, Ansager, Quizmaster, die in den Talkshows. Man nimmt sich zum Maßstab und liegt daneben, statt seine Fühler auszustrecken und die eigenen Vorurteile zu vergessen. Entdeckt man dann Erstaunliches, über das zu spotten sehr dumm ist. Geschäftsschädigend.

Die Eckpunkte standen schnell fest. Exklusiv muss es sein, Gattinnen mit dabei, ein entspannter Ton, der wie nebenher verdeutlicht, dass wir nichts verscherbeln, auch nicht wollen, nie mehr als zehn, fünfzehn Einladungen, die über einen Club laufen können, Lions, Rotary, Golf, in einem Hotel der Spitzenklasse aus der Gegend. Dazu, das war Kobas siebter Sinn, ein Star zum Anfassen, den unsere Angebote schon überzeugt haben. Jemand, der allabendlich im Wohnzimmer auftaucht, verstehst du, sagte Guram, die Frauen gucken das, »Ahnst du's?« oder »First Class«.

Wie es in einer Großstadt ist, weiß ich nicht, aber Großstädte hatten wir nicht auf dem Schirm. Unsere Veranstaltungen sollten etwas Besonderes sein, Get-together, genießen Sie den Abend. Denn es handelte sich ja nicht darum, an Ort und Stelle Verträge abzuschließen, sondern das Portfolio von Merkur-Invest zu präsentieren, alles Weitere machen wir separat, sicher, unser Terminkalender auch, das kriegen wir hin. Der Vorlauf ist wichtig, der muss bis ins Detail stimmen, bis zur Gestaltung des Prospekts, für den wir einen Graphiker gefunden hatten, der genau umsetzte, was von ihm verlangt war, nichts Pompöses, eher nüchtern, aber mit einem Schuss Phantasie. Wenn man gesehen hat, wie die Kunden eingerichtet sind, traf das ihren Nerv, mittelständischer Pragmatismus, an dem nur da und dort ein Innenarchitekt oder eine ambitionierte Ehefrau geschraubt hatte. Über Geschmack lässt sich nicht streiten, altdeutsch gegen Knoll, das entscheidet jeder für sich allein.

Rasch entwickelt man ein Gespür für die Leute, wovor sie sich fürchten und auf was sie anspringen. Wenn sie dir den kleinen Finger reichen, greife nie nach der ganzen Hand. Du bietest sie ihnen selber an, wenn der richtige Zeitpunkt gekommen ist. Koba war ein Könner darin, je nach Lage zurückhaltend oder offensiv, während ich, das stellte sich en passant ein, spiegelbildlich agierte, wie beim Fußball, sprintet ein Verteidiger nach vorne, muss der Stürmer zum Strafraum hin absichern. Was man in der Praxis schnell lernt. In der Praxis von Merkur-Invest, unseren Beratungsgesprächen, die auf Qualität und nicht auf Masse abzielten, das muss man vorher immer klären und dann streng auf Linie bleiben.

In ruhigen Bahnen, so verlief mein Leben. Vielleicht war es etwas zu ruhig, obwohl ich nicht hätte sagen können, warum und wieso. Anders als Claas, der ein Nachttier war, verließ Julia das Haus gegen neun, um in ihr Institut oder eine Bibliothek zu gehen, ich trank oft mit Franco in der Küche noch einen Espresso, bevor ich mich in die Agentur aufmachte. Wenn es Konzerte gegeben hatte, versuchte ich abends, so leise wie möglich zu sein, schlich auf Zehenspitzen ins Zimmer, hielt mich zurück bei Kneipentouren mit den Kollegen, mit Snowfoot. Milder Spott, den ich von ihm empfing, wenn ich mich verabschiedete, fallz du dir et nomma überlechz, ick stehe hier.

Mein Weg zur Arbeit, meist zu Fuß von der Danziger die Kastanienallee herunter, führte mich, witzigerweise, an meiner alten Wohnung vorbei, das Haus war jetzt gänzlich entmietet, eingerüstet, eine Plane hing da mit einer großen Fotomontage, Urban Living, darunter eine Telefonnummer. Auch das Trümmergrundstück auf der anderen Straßenseite, wo der Kiosk gewesen war, wurde nun bebaut, man hatte eine tiefe Grube ausgehoben, rammte Stützpfeiler in die Erde. Bin ich seit langem nicht mehr vorbeigekommen … wie es heute dort aussieht. Ob's die Spielothek noch gibt? Ich hatte mir angewöhnt, zweimal in der Woche, vielleicht dreimal, mich auf eine Runde an die Automaten zu stellen, Limit zehn

Euro … die schnell weg waren, außer, selten genug, man hatte doch Glück. An einem Tag gewann ich und gewann ich, irgendwann sah ich auf meine Uhr, ich hätte längst im Büro sein müssen. Ein Spiel noch, verloren. Das allerletzte, perfekt, der Bonus kletterte wieder nach oben. Während ich die Starttaste drückte, fummelte ich mein Handy aus der Hose und rief bei Falcon an. Dermot grußlos und sehr laut: Wo bleibst du, Mann? Ich erfand eine Betriebsstörung bei der BVG, kein Empfang in der U-Bahn, sei in fünf Minuten da.

Sich den Gewinn sofort auszahlen zu lassen wäre für jeden anderen kein Ding gewesen, nicht aber für mich. Für einen Spieler, einen Junkie, einen Trinker, das Glas rührst du nicht mehr an. Es ist keine Übertreibung, wenn ich sage, dass es mich an jenem Tag nicht alle, aber bereits sehr viel innere Kraft gekostet hat, Schluss zu machen, die Münzen in die Schale unten am Automaten rattern zu lassen, in meine Tasche zu stecken und rauszugehen. Ich brauchte mehrere Anläufe, tief durchatmen, jetzt, noch einmal, jetzt … jetzt.

Nennen wir es der Einfachheit halber eine Portion Pflichtgefühl, Gedanken an die Kollegen, die Arbeit, die mich dazu brachte, aus dem Spielsalon rauszukommen, ich rannte die Torstraße entlang, bis ich verschwitzt in der Agentur eintrudelte, sorry, sorry, sorry.

Sollte ich über mich selbst erschreckt gewesen sein, wog der Triumph, gewonnen zu haben, die Maschine geschlagen zu haben, unendlich mehr. Dass ich solche Schwierigkeiten hatte, aufzuhören, ungeachtet der Termine, die auf mich warteten, war aber ein Signal … das man nur nicht wahrnimmt. Nicht versteht, sonst würde man vielleicht eine Beratungsstelle oder so etwas aufsuchen. Eine Kränkung, die man sich lieber erspart, was für andere gilt, gilt für mich nicht. Wie im Krieg, der links kriegt eins ab, der rechts, nur ich bleib verschont. So täuscht man sich durchs Leben, bis da plötzlich eine Betonmauer steht, vor die man knallt. Sollte man seine Lehren daraus ziehen.

Wer denkt, ich wäre auf dem Weg nach Hause gleich wieder spielen gegangen, gleich wieder in diese Spielothek rein, liegt daneben, meine Hochstimmung hatte fast den ganzen Tag angehalten, ich kam gut gelaunt zurück, alles war bestens gelaufen, ideal, nicht der geringste Grund zur Klage. Mir ging's gut, war doch so, Wohnung, Freundin, Arbeit, was will man noch? Berechtigte Frage, finde ich, die man aus Bequemlichkeit oder aus dem Trott heraus, in dem man steckt, immer vermeidet. Bis es zu spät ist, die Maus in der Sackgasse. Wer ein Ziel hat, ist auf den ersten Blick fein raus, das hilft einem über die Zeit. Die Zeit zu überstehen, würde ich sagen, was ist aber, wenn man erreicht hat, was einem vorschwebte, fängt man dann wieder von vorn an?

An freien Abenden sind wir ins Kino gegangen, ins Theater, die Volksbühne. Julia sah sich jede Inszenierung an, ich dann auch. Was mir gefallen hat, ist der Exzess gewesen, alles live, bis zur Totalerschöpfung. Obwohl es zwischendurch immer langweilig war, aber das gehörte anscheinend dazu. Vorher, allein also, bin ich nie ins Theater, zum letzten Mal mit einem Deutschkurs in Düsseldorf, keine Ahnung, welches Stück, ich vermute, etwas Klassisches bei der Sorte Lehrer. Non scholae, sed vitae … so etwas behält man, der Rest ist im Nirgendwo verschwunden. Die ganze Bildung, Blut, Schweiß und

Tränen … Blut und Wasser, Jesus am Kreuz, all die Märtyrer. Worüber Mira Bescheid wusste, als wir in der Gemäldegalerie im Tiergarten waren. Für ein Video hatte sie sich mit Opferszenen beschäftigt, Erniedrigung und Erlösung. Und wie das auf alten Bildern dargestellt worden ist, solchen Altarbildern mit güldenem Hintergrund und all den Heiligenscheinen. Der arme Sebastian mit reichlich Pfeilen im Körper, den verklärten Blick nach oben gerichtet. Werbemaßnahmen fürs Jenseits, man tut, was man kann.

Seitdem Mira und ich uns über den Weg gelaufen sind, das war vor einem Jahr ungefähr, habe ich einiges über die Kunstszene erfahren, Project Spaces mit witzigen Namen, in Wedding oder Mülheim, und wie man versucht durchzukommen. Nicht die Malerfürsten aus den Klatschspalten, sondern die Jüngeren, die Videos machen wie Mira, oder Installationen, riesige abstrakte Fotografien, wo ein einziger Abzug schon zweitausend Euro kostet. Gehen alle in Vorleistung ohne Verkaufsgarantie, Meisterschülerinnen. Purer Idealismus, der die andere Realität ausblendet, Miete, Strom, Heizung, um gar nicht von Vermögensbildung anzufangen. Wer an die Zukunft denkt, ist schon raus, irgendwie imponiert mir das. Erinnert mich an mich selber. Und heute?

Jedenfalls … ich weiß noch genau, dass ich nach dem Vorfall einen Bogen um den Automatensalon geschlagen habe, in den nächsten Tagen muss es in mir doch rumort haben. Dass etwas nicht stimmt. Obwohl die Summe, die ich gewonnen hatte, nicht schwindelerregend war, fünfzig oder achtzig Euro, es ging nicht ums Geld, nicht ums Geld allein. Zumindest die Erkenntnis habe ich. Mit dem eigenen Alltag hat es zu tun, erlaube ich mir zu spekulieren, gerade wenn es auf der Oberfläche nichts zu kritisieren gibt. Einbrüche und Krisen. Höchstens dann zieht man Konsequenzen, die schon längst fällig gewesen wären. Aber vielleicht überfordert das einen auch, man ist keine Maschine mit Kontrolllämpchen, sofort Öl nachfüllen oder Kolbenfresser.

Ulf hat mich mehrmals besucht, Julia, nachdem sie mich in einem kurzen Brief gefragt hatte, ob mir das recht sei, Britta war da, und einmal kamen Snowfoot und Dermot. Alter, sagte Snowfoot, wegen dir bin ich jetzt das erste Mal im Bau. Da siehst du, sagte ich, wozu eine Bekanntschaft mit mir gut ist.

Besuche müssen angemeldet werden, im Sprechzimmer müssen zum Termin Plätze frei sein. Für viele extrem wichtig, dass sie in Verbindung bleiben, die draußen haben mich nicht vergessen. Ehefrauen, Freundinnen, alte Kumpel, die Bosse. In den ersten Wochen nach meiner Verhaftung und einem heftigen kalten Entzug empfand ich Scham, nennen wir das Gefühl so, nicht wegen der zwei blödsinnigen Überfälle, sondern darüber, wie ich die Leute angelogen hatte, um weiter spielen zu können. Die Onlinekredite kümmerten mich nicht, aber Julias Sparbuch geplündert zu haben, bevor ich verhaftet wurde, war mies hoch drei. Finden konnte mich niemand, weil ich unangemeldet in Lollos leerer Wohnung auf der Belziger hauste, alle Kontakte gekappt. Wenn man wieder zu Bewusstsein kommt, laufen vor dem inneren Auge die Betrügereien wieder ab, und mir ist es nicht gegeben, die Schuld abzuwälzen auf die argen Umstände oder Drogen oder Leichtsinn. Das Geld, das ich bei Bernhard geschnorrt habe, von wegen ich würde mich mit einer eigenen Agentur selbständig machen wollen, wird man mir von der Abfindung abziehen, ob dann noch was übrig bleibt, ist für mich unerheblich.

Nach einer Phase der Gewöhnung an die Abläufe im Vollzug, streng reglementiert von morgens bis abends, hab ich mich eigentlich zwanglos darin eingerichtet. Dass ich unter Einsamkeit gelitten hätte, kann ich besten Gewissens nicht sagen. Ich glaube, eine persönliche Distanz zu anderen Menschen ist einem angeboren, mir bestimmt. Was ich nie als Mangel erlebt habe, ein Vorzug ist es aber auch nicht. Es gibt Anführer, und es gibt Gefolgsleute, ich glaube, ich befinde mich irgendwo dazwischen. Dazu muss man begabt sein, zum Anführen, ich habe erst spät gelernt, die Initiative zu ergreifen. Für sich zu sorgen, meine ich, aktiv zu werden, etwas anzukurbeln. Wie die Idee mit der Galerie, auf die mich Mira gebracht hat. Das ließe sich überblicken, vor allem in finanzieller Hinsicht.

Gut ... also ... die Freiräume, die man im Knast hat, sind sehr begrenzt, versteht sich, aber Radio und Lesen haben mir vieles ersetzt. So wenig ich vorher gelesen hatte, so wenig hatte ich ausdauernder Radio gehört. Ein kleiner Apparat von Philips, Kofferradio sagte man früher dazu, war mein Draht nach draußen, ein Bedürfnis nach Glotze ist bei mir nie aufgekommen. Und das war keine Selbstkasteiung, Strafe in der Strafe, sondern ... ich weiß nicht, als sei jemand noch mit im Raum, in der Zelle, Stimmen und Geräusche, die durchs Radio viel näher an einen heranrücken als durch Bilder oder Filme. Oder anders, eine andere Art von Gegenwart. Wie bei Gutenachtgeschichten in der Kindheit, Prinz und Königstochter, die für einen ganz real werden.

Als hätte ich dafür hinter Gitter gemusst, habe ich viele politische Sendungen gehört, Diskussionsrunden zu gerade aktuellen Themen. Eurokrise, Griechenlandkrise, Bankenzusammenbrüche. Die Sache mit den Hypotheken, wie sie den Kunden die Darlehen nachgeschmissen haben, bis das System kollabierte. Was ich nicht verstanden habe und was mich ziemlich erstaunt hat, war die Freiwilligkeit dabei, niemand hatte niemanden gezwungen, sich das Ramschzeug zu kaufen, das die Zocker damals im Angebot hatten. Ein Feature mit wimmernden Kunden, die ihre ganzen Ersparnisse den Lehmans in den Schlund gesteckt hatten … da hilft doch vorher ein Blick in die Geschäftsbedingungen … wir waschen unsere Hände in Unschuld.

Hörspiele habe ich auch gehört, am liebsten waren mir immer die Krimis am Freitagabend, im Deutschlandfunk, soweit ich mich erinnere. Könnte ich ruhig mal wieder einschalten … aber so geht es ja, aus den Augen, aus dem Sinn. Aus den Ohren. Musik stand weniger auf meinem Programm, obwohl ich draußen viel Musik gehört hatte bis zu meinem Ausfall. Ich verfolge das nicht mehr, neue Bands und Künstler … gut, St. Vincent, mehr fällt mir nicht ein. CocoRosie, nur sind die nicht neu. Mira steht auf ältere Sachen, die lange vor ihrer und auch meiner Zeit herausgekommen sind … Buffalo Springfield, daneben Jazz und Glenn Gould, der ihr unantastbarer Hausgott ist. Beim Arbeiten die Goldberg-Variationen, bis man irre wird.

Außer Radio waren es, wie bereits erwähnt, Bücher, die mir den Aufenthalt in Tegel verkürzt haben. Wie man so sagt, verkürzt, als würden die gelesenen Seiten auf die Tage und Wochen und Jahre angerechnet, schön wär's. Als ersten Roman habe ich mir tatsächlich den »Prozess« ausgeliehen, warum nicht?, dachte ich, vielleicht erfährt man bei Kafka ja was über die Justiz, genau das Richtige für einen Knastbruder. In der Schule hatten wir nur einige Erzählungen durchgenommen, diese Geschichte mit dem Türhüter, und alles immer sehr ernst, lachen verboten. Wenn man den Blickwinkel nur leicht verschiebt, ist Kafka oft Comedy, meinetwegen Mad Comedy, inklusive Slapstick wie im Stummfilm. Ist meine Meinung, in dem Prozess-Roman ganz sicher.

Was ich danach gelesen habe, ist mir entfallen, mit System bin ich nicht vorgegangen. Denis Johnson, ja, der war großartig, und ein Band mit Erzählungen von Poe, von Günter Grass »Hundejahre«, und natürlich »Schuld und Sühne«. Dass sie das auf Lager hatten, wunderte mich ein wenig, in der Hauptrolle ein wahnsinniger Mörder. Überhaupt, die ganze Szenerie, ein kaputter Vogel neben dem anderen, Habgier und Ausbeutung, nicht gerade beruhigend. Aber wenn man einmal angefangen hat, kann man nicht mehr aufhören. Wie beim Spielen, beim Trinken, den Drogen. Und es ist verblüffend, wie sich der Horizont verengt, plötzlich ist man auf der Seite des Täters und hofft, dass er nicht enttarnt wird. Bei dem Verhör mit dem Untersuchungsrichter, der im Grunde schon alles weiß. Dass der Mörder, dass der abgedrehte Raskolnikow, zum Schluss noch die Gnade der Liebe erfährt, ist halb tröstlich, für mich jedoch mehr eine Wunscherfüllung.

Aus einer Laune heraus habe ich mir dann Gedichte mitgenommen, ein praktisch ungelesenes Taschenbuch von Ingeborg Bachmann, deren Name mir nicht unbekannt war, wahrscheinlich ist sie mal im Unterricht aufgetaucht. Der Effekt beim Lesen war für mich erstaunlich, man begriff nicht alles, Metaphern und das, rein rational betrachtet, während es auf einer anderen Ebene ein Verständnis gab, das in normalen Worten und Sätzen nicht auszudrücken gewesen wäre. Nicht wie ein Gefühl, aber so ein gefühlsmäßiges Erkennen, du siehst jemanden auf der Straße und bist spontan angezogen, ohne zu wissen, warum, oder lange darüber nachzudenken.

Man muss sich in Gedichte versenken, anstatt nach Bedeutungen zu suchen, Zeit genug hatte ich ja. Als würde man meditieren, wie Mira mit ihrer indischen Musik jeden Morgen, Zeile für Zeile. Hätte ich ohne den Knast nie gemacht, freiwillig, seit der Schule war ich von Lyrik bedient. Dem Quark, mit dem man sich zu beschäftigen hat. Und was sie einem unterschlagen, in der Bibliothek war ein Band von Joseph Brodsky, ich habe so lange palavert, bis bei einer Bestellung endlich mehr von ihm angeschafft wurde. Argument waren die Russen, der Nobelpreis, der Leser war ich. Ich kann sagen, dass ich heute schon bewandert darin bin, in der Poesie, natürlich kein Fachmann, aber mehr als ein Amateur. Viele Bücher besitze ich nicht, keine langen Regalwände, allerdings genug Gedichte, dass Mira erstaunt war und mich fragte, ob ich Literatur studiert hätte oder heimlich nebenher studieren würde, ihr etwas verschweige. Ich doch nicht, sagte ich, sei bloß ein Hobby.

Das Lesen hilft einem über manches hinweg, und wenn

es nur darum geht, Zeit totzuschlagen. Trotzdem ist es für mich etwas anderes als Filme und Serien, gucke ich auch, befriedigt mich aber weniger. Eine Leere, die man nicht loswird. Iss drei Burger, und eine Stunde später ist der Hunger wieder da. Vielleicht würden Freunde gute Dienste tun … falls man welche hat, sicher bin ich mir nicht. Hätte mich keiner im Gefängnis besucht, hätte ich's auch überlebt, kein Zusammenbruch. Keine Vergeltungsschwüre und Rachephantasien, war alles zu erleben. Die Frage ist, auf wen oder auf was man nicht verzichten kann, die Antwort nicht einfach. Für wen schon? Wenn man ehrlich zu sich selber ist, ohne Ausflüchte und Aufzählungen. Hohles Zeug, das man durch anderes hohles Zeug ersetzt, jeder betrüge sich selbst, so gut er kann. Bis man das Spiel nicht mehr mitmacht.

Ich hatte fünf oder sechs Jahre allein gewohnt, brauchte auf niemanden Rücksicht zu nehmen, wann ich komme, wohin ich gehe, und wenn nichts im Kühlschrank war, war eben nichts im Kühlschrank. Aufräumen, spülen, Blumen auf dem Tisch. Aber man gewöhnt sich an alles, kein Problem. Ich fand es auch angenehm, in einem sortierten Umfeld zu leben, einzukaufen, wenn man an der Reihe war, wöchentlich zu putzen, das Bad. Als ginge es für mich nur so, Ordnung zu halten, heute habe ich eine Hilfe, Amma aus Ghana. Zahle ihr sechzig Euro für drei Stunden, die sie bequem hinter sich bringt. Ist dabei, sich ein Putzimperium aufzubauen, auch Africans, die sie von irgendwoher rekrutiert. Einmal brachte sie einen mit und unterwies ihn forsch, wie man's macht, welche Reiniger, welchen Schwamm und wo man am sinnvollsten anfängt.

Klar, man verzichtet auf Privatsphäre, selbst in einer großen Wohnung wie auf der Danziger, gestört hat mich das in den ersten Monaten nicht. Dass man immer Gesellschaft hatte. Allerdings auch, wenn man nicht wollte, das allerdings auch. Sitzt jemand mit langem Gesicht im Wohnzimmer, fragt man ihn schon aus Höflichkeit, was wäre. Claas am Esstisch vor zwei geleerten Weinflaschen und einem vollen Aschenbecher, nachts um zwei oder drei, als ich von einem Konzert heimkomme. Er winkte ab, atmete tief durch und zündete sich eine neue Zigarette an. Ich setzte mich dazu, nahm eine Zigarette aus seiner Packung, dann ihm das Feuerzeug aus der Hand. Also? Keine Arbeit oder keine Beziehung, wo sonst sollte das Problem sein? Was mich bei Claas wunderte, denn für mich schien er alles mitzubringen, was man sich wünschen könnte. Groß, schlank, lockige kurze Haare, unterhaltsam, mit einem üppigen Stipendium ausgestattet, das ihm erlaubte, zwischendurch mal nach Paris zu fahren. Die Regisseurin, deren Filme er untersuchte, zu treffen und zu interviewen, in die Kinemathek zu gehen.

Richtig war auch jetzt nicht herauszukriegen, womit er zu kämpfen hatte. Nüchtern war er ein Überspieler, Übertüncher, als sei jede Sache eine ironische Bemerkung wert. Ja, ist alles bitterernst, aber das ist doch bekannt. Claas konnte sich gut ausdrücken, sehr gewandt, wie wenige. Wie ich wusste, hatte er es nicht einfach gehabt, Scheidungskrieg der Eltern, er wurde hin und her geschoben. War das ein Trauma, das sich in Abständen meldete? So dass seine Arbeit stockte, er es nie länger mit jemandem aushielt. Oder umgekehrt, nie jemand länger mit ihm. Oder, dachte ich, sind's Anfälle von Schwermut? Wie die familiäre Expertendiagnose lautete, Schwermut, wenn meine Großmutter, die Mutter meines Vaters, wieder stundenlang schweigend dasaß, mit geneigtem Kopf, zitternden Lippen, kaum ansprechbar. Mich hat das als Kind seltsam berührt, erschreckt eigentlich, heute frag ich mich, warum sie nicht ein Medikament genommen hat, wird doch schon was im Handel gewesen sein.

Weil Claas keine Absicht zu haben schien, mit mir zu reden, einem muss ich's mal erzählen, drückte ich die Kippe aus und ging ins Bad. Ich stehe sowieso auf dem Standpunkt, dass nicht jeder des anderen Therapeut ist. Ob man's hören will oder nicht, auf die Nase gebunden bekommen, wie es gerade mit der Psyche läuft. Beeindruckt hat mich, wie andere Völker damit umgehen, als ich mit Ulf und Can nach meiner Entlassung bei einem Silvesteressen war, das eine Freundin von Can schmiss, Lammragout und Raki und alles. Eine Frau saß den ganzen Abend im Nebenzimmer, andere Frauen brachten ihr zu essen und zu trinken, haben vielleicht kurz mit ihr gesprochen und kamen wieder in die Küche zurück. Liebesschmerz, ich kann das Wort auf Türkisch nicht aussprechen, Aschk und noch zwei Silben hintendran, was es ihr unmöglich machte, unter Menschen zu sein, ganz allein aber sollte sie zu Silvester auch nicht bleiben. Als wir noch tanzen gingen, ist sie natürlich nicht mit, schwarz verschmierte Augen vom Heulen, besser so, als wenn sie sich versteckt hätte.

Mit Franco war es unbeschwert, er nahm das Leben, wie es kam, wie ich erfuhr, hatte er einmal angefangen, Musik zu studieren, er sei eine Karteileiche, sagte er, die darauf warte, rausgeschmissen zu werden. Er hatte Studiojobs, die ihn über Wasser hielten, von Hörspielen für Kinder bis zu Schlagern, war bei Sessions dabei, arrangierte für Solisten, schrieb Lieder, für die er in Italien noch keinen Verleger gefunden hatte. Cretini, nannte er die, stronzi, lachte, capisce? Verstand ich, die ersten Worte, die man in einer fremden Sprache lernt, sind möglicherweise immer Schimpfwörter.

Wenn man zusammenwohnt, nimmt man zwangsläufig Anteil daran, wie es den anderen geht, entwickelt ein Gefühl von Verantwortung. Das aber auch seine Grenzen hat. Was nicht heißt, dass ich mich kurzerhand verabschiede aus unangenehmen Situationen. Als bei Julia eine Zyste an der Schilddrüse entdeckt wurde, die entfernt werden musste, war ich sehr besorgt, obwohl die Ärzte im Krankenhaus sagten, es handele sich um einen Routineeingriff, in vier, fünf Tagen dürfe sie wieder nach Hause. In der Agentur hatte ich meine Termine so gelegt, dass ich jeden Nachmittag bei ihr sein konnte, brachte Trauben mit, ein Spaziergang übers Klinikgelände. Sie selbst nahm's gelassen, ein kleiner Schnitt am Hals, den man nicht mehr sehen würde. Und gut, dass sonst alles in Ordnung war und es nichts Schlimmeres gewesen sei, erleichtere einen doch.

Mich nicht, ich fühlte mich nicht erleichtert, kann mich nicht erleichtert gefühlt haben, das ist meine Erklärung. Am Tag der Operation, Julia war schon wieder aufgewacht, trank einen lauwarmen Tee, alles wie vorhergesagt. Viel geredet haben wir nicht, sie war noch zu matt. Eine Nacht schön schlafen, sagte eine Krankenschwester, die sich nach ihrem Befinden erkundigte, morgen fühlen Sie sich wie neu. Julia lächelte sie dankbar an, ich auch. Obwohl mir gar nicht danach war, nicht mehr bei mir … wie ein Blatt, das auf dem Wasser treibt, auf einem Fluss, und dann in einen Strudel gerät.

Nachdem ich mich von Julia verabschiedet hatte, ging ich die Chausseestraße hoch, immer weiter, wie geistesabwesend. Nicht meine Richtung, Wedding, es muss schon gedämmert haben. Vielleicht die Leuchtreklame über den verklebten Fenstern, vielleicht das grün blinkende Wort open … open, open, dem zu widerstehen unmöglich war. Als ich Stunden später die Spielhalle verließ, war mein Konto leer. Einfach leer, der Geldautomat spuckte nichts mehr aus. Schon klar gewesen, als ich die letzten hundert Euro an einer Sparkassenfiliale abgehoben hatte, um es noch einmal zu versuchen. Jetzt aber, bitte ein Joker. Nada … eine rote elektronische Null zeigte mein Guthaben an. Ganz zittrig von Kaffee und Zigaretten stand ich dann auf dem Leopoldplatz und wusste nicht, wohin. Irgendwann setzte ich mich auf eine Bank und starrte ins Dunkle. Was war das gewesen? Was hast du gemacht? Sechshundert Euro.

Am nächsten Tag bat ich um einen Vorschuss, wäre für eine Spülmaschine, sagte ich zu Resi, müsste sein.

Danach war ich kuriert, für ein Jahr bestimmt. Und nicht wegen des Geldes. Das kommt schon mal vor.

Ich will nicht predigen, aber in Deutschland gibt es in jeder größeren Stadt Zockerbuden zuhauf. Als würde an allen Ecken eine Flasche Schnaps zur freien Mitnahme herumstehen. Wenn ich unterwegs bin, im Ausland, schaue ich mich immer um, auch heute noch, aber Fehlanzeige. Kann mich nicht erinnern, in London etwas Ähnliches gesehen zu haben, Spielhallen in ganz normalen Vierteln. Keine einzige die lange Old Street rauf und runter, wo Mira und ich in einem Holiday Inn waren, als wir zur Finissage einer Ausstellung gefahren sind, an der sie teilgenommen hatte. FlashPoint Gallery, Shoreditch hieß der Bezirk.

Weil Mira frei von jeglicher Sucht ist, außer ihrer Kunst, habe ich ihr das nie erzählt. Ohne Anlass in der eigenen Vergangenheit rumzurühren … meine Sache ist das nicht. Als würde nicht jeder einen Schatten haben, der an ihm klebt. Für mich ist das ein Grundgesetz, an das man nicht rühren sollte, find dich damit ab. Oder kompensiere deine Mängel, schreib ein Buch, male ein Bild. Ich glaube, für viele Künstler ist das ein Antrieb, so eine Art Übersprungshandlung, wer weiß das?

Die Galerie lag in einer Seitenstraße, Backsteingebäude, früher werden da überall kleine Firmen drin gewesen sein, Schlosser, Schreiner. Weil sie die Räume verlassen mussten, war die Finissage auch Abschiedsparty, da ich niemanden kannte, bin ich eine Zeitlang draußen rumgelaufen. Horden von Besoffenen, korrekt angezogen zumeist, die auf der Old Street von Pub zu Pub zogen, es war Samstagabend, war eine Welt für sich, nicht meine. Mira machte Connections, die das Wichtigste zu sein scheinen, um vorwärtszukommen. Wer plant was wo? Bring dich ins Gespräch, lass diesen oder jenen Namen fallen, sei cool. Als ich an dem Abend in einer Runde sagte, ich würde mit dem Gedanken spielen, eine Galerie zu eröffnen, wurde ich plötzlich attraktiv. Die richtigen Worte hatte ich bei Mira gehört, Video Art und installative Positionen, die ich spannend fände. Awesome, great. Ganz genau, Leute, das werdet ihr noch sehen.

Wir sind ein paar Tage in London geblieben, haben andere Galerien besucht, Museen. Mira ist eine gute Erklärerin, mit einer Geduld, sich auch längere Videos anzugucken, die ich nicht immer besitze. Langsam aber bekomme ich einen Überblick, blättere durch Kataloge, notiere mir Namen, ich glaube, es ist mehr als ein Spleen. Oder wie man's nennen soll, ein großes, unvermutetes Interesse.

London ist teuer, geflutet von Touristen, die von Denkmal zu Denkmal treiben. In die Tate Britain sind wir nur, weil Mira in den Saal mit den Turners wollte, die Bilder in echt zu betrachten sei etwas anderes. Es war unsere erste gemeinsame Reise, kein Streit, keine Misshelligkeiten. Während sie beim Abbau der Ausstellung half, bin ich durch Shoreditch gestreift … will man hier leben? Und ist das allein eine Frage des Geldes? Wie für die Superreichen, deren Paläste über die ganze Welt verstreut sind. Wie verbringen die ihre Tage? Mich macht es zunehmend ungehalten, morgens nicht zu wissen, was zu erledigen wäre. Sich mit einem Buch in ein Café zu setzen, ohne Plan. Auf dem Telefon rumzuwischen. Für mich ist das neu, eine Frage, die sich mir früher nicht gestellt hat. Und nicht nur, weil Mira viel arbeitet und ich denke, ich müsste jetzt auch etwas schaffen. Auf Websites nach einem Ladenlokal suchen, in Köln oder Berlin, Preise vergleichen. Mich durch die Portfolios von jungen Künstlern scrollen, was gefällt mir, warum? Dieses chinesische Sprichwort, dass der längste Weg mit einem ersten Schritt beginnt, ist so bescheuert wie wahr. Sich mal in Bewegung zu setzen, darauf kommt es an.

Im Flugzeug fragte ich Mira, ob sie zufrieden sei, ob sich etwas ergeben habe. Könnte sein, sagte sie, we stay in contact. Und? Wenn wir in contact stayen, sie lachte, dann stayen wir in contact, ist doch schon mehr als ein Anfang. Absolut, sagte ich, das wollte ich hören.

Im Geschäftsleben geht's um Psychologie, man darf keine vorgefertigten Urteile haben. Wichtig allein: Was verbirgt sich hinter der Fassade, ist Substanz da? Die Kunst besteht darin, den Leuten so nahe zu kommen, dass sie sich einem von selbst öffnen. Denn keiner zahlt gerne Steuern, und nur Heilige lassen sich freiwillig in die Tasche greifen. Grobe Ungerechtigkeit gibt es oben auch, Unfairness gegenüber der Leistung eines ganzen Lebens. Als sei es ein Verbrechen, gut gewirtschaftet zu haben, etwas vererben zu wollen ... ruckzuck sind die Springteufel vom Finanzamt in deinem Büro.

Kobiashvili betrachtete alles kühl, unsere Kunden und ihre Wünsche. Nie verächtlich, ich glaube, das ist der Beginn jeden Erfolgs. Wer die Bereitschaft nicht mitbringt, den anderen ernst zu nehmen, wird scheitern, falls nicht morgen, dann den Tag drauf. Außerdem waren unsere Angebote in keiner Weise exotisch, nicht das Blaue vom Himmel, das wir versprochen hätten, unsinnige Dividenden. Sondern nachvollziehbar, ein breit gestreuter Fonds hier, ein sauber geschnürtes Private-Equity-Paket dort. Das aus den Nähten platzt, wenn man short geht und der Kurs ins Taumeln gerät. Wenn nicht, tja ... shit happens.

Ich vermute, dass die Jahre nach dem Zerfall der Sowjetunion Koba gewitzt gemacht haben, Nervosität kannte er nicht. Wer sich zu der Zeit durchgeschlagen hat, war für alles Weitere gewappnet. Verträge, die mit vorgehaltener Pistole unterzeichnet worden sind. Er deutete etwas an und machte so eine südländische Geste, dabei ein Gesichtsausdruck mit hochgezogenen Augenbrauen, wie ich ihn von Franco kannte, wenn es sich um etwas Unabänderliches oder eine Idiotie handelte. Schwer zu glauben, aber sei drauf gefasst.

Was Julia von Kobiashvili gehalten hätte, was sie zu ihm gesagt hätte, das fände ich interessant. Und was erst zu mir? Dass sie mich nicht wiedererkennen würde? Ulf und Can und die anderen, die ich einmal im Jahr sehe, begegnen mir immer gleich, ich hatte bis jetzt nicht den Eindruck, sie hätten eine Veränderung an mir festgestellt, die ihnen merkwürdig oder unheimlich vorgekommen wäre. Und es mich spüren lassen. Wie tickt der denn, was erzählt er uns? Ich glaube, Julia und ich wären auch heute noch bei vielen Geschichten einer Meinung, ohne lange Diskussionen. Wie damals im Tiergarten, als die Lkws mit den Monster-Lautsprechern und der tanzenden Menge davor und dahinter an uns vorbeigezogen sind, Love-Parade, lass doch mal gucken gehen.

Ich hätt's natürlich wissen können, meine Abneigung gegen Umzüge ist beträchtlich. Feiern in Masse und jeder ist breit auf irgendwas, das ist zu viel. Spätestens seitdem ich mich nicht mehr verkleide als Indianer oder Charlie Chaplin, aufgemaltes Bärtchen und Melone aus dem

Woolworth in Viersen, Hose und Weste von der Tante genäht, ausgestopfte alte Schuhe von meinem Vater. Das war funny, besonders am Rosenmontag, wenn wir Kinder zwischen Menschen- und Pferdebeinen Bonbons und Schokotäfelchen einsammelten, die von den Wagen geschmissen wurden, während um uns herum alles helau schrie und schunkelte. Wahrscheinlich bin ich kein Typ für Brauchtum und Veranstaltungen im Vollrausch, damit kann man mich jagen.

Nach einer halben Stunde reichte es Julia auch, ich musste sie nicht drängen, das Weite zu suchen. Vielleicht waren wir beide schon zu alt für so ein Spektakel, obwohl ... erstens waren wir beide nicht mal dreißig, und zweitens ... kein zweitens, das hat etwas mit der Persönlichkeit zu tun. Ich denke nicht, dass ich eine Spaßbremse bin, aber was zu viel ist, ist zu viel. Es gibt bei jedem einen Umschlagpunkt, sei es privat, sei es im Business. Der Punkt, an dem man mit Gewohnheiten bricht und die Entscheidung trifft: bis hierhin und nicht weiter. Das zu erkunden ist eine Herausforderung, aber auch der Moment, sich selbst besser kennenzulernen. Keine Scheu vor den eigenen Untiefen, kein Charakter ist perfekt. Und vor allem nicht, sich zu schämen für nichts und wieder nichts, denn darauf beruht jede Herrschaft.

Was Julia von mir erwartet hat ... ich kann nur spekulieren. Ob sie Erwartungen hatte, sich ausmalte, was in fünf oder zehn Jahren sein würde. Darüber haben wir nie ausführlicher gesprochen, haben's beide ausgespart, vorsätzlich oder nicht. Selbst als wir in die gemeinsame Wohnung in Schöneberg gezogen sind, sahen wir den Umzug eher pragmatisch, zu wenig Platz auf der Danziger, jeder braucht ein eigenes Zimmer, der Straßenlärm. Zukunftsplanung war ein Fremdwort, bei anderen Paaren ist das anders, das ist mir schon bekannt. Aber vielleicht komme ich nur mit Menschen aus, die keine starren Vorstellungen haben, worauf etwas zusteuert, ein heiß ersehntes Endziel. Um dann Etappe für Etappe zu bewältigen, besser zu zweit als allein.

Weil das Konsens ist in unserer Gesellschaft, niemand fragt nach den Gründen. Gut, Kinder, aber sonst? Arbeit, wie bei Bernhard und Svenja. Was könnte einem noch einfallen? Wechselseitiger Gebrauch der Geschlechtsorgane, wie es ein alter deutscher Philosoph ausgedrückt hat, vor ein paar hundert Jahren schon. Sehr viel weiter scheint man bis heute nicht gekommen zu sein.

Logisch, der Ruhestand war früher noch wichtig, wer sorgt für einen? Auf dem Land sind's immer die Kinder und Enkel gewesen, böses Blut vorprogrammiert. Geschichten, die abends beim Essen kursierten, dass jemand mit der Schwiegertochter nicht kann, der Hoferbe ein Hund ist. Ein Säufer, Ehebrecher. Ideal ist es nicht, wenn die Alten im Haus bleiben, wir, Bernhard und Svenja meine ich, hatten aber Glück. Meine Mutter arbeitet in ihrem Hofladen, mein Vater repariert, was nicht niet- und nagelfest ist. Fürs Feld und anderes gibt es Maschinen, Hilfskräfte, Praktikantinnen. Ökologischer Landbau zieht, damit verdient man heute Geld, bloß kein Gift mehr im Körper. Und die Gänse hier, wie süß, die werden doch nicht etwa zu Pastete?

Was mich früher teils verwundert, teils aggressiv gemacht hat, mit Ansage, waren Gespräche über Sparpläne, Papiere, die man kaufen sollte, Life Insurance. Auf einer Feier, zu der ich mit Julia gegangen bin, stand ich mit zwei ihrer Kollegen zusammen, die sich darüber austauschten, Altersabsicherung. Mit einem Ernst, einer, sagen wir, Beflissenheit, als handele es sich um Insektenbekämpfung … Ameisen auf der Terrasse, da kann ich dir was empfehlen, rückstandfrei. Und die waren noch jünger als ich, am Beginn ihrer Laufbahnen als Historiker. Eh, Leute, dachte ich bald, prickelnde Unterhaltung, wollt ihr nicht das Thema wechseln? Oder wie verabschiede ich mich geräuschlos?

Der eine, Richard, war mir ganz sympathisch gewesen, liebte »Songs for the Deaf« von den Queens of the Stone Age, schrieb eine Dissertation über die Ölkrise in den Siebzigern. Die Autobahnen gesperrt, das Ende ist nah. War es aber nicht, die Krähen hacken sich nicht gegenseitig die Augen aus. Und dann Terrorismus, alle Ölminister als Geiseln genommen. Mir machte es Spaß, ihm zuzuhören, hatte mir Spaß gemacht, bevor der andere dazugetreten war und, ich erinnere mich nicht mehr, wieso und warum, von Rentenzahlungen angefangen hatte, LVA, irgendein Briefwechsel. Selber schuld, dachte ich, was du nicht weißt, macht dich nicht heiß. Schlappe vierzig Jahre, bevor es akut wird.

Wer überblickt solche Zeiträume? Bauern haben immer von Jahr zu Jahr gelebt, gutes Wetter, schlechtes Wetter, und versuchen müssen, das Beste daraus zu machen. Also bin ich ein Bauer, Herkunft stimmt ja. Eine Frage des Schicksals und nicht von Behörden, denen man sich anheimgibt. Deshalb wird auf dem Land so viel gebetet,

Kruzifixe in Küche und Diele. Man bleibt davon nicht unberührt, auch Jahrzehnte nach dem letzten Vaterunser.

Als man mich fragte, wie ich vorsorge, ein Fonds vielleicht, irgendwas Festverzinsliches, muss ich die beiden wie ein Gestörter angeschaut haben … als Richards Kollege oder Kumpel dann von Demographie anfing, Finanzierungslücken, habe ich mich verzogen … das Buffet ist eröffnet. Nichts gegen niemanden, der sein Fortkommen im Auge hat, aber sich mit Ende zwanzig Gedanken über seine Rente zu machen ist ein Angstreflex. Als würde ich nicht mehr schwimmen gehen, weil ich einen Krampf im Bein befürchte. Selbst im Freibad, und der Bademeister schläft.

Ich will gar nicht ausschließen, dass ich einen Defekt habe und darum aus der Norm rausfalle, rein persönlich, biologisch. Dass mit dem Erbgut etwas nicht in Ordnung ist, unterm Elektronenmikroskop deutlich zu erkennen, ein sensationeller Befund. Die Geschichte der Menschwerdung muss neu geschrieben werden, hier das fehlende Kettenglied zwischen Affe und Homo sapiens. Fragt sich nur, zu welcher Seite sich dann die Waage neigt, mehr Primat oder doch schon Verstandeswesen. Fähig zu Höhlenmalereien und dazu, den Hebel einer Slot Machine zu ziehen. Auch noch dann, wenn keine Belohnung mehr winkt, wenn weder Futter noch Geld in die Schale unten klackern. Dümmer als ein Tier.

Gespräche, Verabredungen über die Zukunft, denen Julia und ich aus dem Weg gegangen sind. Vielleicht war das die Grundlage unseres Zusammenseins. Würde ich aber keine allgemeinen Schlüsse draus ziehen, als Beziehungsberater tauge ich nicht. Aus sich selbst klug zu werden ist Aufgabe genug.

Unser Leben war häuslich, schon auf der Danziger Straße, wir sind nur selten in Clubs und so weiter gegangen. Zu Veranstaltungen ins WMF oder in den alten Postbahnhof, wo es einen Garten gab … aber nicht exzessiv, womöglich noch mit Drogen, bis in den nächsten Tag hinein. Das Gefühl, ich würde etwas versäumen, ist bei mir nie aufgekommen, wenn ich doch einmal in Begleitung von Snowfoot und Dermot in die nächtliche Mühle geriet, nahm Julia das mit einem nachsichtigen Lächeln hin. Kann man an den Fingern einer Hand abzählen, ganz und gar harmlos.

Auch mit Guram, wenn wir zusammen unterwegs waren, keine Ausschweifungen. Man kriegt das ja am Rande mit, in den teuren Hotels, Hotelbars, in denen dir der Barkeeper die Escorts vermittelt, diskret eine Visitenkarte unters Glas geschoben, oder, manchmal sogar lauthals, Verabredungen zu Bordellbesuchen, tun erst smart und cool, lackierte Haare, und dann doch nur Kegelclub.

Meist sind wir früh auf unsere Zimmer, nach dem Abendessen, einem kleinen kurzen Absacker, ich hab noch ein wenig die Unterlagen sortiert, Freund Koba ist umgehend auf einem Sportkanal gelandet. Von Fußball konnte er nicht genug kriegen, das wurde ihm nie über, selbst Spiele, die aus den exotischsten Ligen übertragen wurden. Hat sich gelegentlich einen Namen notiert, was kostet der, mehr als die Portokasse? Wenn per Zufall ein tolles Länderspiel kam, oder Champions League oder ein Pokalfinale, haben wir das gemeinsam geguckt, paar Snacks vom Room-Service und was Gutes zu trinken bestellt.

Obwohl ich fürs »Fußball-Echo« auf allen Sportplätzen Berlins war, auch Spielberichte schrieb, Reportagen, von der Regionalliga bis in die Niederungen der Kreisliga, bin ich nie ein Fan geworden wie einige Kollegen, deren Leben sich um nichts anderes drehte. Die mit jedem Offiziellen aus dem Berliner Fußballverband schon saufen waren und über Transfers in der Landesliga berichteten, als stünde Messi ante portas. Sah meine Arbeit als einen Job an, den ich, so gut es ging, erledigte, lieferte meine Artikel pünktlich ab, vermied die üblichen Phrasen. Wenn ich Zeit hatte.

Mein Gewinner war, dass sie dringend jemanden brauchten, der für ein überschaubares Honorar zu organisieren, zu telefonieren, zu layouten bereit war. Dass ich über Fußball schreiben konnte, ist nach meinem ersten Bericht von einem Spiel klar gewesen, in der Redaktion eine Liste mit wichtigeren Vereinspräsidenten und Sponsoren, die ich auswendig lernte. Kompetenz! Zum Vorstellungsgespräch ist Ulf mitgekommen, er kannte den Chef des Blattes von TeBe her, hatte mich vermittelt als Allrounder. Na ja, Vorstellungsgespräch … Papiere … das lief alles über Handschlag, altes Westberlin, sagte Ulf zu mir vorher, du hast in den letzten beiden Jahren in der Stadtbibliothek von Heilbronn gearbeitet und festgestellt, dass du's da nicht aushältst, wolltest wieder zurück.

Man stolpert irgendwo rein, und dann ist es doch nicht so übel. Kein Traum, aber auch keine Qual. Wahrscheinlich verbringt die Mehrzahl von uns so ihre Zeit, behilft sich mit Einkäufen und Urlaubsreisen, was weiß ich. Und dann ist es aus, und man hat sein ganzes Leben halb-halb verbracht, wie ein leidlich gepflegter Gummibaum. Immerhin nicht eingegangen und auf dem Kompost entsorgt. Hat jeder mit sich selbst auszumachen.

Koba hielt mich für einen ausgewiesenen Fachmann, der über alle Ligen der Welt informiert sein müsste, Albanien, Thailand, und es gab Kollegen, die das waren, aufregender Abstiegskampf in Südafrika. Einmal, wir saßen in seinem Hotelzimmer vor dem Fernseher, fragte er mich, wie es mit einer Wette aussähe, ob ich unter Umständen Näheres wüsste. Worauf er anspielte, verstand ich schon, ich schüttelte den Kopf und sah ihn schweigend an, was meinst du? Er klopfte mir auf den Rücken und sagte, dass er nicht beabsichtige, in solche Geschäfte einzusteigen, aber man höre einiges. Höre man, sagte ich, aber der Markt würde aus Asien kontrolliert, aus China, Macau, völlig abgeschottet. Und zwar so gut, dass man den Quoten in unseren Wettbüros nicht mehr direkt ablesen könne, bei welchem Spiel etwas laufe, Elfmeter kurz vor Schluss. Sei meine Info, was gelabert würde, du kennst diese Schwätzer. Koba nickte.

Heute, wenn ich darüber noch einmal nachdenke, kommt es mir vor, als ob ich Geldspiele, bei denen andere beteiligt waren, und sei es so anonym wie auf der Rennbahn oder beim Toto, eigentlich nie gemocht hätte. Als hätte ich mich allein ruinieren wollen … der unbewusste Vorsatz, sich gnadenlos ruinieren zu lassen von einem Automaten ohne menschliches Zutun. Was war das? Rache an sich selber? Frau Leder sprach von Verhaltensmodifikation, von einem Prozess des Verlernens, bleibt die Frage, was ich vorher gelernt hatte. Bevor es mich magisch unten ins Steigenberger zu den Slot Machines zog, irgendwann täglich. Aber dasselbe könnte man einen Junkie fragen, der für einen Schuss den härtesten Entzug hinnimmt. Beziehungsweise sich darum nun keinen Kopf macht.

Ich glaube, Julia war zu protestantisch für Spielereien, zu gewissenhaft in allem. Über die Stränge zu schlagen, wie im Sprichwort, gehörte nicht zu ihren Eigenschaften, als Möglichkeit, die sich einem plötzlich bietet. Und die man ergreift, Hirn ausgeschaltet. Was ich nicht als Vorwurf verstanden wissen will, das hatte eben in ihrer Welt keinen Platz. Einer Welt von Verantwortung und Pflichtbewusstsein. Was sich jetzt vielleicht wieder negativ anhört … keineswegs. Mir selbst mag jede Antenne für die Wissenschaft fehlen, aber woran Julia arbeitete, was sie schrieb, gefiel mir, ich war ihr erster Leser. Und meine Vermutung ist, dass es sicher einen Zusammenhang gibt zwischen dieser Präzision und einer angeborenen Zurückhaltung, alles oder nichts ausgeschlossen. Darüber hinaus … man kann nicht beides haben. Kann man nicht, so wenig, wie sich vorhersagen lässt, was im Lauf eines Lebens die Oberhand gewinnt. Ob man zu lernen in der Lage ist oder zumindest einsieht, welche Dinge zu vermeiden sind. Weil sie einen ins schwärzeste Nichts reinkatapultieren.

In die Redaktion kam ich sehr bequem mit der U-Bahn, mit der Linie 7 von der Lipschitzallee bis zur Möckernbrücke, in die 1 umsteigen und dann noch zwei Stationen bis Kurfürstenstraße, ein paar Minuten Fußweg bis zur nächsten Kreuzung, rechts abbiegen. Berufsverkehr war kein Problem, kein morgendliches Gedränge, weil wir bis auf den Tag vor dem Andruck erst gegen elf anfingen, wen kriegt man zu nachtschlafender Zeit schon ans Telefon?

Unsere Räume lagen zum Gleisdreieck hin in einem Fabrikgebäude mit mehreren Höfen, das der Sanierung harrte, auf der anderen Straßenseite billige Verwaltungsgebäude aus den sechziger Jahren, als hätte sich hier seit dem Mauerfall nichts getan. Kein neues Berlin, sondern immer noch das alte, verlotterter Plattenbau West, dubioses Kleingewerbe, Glascontainer. Machte mir nichts aus, auch nicht, dass bei der Arbeit stark geraucht wurde, obwohl ich's mir im Knast abgewöhnt hatte.

Zum Glück wohnte ich in der Nähe der U-Bahn-Station, zehnter Stock in einem der vielen Hochhäuser, die es in Gropiusstadt gibt, nicht weit ein kleiner Platz, eher war es eine Freifläche, mit zwei Imbissen und einem Supermarkt, der, will ich ausdrücklich festhalten hier, sogar eine Fleischtheke hatte. Dass der Hund in solchen Siedlungen begraben liegt, geschenkt, ich war nicht an den Stadtrand gezogen, um Partys zu feiern. Mein Anwalt kannte jemanden in der Verwaltung einer Immobiliengesellschaft, die haufenweise Wohnungen im Osten und im Westen unter ihrer Fuchtel hatte … Allee der Kosmonauten, ne, klingt nach Moskau, Lipschitzallee, wo ist das?

Facility Management, stand hinten auf dem Blouson des Mannes, der mir das Apartment zeigte, zweiunddreißig Quadratmeter, Küchenzeile, Dusche, frisch gestrichen, neue Spüle. Wer will sich da beklagen, nein, wirklich, eine Wohnung zu finden ist für jemanden, der aus der Haft kommt, ein echtes Problem. Ich hätte in der größten Not auch zurück auf den Hof ziehen können, ich orientiere mich jetzt ganz neu, besser aber so. Und der Ausblick war schön, hab abends oft am Fenster gesessen, Musik gehört und weit in die Landschaft geguckt. Wie's langsam dunkel wird. Oder morgens im Sommer, dieses Rosa am Himmel.

Als Degradierung verstand ich das nicht, und der Sanierungsfall Weinbergsweg war die weitaus unkomfortablere Bleibe gewesen, undichte Fenster, Ofenheizung. Als ließe sich vom Wohnort her, vom Viertel, etwas über die Person aussagen, Karriere oder Sackgasse. Auch deshalb steigen die Preise, und die Idioten zahlen das, obwohl sie's überfordert … Psycho-Kapitalismus, hast du keinen Turm im Zentrum, bist du erledigt. Mode das Gleiche, dabei kostet ein maßgeschneiderter Anzug weniger als die schlecht verarbeiteten Knopflöcher von irgendeinem Superlabel. Das sowieso keiner erkennt.

Durch Zimmerfluchten wandern zu können bringt mir nichts, jedenfalls würde ich dafür keinen lausigen Cent aufnehmen. Wie ein Galeerensträfling, der bis ans Lebensende zu rudern hat. Der Motor, der alles antreibt, zehntausend Umdrehungen im Leerlauf. Von der Stelle kommt man so nicht, plustert nur sein Ego auf. Eine Wohnung in New York, in Singapur, Dubai, und in jedem Kleiderschrank identische Klamotten. Als sei man selber austauschbar, Ort und Zeit und Raum, wo bin ich gerade, warum?

Ob Koba je nach Georgien zurückkehren will, habe ich ihn nie gefragt. Begraben möchte er in Gori sein, aber ernsthaft noch einmal sich dort ansiedeln? Vielleicht als Großvater, als Greis, etwas anderes kann ich mir nicht vorstellen … höchstens, wenn sie dir hierzulande auf den Fersen sind. Wohin ich könnte, würde man nach mir suchen, ist schnell beantwortet, nirgends. Ausweis, Adresse, Verwandtschaft, Hotelanmeldung, steht alles im Computer, muss die Polizei nicht mehr von Stadt zu Stadt telefonieren. Oder ein Fax schreiben, wie früher, sachdienliche Hinweise erbeten, gibt's ein Foto? Heute findet man im Netz von jeder und jedem eins, auf Instagram, Facebook, keine Scheu, sich zu zeigen. Bei Mira ist das anders, sie will nicht, dass Bilder von ihr kursieren, selbst nicht, wenn Kuratoren eins für einen Katalog oder Werbung anfordern. Schriftlich muss man ihr versichern, dass es nur auf Papier erscheint, keinesfalls digital.

Fake oder nicht Fake, wie bei Hamlet. Was ist echt, was Kopie, was sind Tatsachen und was Behauptungen? Hängt davon ab, bis zu welchem Augenblick man bereit ist, einer Story zu glauben, so leben Millionäre, so Angestellte und so die anderen, Künstler. Von denen man Klischees im Kopf hat, Genie und Wahnsinn, zugemüllte Ateliers mit leeren Farbtuben und ausrangierten Monitoren, Zettelwirtschaft an den Wänden. Und zu Hause eine Matratze in der Ecke, ein Tisch, ein Stuhl und drum herum Bücher, die hochgestapelt sind, weil natürlich Regale fehlen. So kann man sich täuschen, denn bei Mira ist alles aufgeräumt und wohnlich, mit wenig Geld, Geld scheint mir dabei das Unwichtigste zu sein.

Allein lassen sich Männer gehen, ist meine Erfahrung, Einrichtung und Ordnung. In der Spüle staut sich das dreckige Geschirr, seit Wochen nicht gesaugt, blinde Fenster. Ausnahmen bestätigen die Regel, die da besagt: einen Tag wie ein Verrückter putzen, wenn jemand zu Besuch kommt, der nicht gleich wieder kehrtmachen soll, bei Licht besehen. Als fehle der Wunsch, sich bei sich wohlfühlen zu wollen … aber was heißt wohlfühlen? Ein Platz für die Dinge, die einem etwas bedeuten? In denen ich mich wiedererkenne? So dass die Frage, ob ein Ort, dieser Ort, der richtige für einen sei, sich ohne Zögern bejahen ließe. Stabile Koordinaten in einem stabilen Universum.

Wo man hingehört, ist lange klar gewesen, weil man keine Wahl hatte. Auch, von wo man weggeht. Und warum. Ich habe darüber nie nachgedacht, kein Versprechen, dem ich hoffnungsfroh gefolgt wäre. Stadtluft macht frei, diese Parole aus dem Mittelalter. Was hilft einem die Stadt, wenn man kein Geld hat? In einem Dreckloch wohnt, Kisten auf dem Großmarkt schleppt, um durchzukommen … als würde Gleichgültigkeit jedes alte Vorurteil aufwiegen. Eines Abends in Spanien ist Deeg auf einem etwas verschlungenen Weg darauf zu sprechen gekommen, wieso Tanja in Frankfurt, wieso ich in Berlin? Schon die Landschaft, der liebliche Schwarzwald, war für ihn ein starkes Argument für die Attraktivität seines Betriebs, wo habe man denn sonst beides, einzigartige Natur und gut bezahlte Arbeit, dazu Frankreich nah, und von Straßburg fliege man in einer Stunde nach Barcelona. Wie in einer Stellenbeschreibung, wenn händeringend jemand gesucht wird.

Sein Leben muss man sich leisten können, und das meine ich nicht nur materiell. Darum sind Geschichten von Aufstieg und Absturz so beliebt, beruhigen die Unterklassen. Der Millionär, der in der Gosse landet, und der Schlagerstar zurück auf dem Gabelstapler. Von dem er am besten nie runtergestiegen wäre. Ein Gedanke, der bei Kobiashvili nicht aufkam ... dass er etwas nicht im Griff hätte. Drei Züge im Voraus planen, Alternativen parat haben, immer genug Geld in der Kasse, um kurzfristig Ansprüche befriedigen zu können. Wenn einem Anleger die Nerven zu flattern beginnen, nachdem er was im Netz gelesen hat. Wie gefährlich SPACS sind ... und dann auch noch in China. Soll er sich die Scheine wieder unters Bett packen.

Angst habe ich nie gehabt. Diese Angst, ganz unten zu landen, was für manche schon die U-Bahn-Station Zwickauer Damm ist. Aber die wissen nicht, wovon sie reden. Leb ein paar Tage auf der Straße, dann wird das zu deiner geringsten Sorge. Wo sich das Dach über deinem Kopf befindet. Prestige, damit lassen sich mehr ködern, als man denkt. Zu den Eingeweihten zu gehören, die im Unterschied zu allen anderen wissen, was zählt, was geht, was auf dem Markt zu holen ist. Eine Erkenntnis, zu der man selbst kommen muss, darin besteht das Talent des Verkäufers. Wie bei einer Versuchsanordnung in der Schule, hier die Bedingungen, daraus folgt? Ganz richtig, eine andere Möglichkeit seh ich auch nicht.

Berichtet wurde nur vom Spielbetrieb in Berlin, also Oberliga abwärts in der Hauptsache. Erstaunlich war, dass in diesem, sagen wir mal, Genre eine gedruckte Zeitung noch Abonnenten und Käufer fand, mehr als genug. Artikel schrieben ein Dutzend Enthusiasten, die bei jedem Wetter die Spiele besuchten, VfB Hermsdorf gegen

Concordia Stralau, in der Redaktion koordinierte man die Einsätze, redigierte die Mails, dachte sich Überschriften aus: *Pedro Hüster trifft traumhaft*. Dazu ein paar Fotos, spannende Torszenen … oder was man von den Hobbyknipsern eben geschickt bekam. Das Archiv lieferte den Rest, Hintergrundmaterial, Historisches.

Die erste Liga war dem Chef vorbehalten, zweite und dritte Liga spielte oft kein Berliner Verein, erst wieder in der Regionalliga … manchmal. Ich war, unter anderem, für die Tabellen zuständig, es machte mir Spaß, die Auf- und Abwärtsbewegungen der Clubs zu verfolgen, Punktestand und Tordifferenzen. Eine abstrakte Angelegenheit, Zahlenverhältnisse, die mir über ihren reinen Wert hinaus aber etwas zu sagen schienen. Ich stellte zu meiner Überraschung fest, dass ich alles im Kopf behielt, am Ende der Saison noch wusste, wie die Situation am zehnten Spieltag gewesen war, vom Aufstiegskandidaten mit sechs gewonnenen Partien und erfreulicher Torbilanz dann abgeschmiert zur Schießbude, ein zweimaliger Trainerwechsel war wirkungslos geblieben … *trauriges Ende für Eintracht Lankwitz*.

Durchaus möglich, dass Koba mein Gedächtnis für Tabellen beeindruckt hat, als wir uns zum ersten Mal getroffen haben, in diesem »Wiener Caffeehaus« in Grunewald, ich musste mich nicht extra vorbereiten. Wir sprachen noch nicht so lange über die Oberliga und Grün-Weiß, oder ausführlicher, als er mich plötzlich fragte, wie ich meine Zukunft sähe, beim »Echo« … trinken Sie was, Campari Soda? Zuerst dachte ich, er wolle nur das Thema wechseln, weil ich schon kurz seine Tätigkeit als Sponsor angeschnitten hatte, Verbindlichkeiten aus den durchwachsenen … erlauben Sie mir das zu sagen, ja leider durchwachsenen letzten Jahren des Vereins … ich, sagte er und sah mich ernst an, nehme auch einen.

Als hätte man mir den Wind aus den Segeln genommen, fielen mir meine Fragen nicht mehr ein, wir schwiegen beide, um uns herum Rolex und Botox. Handtaschen für mein Monatseinkommen. Chin-chin. Ob ich fest angestellt sei? Weil im Impressum was von redaktioneller Mitarbeit stehe … Koba schob das Tellerchen mit Wasabi-Nüssen in meine Richtung. Kaum merklich glitt ein Lächeln über sein Gesicht, hab ich einen Stich gemacht? Ob man das sollte, fragte ich, mit Steuerkarte, würde ich auf Anhieb keinen Vorteil drin erkennen. Sie vielleicht? Er hob die Schultern, trank einen Schluck und fing übergangslos von seinen Plänen für Grün-Weiß an, auf welchen Positionen es Verstärkungen geben müsse, wie das Stadion für die Regionalliga tauglich gemacht werden könne. Regionalliga? Ihr seid doch letzte Saison schön in Schwierigkeiten gewesen, dachte ich, dream on. Während Kobiashvili Investitionen auffächerte, die schon getätigt worden seien, griff er in die Brusttasche seiner Anzugjacke und zog eine Visitenkarte heraus. Reichte sie mir, sagte, ich möge ihn anrufen, und fuhr dann fort mit seinen Vorhaben, neue Spieler, Sitzschalen, ein schöner Lounge-Bereich. Als wir uns verabschiedeten, wir standen schon draußen, schlug er unvermittelt vor, dass ich doch bei ihm auf der Schaperstraße vorbeikommen soll, nächsten Dienstag? Nach einem Überraschungsmoment sagte ich: Um elf? Koba nickte und ging.

Die Überschrift lautete: *Visionen in Tempelhof*, Untertitel: *Grün-Weiß wagt den Sprung*, ein dreispaltiger Artikel auf der ersten Seite des Oberliga-Teils. Ich hatte mir jede Anmerkung zum Sponsorenwesen verkniffen, stellte alles so dar, wie ich es gehört hatte, die Verantwortlichen wissen genau, was sie tun. Warum auch nicht? Zwei Mal in den letzten sechs Jahren aufgestiegen, da muss Potenzial vorhanden sein. Selbst wenn die Mannschaft immer nur im unteren Mittelfeld rumkrebste, mit einem, ich erinnerte mich an die Tabelle der letzten Saison, beklagenswerten Torverhältnis. Aber Kobiashvili hatte nicht den Eindruck hinterlassen, sich wichtigmachen zu wollen. Nicht ganz durchsichtig, dafür interessant … dass es etwas gab, von dem ich keine Ahnung hatte.

Wenn ich einen Artikel schrieb, fiel mir das leicht, ich drechselte nicht stundenlang an einzelnen Sätzen herum. Wie Julia, die manchmal ganz deprimiert aus der Staatsbibliothek zurückkehrte, weil sie nicht die richtigen Formulierungen gefunden hatte. Sie wisse, was sie sagen wolle, aber entweder stimme das eine Wort nicht oder das andere. Das es ersetzen sollte. Ihr schwebte eine Genauigkeit vor, im Schreiben, die den historischen Tatsachen entspräche, frei von Emotionen, von Wertungen. Ich glaube, es handelte sich bei ihr auch um etwas Psychologisches, das mit ihrem Ehrgeiz zu tun hatte und damit, sich in der Welt der Historikermänner behaupten zu müssen. Wie sagt man, Platzhirsche, die ihr Terrain mit allerlei schrägen Tricks verteidigten. Ihr zu helfen war schwierig, mehr als den Duden hatte ich ja auch nicht zur Hand. Zumindest konnte ich sie davon abhalten, sich in ihr Zimmer vor den Computer zu verkriechen, um weiterzumachen … das bringt jetzt echt nichts mehr, meinst du?, hör auf mich.

Ich gebe gern zu, dass ein Sportbericht etwas anderes ist als eine Doktorarbeit, davor habe ich Respekt, sich Jahre mit einer Sache zu beschäftigen, das Rumwühlen in Archiven, alles abschreiben, alles kopieren. Wäre nichts für mich gewesen, für so eine Akribie fehlt mir der Sinn. Obwohl ich mit größter Sorgfalt bei unseren Geschäften vorging, aber das kann man nicht mit wissenschaftlicher Arbeit vergleichen. Kursentwicklungen durchspielen, über Investitionsmöglichkeiten nachdenken. Bedarfsrechnungen. Zugute kam mir dabei mein schon in der Redaktion des »Fußball-Echo« erwachtes Verhältnis zu Zahlen, Zahlen sind nicht dein Feind, Formeln lassen sich verstehen, wie Kettenglieder, die sauber ineinandergreifen. Natürlich, man muss es auch wollen, und in der Schule wollte ich nicht. Auf die Tafel geguckt wie in ein Buch mit chinesischen Schriftzeichen, ein paar konnte ich mir merken, gerade genug, um nicht bei jedem Test in die Abteilung Totalversagen zu rutschen.

Ich glaube, dass es immer auf den richtigen Zeitpunkt für eine Begegnung ankommt, zwei Jahre vorher zu früh, zwei Jahre danach zu spät. Als sei alles, was einem im Leben widerfahren ist, von Bedeutung, wie eine Ausbildung, die man bis zum entscheidenden Moment absolviert hat. Was aus mir geworden wäre, wenn Koba mich nicht zu sich geholt hätte … Chefreporter dritte Bundesliga, Rückfall inklusive, ein trostloser Gedanke. Oder Aufstieg zu einer Qualitätszeitung, hätte ich jemals irgendwelche Ambitionen gehabt. Fußball als Spiegel der Gesellschaft, diese Schiene … tatsächlich, Jungs? Vielleicht als Spiegel der unteren Hälfte der Gesellschaft, ohne deren Dummheit es der oberen nicht so gut ginge. Da wird geweint, wenn irgendeine Gespenstertruppe absteigt, ich konnt's oft nicht fassen … wie erledigt muss man sein?

Bei den anderen ist es eigentlich nicht besser, nur gilt die Sorge und das Fieber dem, was man zu viel hat. Zu viel Platz, zu viel Geld. Platz muss gefüllt werden, Zinsen können nicht hoch genug sein. Mit der Energie, die sie darauf verwenden, ließe sich eine Stadt heizen. Ist ansteckend, gestehe ich frei heraus. Bis zu dem Augenblick, wo man sich sagt: Es reicht. Sonst frisst es einen auf, ein ungesundes Spiel, das sollte jeder wissen.

Ich machte Julia immer Mut, die Arbeit würde gut werden. Und sie wuchs stetig an, Quellen sammeln und überprüfen, schon einzelne Abschnitte schreiben. Woran sich die Zeit messen lässt, die unaufhaltsam vergeht und verschwindet, wann war das? Urlaub in Süditalien, der Kongress in Frankfurt, die Hochzeit von Franz und Annika. Sie war eine Freundin Julias aus dem Studium, er ein flüchtiger Bekannter von Claas, so kam das zustande.

Es könnte sein, dass die Hochzeit der beiden die erste Hochzeit gewesen ist, zu der wir eingeladen waren, ein Ort in Brandenburg mit einem halb verfallenen, halb restaurierten Schlösschen, wo alles stattfinden sollte, einen ganzen Samstag lang. Zum Übernachten hatte das Brautpaar sämtliche Pensionen und Zimmervermietungen im Umkreis verlinkt, Haus Waldesruh, Bad auf dem Flur, dieses Level.

Hingefahren sind wir mit Claas, der ein Auto hatte,

zwei Stunden durch leeres Land bis zu unserem Quartier, umgezogen, und weiter zu der Festivität. Weil Claas in seinem Lanciarost kein Navigationsgerät hatte, nur einen Ausdruck von Google, war es an unbeschilderten Straßenkreuzungen oft ein Ratespiel, in welche Richtung es weiterging, notorisch jedes Mal von ihm die Frage: Wo steckt der Zonk? Wir wussten nicht, was uns erwartete, eine entspannte Hippie-Party nicht, wie Claas und Julia es aus Andeutungen des Brautpaars geschlossen hatten. Daher die formelle Kleidung, Claas mit Krawatte, ich ohne, Julia trug ein neues Kleid und Schuhe mit Riemchen.

Wie heiratet man? Für Svenja und Bernhard schien das keine Frage gewesen zu sein, man heiratet so, wie man immer geheiratet hat, Polterabend, Standesamt, Kirche, spätes Mittagessen, Kaffeetrinken, zur Party ein Buffet in der aufgelassenen Scheune, Tanz. Da ist Stehvermögen unentbehrlich, Trinkfestigkeit, für die älteren Gäste, die Omas und Opas und Tanten, hatte meine Mutter Liegen und Betten zum Ausruhen am Nachmittag vorbereitet, für die Jungen gab's Wiese genug. Und selbstverständlich, wir sind auf dem Land, immer noch, schwarze Anzüge und Silberkrawatten, die Braut in Weiß, bis es dann mit der Band im Hof sehr locker wurde.

Entweder traditionell, würde ich sagen, oder man lässt es bleiben, geht mit den Trauzeugen nach dem Standesamt an eine Pommesbude. Aber in einem Begleitschreiben zur Einladung die Ehe als solche zu problematisieren und es dann doch zu tun, ist schwer beschädigt. Wie in diesem Fall geschehen, wirklich wahr, was mit denen sei, fragte ich Julia und Claas, zu viel studiert? Man kann nie zu viel studieren, sagte Claas, wir gucken uns das an, Essen wird schon gut sein.

War es auch, von einem Catering-Service, sicher fünfzig Gäste. Oder mehr, die man in einen Rittersaal mit Gobelins an den Wänden bat, wo die Trauung von einer eigens bestellten Standesbeamtin vollzogen wurde, alleröffentlichst. Vorher und nachher spielte der Bruder des Bräutigams, der Orchestermusiker ist, etwas auf seinem Cello, ich sah Julia an, sie zuckte mit den Schultern. Für mich schon fast eine Nötigung, die versammelte Hochzeitsgesellschaft zum Zeugen der Jaworte zu machen. Was sollte hier bewiesen oder aufgeführt werden? Nach dem Brief, den sie verschickt hatten, die bürgerliche Ehe, für und wider? Ich blickte zu Claas, der rechts neben mir stand, er fing an zu schielen, die gewölbte Zunge im offenen Mund wie ein Schwachsinniger, ich musste lachen.

Dass man nie beides auf einmal haben kann, das eine und das andere, gleichgültig, in welchem Bereich, sollte einem doch klar sein, man entscheidet sich für etwas, warum auch immer, und damit fertig. Ja, ja, nein, nein. Sich mit intellektuellen Verdrehtheiten herausreden ist billig, eine vorsorgliche Abbitte, statt zu einem Entschluss ohne Einschränkung zu stehen. Zu der Tat, die man begehen wird und dann begangen hat. Nur vor Gericht ist einiges erlaubt, vor uns ein armer Junge, Herr Richter, Frau Staatsanwältin, dem leider die Kontrolle über sein Leben entglitten ist, diese Drogen, ein Teufelszeug. Meine ich ernst, den eigenen Hals retten darf man, darf's wenigstens versuchen, drei Jahre Knast sind besser als fünf, aber dass man eine Strafe zu erwarten hat, muss man anerkennen. Ohne Gejammer.

Vorm Essen war Zeit, Julia traf Bekannte, Claas unterhielt sich mit dem und der, ich wanderte mit einem Sektglas in der Hand durch die Räume. Der restaurierte Teil dieses Schlösschens, oder Herrensitzes, ließ erahnen, wohin die Reise ging, fehlten nur noch die Brokattapeten und Lüster an den hohen Decken. Ein angemessener Rahmen, was? Für Neureiche, die Adel spielen wollen, wenn's einmal zu Ende gebaut und eingerichtet ist. Aber vorher schon vermieten, um die laufenden Kosten reinzuholen. Klappt bei Wohnungen, die man auf Vorschuss errichtet, weniger gut, eine Apartmentanlage in der Türkei, wo Merkur-Invest dann doch nicht eingestiegen ist … Traumurlaub im Rohbau, weil's Geld gefehlt hat. Hätte man die Verkaufspreise mal mit den Arbeitskosten, den Materialkosten, vergleichen sollen, bevor man vor Gericht zieht. Als gäb's türkischen Beton im Ein-Euro-Shop.

Ich wurde auf eine Stellwand aufmerksam, vor der ein paar Gäste standen. Um sie herumgingen. Fotos in verschiedenen Formaten waren zu sehen, darunter hingen Täfelchen mit Kommentaren. Erklärungen … *Annikas zweitgrößte Liebe – das Meer* … ein kleines Mädchen blinzelte in die Kamera, im Hintergrund eine heranbrandende Welle. Und so weiter und so fort, die Familie vor dem Weihnachtsbaum, Einschulung, Abiturfeier, Griechenland, Schnappschüsse von Annika beim Tanzen, Spülen, sie liegt mit zwei anderen jungen Frauen in einem großen Bett … *unsere erste WG, weißt Du noch, Suse?*

Was mich auf der anderen Seite der Stellwand erwartete, konnte ich mir denken, nein, wusste ich, Fotos von Franz, Hauskonzert und auf einer Friedensdemo mit einem selbstgemalten Schild … *kein Krieg für Öl*. Auf zwei, drei Bildern war die Farbe schon matt geworden, das waren Polaroids, ein wackliges Zelt, er mit freiem Oberkörper … *Glastonbury rocks.*

Zieh dir dit rin, hätte Snowfoot gesagt, ick gloob et nich, ich auch nicht, hätte ich ihm erwidert. Ich war, was wäre das treffende Wort?, konsterniert, macht man das jetzt so? Sein Privatleben vor allen ausbreiten, wenn man heiratet? So dass ihm nicht zu entkommen ist, jeder soll's sehen. Als hätte man ein nicht zu stillendes Verlangen, die Braut als Kind am Strand und den Bräutigam als besoffenen Studenten zu betrachten. Als würden die Menschen einem dadurch näherrücken, ich fühlte mich peinlich berührt. In meinen Augen, ich rechne kurz, das war noch vor Facebook wohlgemerkt, nichts als ungehemmte Eitelkeit. Es hatte auch was Aggressives. Ich hoffte nur, beim Essen von Reden verschont zu bleiben.

Was ein frommer Wunsch war, nach der Vorspeise erhob sich ein Freund von Franz und stellte dar, wie er die beiden und ihre Beziehung erlebt hätte. Was Franz ihm berichtet habe, nachdem er Annika auf einem Fest zum ersten Mal begegnet sei. Nach dem ersten Frühstück, der ersten gemeinsamen Reise. Es hörte sich an, als würde ein Psychotherapeut nach seinen bisherigen Erkenntnissen eine Eheprognose abliefern, wenn es hier nicht gut geht, dann nirgendwo. Selbstbeweihräucherung in einer neuen Dimension … was man alles macht und schafft und schreibt. Annika, die in den Journalismus wollte oder schon drin war bei einem neuen Magazin für die gebildeten Stände, Wissenschaft und Kultur.

Als der Redner zu Ende war, hoben alle ihr Glas auf das Paar, das sich küsste, sichtlich angefasst. Mir kam die ganze Veranstaltung unecht vor, eine Inszenierung, in die ich wie in einen fremden Traum hineingeraten war. Ein Gefühl, muss ich bekennen, das mich mein Leben lang begleitet hat, nicht bedrückend, aber immer zu spüren. Als sähe man alles von außen, wie vor einem Aquarium. Obwohl … in letzter Zeit hat sich das gelegt, vielleicht haue ich jetzt auch rechtzeitig ab, wenn's aufkommt, hier hast du nichts zu suchen, rein gar nichts. Ein bisschen schwierig im Brandenburger Jenseits, nach der ersten Flasche Wein wurd's besser, noch schön mit Julia getanzt.

———

Das wird vor zehn Jahren gewesen sein. Zwölf? Man hätte Tagebuch führen müssen, um die Wochen und Monate sauber voneinander unterscheiden zu können. Was heute normal erscheint, es damals aber nicht war. Sich vom Handy ans Reiseziel lotsen zu lassen, Myriaden Songs in jedem Moment zur Verfügung. Während einem früher »Super Mario« auf der Heimkonsole schon als das Größte erschien. Auch so ein Wort, Heimkonsole, wie aus einer altertümlichen Sprache, die man gerade eben noch versteht.

Vielleicht ist das der Grund, warum ich versuche, mir alles ins Gedächtnis zu rufen, eine Zickzacklinie bis in die Gegenwart, zwei Zimmer, Küche, Bad, die mir gehören, sicher geparkte Ersparnisse, die Idee mit der Galerie. Man erzählt sich die eigene Geschichte, um darin einen Sinn zu entdecken, Logik. Die äußeren Bedingungen, die einem im Weg gestanden sind, der innere Schweinehund, wie die Redewendung lautet, den es an die Kette zu legen gilt, und was nicht noch alles. So eine Stimme im Kopf, die einem sagt, geh spielen, betrüg deine Frau, Ausländer raus. Aber die gibt es nicht, trotzdem unternimmt man Dinge, die einem schwer schaden, als hasste man sich selbst. Fragt sich nur, wofür, als würde es schon ausreichen, da zu sein. Zu existieren.

Was sich nicht verändert hat im Lauf der Zeit, ist schwer zu sagen. Was immer gleich bleibt, unter der Oberfläche. Und ob das etwas mit der Herkunft zu tun hat, einer Landschaft, zu der man sich hingezogen fühlt, der Sprache, die dort gesprochen wird. Wie man's andererseits oft nicht aushält, wenn man länger als drei Tage in der alten Umgebung ist. Was mache ich hier?, fragt man sich, aber genauso gut könnte man sich fragen, was man überhaupt irgendwo macht. Zu suchen hat. Rational ist das nicht zu entscheiden, höchstens, wenn es um Geld geht, wenn das eine mit dem anderen zusammenhängt. In A kann ich gut leben, in B ist es ein ewiger Hustle. Und man weiß nicht mal genau, zu welchem Zweck, wenn die dürftige Begründung wegfällt, nachts sei viel los oder man empfange kreative Anregungen. Als sei man ein Künstler, eine Künstlerin wie Mira, lachhaft.

Zu viel Zeit, die man übrig hat, zu viele Versuchungen. Neugier und Neigung, wie bei jemandem, der keinen Alkohol trinken sollte, weil Körper und Seele das nicht bewältigen können. Folglich also, falls er vernünftig ist, von jeder Flasche fernbleibt. Jedem Wettschalter, jedem Spielautomaten. Was aber leichter gesagt als getan ist, wenn man ohne Begleitung, die einen vom Daddeln abzuhalten in der Lage wäre, am Los-Angeles-Platz vorm Eingang zum Automatensaal steht … im Erdgeschoss des edlen Steigenberger Hotels, zum Platz hin die Rezeption, ums Eck die klimatisierten Räume mit den Slot Machines, Spielbank Berlin, Drinks werden serviert, topseriös.

Ich war beim Zahnarzt gewesen, eine Füllung ersetzen, die Praxis befand sich auf der Lietzenburger Straße in einem schönen Gebäude aus den fünfziger Jahren mit so langen gerundeten Fensterbändern, ein Tipp von Dermot, deshalb. Im tiefsten Westen, wo ich nur selten war, Gedächtniskirche, Tauentzien, KaDeWe und Funkturm. Ich kannte, wie auch Julia, niemanden, der dort wohnte, keine Bars, keine Veranstaltungsorte, die Falcon bespielt hätte. Nach der Behandlung schlenderte ich noch herum, ein kleiner Park, unter dem eine Tiefgarage war, auf einem Schild stand, dass Los Angeles die Partnerstadt von Berlin sei. Leicht größenwahnsinnig, dachte ich, als wär'n wir hier Kalifornien. Am Ende des Parks lag ein großer Hotelneubau mit einem länglichen Baldachin vorm Eingang, livrierte Boys, die auf Koffer warteten, Taxis.

Die nächste Seitenstraße führte zurück zum Tauentzien, zum Wittenbergplatz, wo ich in die U-Bahn wollte. Da war ein anderer Eingang in das Gebäude, ein kurzes Stück roter Teppich, zwei schlanke Kübel mit Grünzeug links und rechts der Türe, bräunlich verspiegeltes Glas. Vielleicht wäre ich nicht hineingegangen, wenn sich ein Flügel der Tür nicht geöffnet hätte und jemand herausgetreten wäre, aus den Augenwinkeln sah ich Automaten blinken, dann den Schriftzug auf den Fenstern, Spielbank Berlin, darüber ein Icon, ein stilisiertes Auge.

Man könnte es mit einer Wellenbewegung vergleichen, die erste und die zweite Welle, die an den Strand rollen, sind noch nicht so hoch und stark, doch die dritte, die kaum eine Minute später kommt, reißt einen mühelos von den Beinen. Das Wasser schlägt über dem Kopf zusammen, man verliert die Orientierung. Ob es mich schon an diesem Tag erwischte oder bei einem meiner nächsten Besuche, habe ich vergessen, verdrängt, will's auch nicht mehr wissen. Das macht keinen Unterschied, auch nicht der Verlust. Zehn Euro verspielen, fünfzig Euro, in einer Nacht vielleicht sogar sechshundert, tausend, dreitausend, ist das eine, das andere aber der komplette Ausstieg aus dem, was man Alltag nennt … Termine verstreichen lassen, nicht zur Arbeit erscheinen, nicht nach Hause kommen, weil man an einer geistlosen Maschine festklebt.

Neben moderneren Apparaten gab es hier in der Spielbank noch die klassischen Slot Machines, mit einem Hebel rechts, den man nach unten zog, um das Spiel fortzusetzen. Einarmige Banditen, wie in Las Vegas. Die waren mein Ding, meine Darlings, bevor sie wie alles Mechanische aussortiert wurden für rein elektronische Geräte. Was meine Faszination ausmachte, kann ich nicht sagen, vielleicht war es dieses Physische beim Spielen, diese Armbewegung, die etwas Entschiedenes an sich hatte, die Hand fest um den Griff geschlossen, den man betätigte wie einen Schaltknüppel. Vor den Augen die Walzen mit den Symbolen, Glocke, zwei Kirschen, die Sieben. Zitrone, Orange. Geld einwerfen, ziehen, die Walzen drehen sich, haken ein, nichts, ziehen, rotieren, fast, ziehen, wieder fast, Geld nachwerfen, ziehen, nichts, ziehen, jetzt ist die Rotation perfekt, das spürt man, zwei Mal die Sieben, Orange, yes, ziehen, ein flüchtiger Blick zum Geldspeicher, da geht noch was, ziehen, wieder ziehen, und dann plötzlich: Glocke, Glocke und … Glocke, man hebt auf der Stelle ab, die Welt versinkt.

Es ist ein Kreislauf aus Entschuldigungen, Vorwänden, Scham ob der eigenen Schwäche, der Lügen, die man auftischt, aus dem auszubrechen meist erst nach dem Desaster gelingt. Dazu die Schulden, gebrochene Versprechen, ein Strafverfahren am Hals. Das Schwerste ist, ein Geständnis abzulegen, nicht juristisch, sondern vor denen, die man getäuscht hat, und vor sich selbst. Ohne den Versuch zu starten, sich mit Krankheit herauszureden, etwas Überpersönlichem. Als sei man nur ein Bündel von Reflexen und Begierden, die nicht in Schach zu halten wären und zu den Schändlichkeiten geführt hätten.

Wenn man noch dazu in der Lage ist, ruft man an und sagt: Migräneanfall, ich kann nicht zur Arbeit kommen. Oder sagt hinterher: Das tut mir wahnsinnig leid, aber ich hatte das Telefon auf leise gestellt und vergessen, es wieder anzumachen. Oder zerknirscht: Tausend Mal sorry, ich war noch mit Snowfoot unterwegs, Geburtstagsumtrunk, hatte ich das heute Morgen nicht angekündigt? Immer gut, man kann Zeugen aufrufen, die wenigstens einen Teil der Geschichte bestätigen, ja, es gab eine Feier mit den Kollegen … nur dass diese Feier nicht bis drei oder vier gedauert hat. Wenn man aus einem Spielsalon, aus der Spielbank, rausschleicht, weil pleite.

Wie ein Gefangener in einer Isolierzelle, in die keine Signale von außen eindringen. Weder Vergangenheit noch Zukunft, Liebe, Hass, Neid, Mitgefühl. Zwölf Stunden lang, dann ein mörderischer Kater. Das sind die Peaks, die am Anfang bei mir aber noch nicht die Regel waren, ich konnte durchaus eine Zeitlang irgendwo spielen und dann aufhören. Bei Trinkern muss das ähnlich ablaufen, unabwendbar kommt der Punkt, an dem man 's Glas nicht mehr stehenlassen kann, nach zwei Drinks wird es einfach unmöglich, zu zahlen und die Biege zu machen. Bei dem einen geht's zügig, der andere hält Jahre durch, bevor er die Herrschaft über sich selbst verliert. Absturz folgt auf Absturz, in immer trüberen Lokalen.

Weil das Viertel um den Platz so seriös erschien, gediegenes Wilmersdorf, konnte man sich einbilden, um bei dem Vergleich mit einem Alkoholiker zu bleiben, man säße hier in einer gepflegten Bar und nicht in einer Kaschemme im hintersten Neukölln. Was spricht denn dagegen, zur Entspannung, sich kurz eine Auszeit gönnen? Nichts, das wär ja noch schöner, als bestünde das Leben nur aus Rabotti-rabotti. Einmal ist keinmal, als Einsatz nur das Bargeld im Portemonnaie. Geht doch, kein Problem.

Heute denke ich, dass es sein musste, wie es war, mit hoher Wahrscheinlichkeit. Das ist auch eine Art von Sinn, zu erfahren, wie verletzlich man ist. Welche Gefahren einem auflauern können und gegen was man sich zu wappnen hat. Davon wissen die meisten nichts, halten sich für unsterblich. Und sind doch nur kleine verwirrte Schafe, bis hoch in die besten Kreise hinein.

Mein kindlicher Wunsch, sich auf abenteuerliche Reisen zu begeben, ist immer Wunsch geblieben, allein bin ich dazu offenbar nicht fähig. Reisen sowieso, monatelang unterwegs sein in fernen Ländern, wie Resi aus der Buchhaltung bei Falcon, die mit dem Zug quer durch Indien gefahren ist, Trance in Goa. Nicht meine Wellenlänge, was soll ich in Indien? Und was heißt schon abenteuerlich? Dass man nachts eine Kommode vor die Tür schiebt, in Chicago überfallen wird? Meine längste Reise waren vier Wochen in den USA mit Julia, wir hatten ihre Freundin Sue, bei deren Familie sie im Schüleraustausch war, in Austin in Texas besucht, sind dann mit einem Mietwagen herumgefahren. Wogegen ich nichts hätte, das wäre, in einem Hotel zu wohnen, wie in alten Filmen. In Paris natürlich, falls es solche Hotels noch gibt.

Bei meinen ersten Besuchen in Köln bin ich im Allegro gewesen, mit Blick auf den Rhein, Mittelklasse, ordentliches Frühstück, und vom Bahnhof aus nur ein paar Minuten zu Fuß. Es war nämlich so, dass ich meinen alten Schulkollegen Krešimir wiedergetroffen hatte, in einem Restaurant in Berlin, wir gucken uns einmal an, zweimal, stehen beide auf: Mensch, Kreschi, Mensch, Bruno. Er aß mit seiner Agentin, ich nach längerer Zeit mit Franco mal wieder, zu viert sind wir dann, sagen wir, wie's ist, versumpft.

Weil Krešimir so wenig wie ich zu den beiden Klassentreffen gefahren war, hatten wir uns seit dem Abitur nicht mehr gesehen, zwanzig Jahre? Man wusste, dass er in Essen Musik studierte, auch in einer Noise-Band spielte oder gespielt hatte, die schon in Japan aufgetreten war, Weiteres unbekannt. Seine Eltern betrieben in Lobberich ein jugoslawisches Restaurant, Balkan-Spezialitäten, das heute noch existiert, nur annonciert es jetzt, wie ich im Netz gesehen habe, kroatische und internationale Küche. Wir anderen haben ihn beneidet, jeden Tag Pommes, so viel er will, so stellten wir uns das vor.

Kurz und gut, Krešimir war mit kaum vierzig Professor an der Musikhochschule in Dresden geworden, für Neue Musik, Ensemblepraxis, auf YouTube kann man Stücke von ihm hören und sehen, auch ihn selber bei einem Vortrag. Der Vortrag war sehr poetisch, mehr wie ein Gedicht als wissenschaftlich, die Musik, vorsichtig ausgedrückt, gewöhnungsbedürftig. Dabei war Kreschi nicht überspannt oder abgehoben, wie es das Vorurteil will, schon auf der Schule nicht, obwohl er zu Hause für Stunden allein übte, E-Bass und Gitarre, bis die Nachbarn vor der Tür standen.

In Köln wurde seine erste Oper aufgeführt, er lud mich in jener Nacht ein, zur Premiere zu kommen, und das hab ich gemacht. Auf einer Nebenbühne der Kölner Oper, nach der Pause wechselte das in zwei Hälften aufgeteilte Publikum die Plätze. Warum, habe ich nicht ganz verstanden, aber egal, ich fand's gut, ein englischer Dichter hatte das Libretto geschrieben, das sich um William Blake drehte, in die Gegenwart versetzt, Materialismus und Spiritualismus, wie das Programmheft schrieb. Das crashte zwischendurch immer ordentlich, den Sängerinnen und Sängern wurde einiges abverlangt, die mussten ja auch noch schauspielern. Die Premierenfeier war heftig, mit Mira, die ein kurzes Video beigesteuert hatte, tauschte ich die Telefonnummern aus, kennst du Signal?, das ist neu, abhörsicher.

Angerufen habe ich sie allerdings erst ein paar Wochen danach, als ich zum dritten Mal in Köln war. Genau, zum dritten Mal, weil die Stadt mir gefallen hatte und ich ein paar Tage nach der Premiere wieder hingefahren bin. Aber was heißt gefallen? Eine Anziehung, die nicht ohne weiteres zu erklären ist. Jeder denkt an den Dom, und mehr haben die meisten auch nicht auf dem Plan. Vielleicht noch zwei, drei Museen, aber das war es bei mir nicht. Es gibt auch nicht viel zu bestaunen. Spektakuläres oder ausgedehnt Historisches, das kann man knicken. Doch von der Atmosphäre her, wo ich überall rumgelaufen bin, war es auf eine mir entgegenkommende Weise unaufgeregt, vor allem die Leute. Nicht so überdreht.

Andererseits war die Stadt groß genug … weniger als eine halbe Million Einwohner, und ich fühle mich eingeengt. Beklommen. Das weiß ich heute, fürs Leben auf dem Dorf bin ich nicht gemacht. Aber man muss nicht theoretisieren, solange ich Geld habe, fahre ich dahin, wo's mir behagt. Und bleibe so lange, wie ich will. Nachher sich Gründe auszudenken, warum man dies oder jenes getan hat, läuft immer auf eine Rechtfertigungsarie hinaus … als bitte man um eine Strafminderung.

Als Nächstes wollen Mira und ich nach Basel, zu der Kunstmesse. Interessiert mich sehr, was da zu welchen Preisen angeboten wird. Denn täusche sich niemand, es geht ums Geschäft, awesome hin und awesome her. Und, findet man schnell heraus, in der Kunstwelt werden Erlöse erzielt, die einem Tränen in die Augen treiben können. Wenn man's richtig anstellt, wird sich erweisen, wie viel mehr es bei mir ist als eine fixe Idee, die von der Realität noch unberührt ist. Wenn man erst mal Kosten hat, die sich anhäufen, sind Nerven gefragt, wie immer.

Private Equity, da waren wir auch dabei. Zum Beispiel … im Care-Bereich, denn unsere Gesellschaft wird ständig älter, Medizintechnik, Prothesen. Aber auch gesünder, man geht zur Vorsorge. Und genau hier entstehen die Schwierigkeiten, sagen wir, bei Zahnärzten, deren Brot-und-Butter-Geschäft nichts mehr abwirft. Wäre mir nie in den Sinn gekommen, wer denkt so weit? Mich wundert nur, dass einem das im Studium nicht mitgeteilt wird, bevor man sich für eine Praxis verschuldet. Wer hat heute schon noch Karies, wem fallen die Plomben raus, wer will Plastik statt Amalgam? Die Jüngeren sicher nicht, weil bei denen auf gute Zähne jetzt geachtet wird, quer durch alle Schichten.

Koba und ich waren zum Lunch mit einem Fuchs von Capital Management verabredet, von dem wir die Details erfuhren. Wir hatten uns zwar schon umgeschaut, aber mehr allgemein. Warum bestimmte Ärzte ihre Praxen verkaufen, das dahinterliegende Problem, war uns neu. Weil, die Folge verbesserter Hygiene, ein erheblicher Teil ihres Umsatzes wegfällt, wenn sie bei jedem zweiten nicht mehr bohren können, den Schrott überkronen, die erste Brücke. Also fangen sie sofort mit kosmetischem Zeug an, steht ein Zahn nicht völlig gerade, nicht exakt hundertachtzig Grad, gibt's eine teure Spange, später schnell ein Implantat. Dazu alle halbe Jahre Paradontosebehandlung, was summa summarum auch nicht reicht, um die Kosten zu decken, Geräte, Angestellte. Dann macht man ihnen ein Angebot, schönes Fixgehalt plus Gewinnbeteiligung. Und zehn Prozent, zwölf, fünfzehn, lassen sich immer erwirtschaften, ist nur dentistische Phantasie gefragt.

Ich meine, es hat auch Vorteile, wenn man nicht länger die finanzielle Verantwortung trägt. Einen Job findet man als Zahnarzt immer, müssen nicht alle Millionäre werden.

Bei Internisten ähnlich, mein Weltbild war erschüttert. Nein, natürlich nicht, Überschuldung und Unterkapitalisierung sind zwei Seiten derselben Medaille … danach hält man Ausschau, Liquiditätsengpässe. Worin für mich nichts Unsittliches liegt, den Schuh soll sich anziehen, wer will, Schuhlöffel kann er bei mir mieten.

Robert Fiala von Capital Management kam aus Österreich, er sprach auch so, für mich klingt dieser Dialekt, dieser spezielle Ton, immer ein wenig unernst, hat was von Plauderei, auch bei Geschäften. Als würde man eine Anekdote hören, wie die Geschichte mit den Zahnärzten, anderen Ärzten, die sich ihre Praxis nicht mehr leisten können. Dabei handelt es sich um beinharte Fakten, Plus oder Minus. Mit Moral hat das nichts zu tun, es geht allein um die Frage, wie wirtschaftlich ein Betrieb ist. Und jedes Risiko, jede Entscheidung, die man zu treffen hat, jede unerfreuliche Konsequenz an die Verhältnisse oder irgendwelche Verführer auszulagern, bringt einen persönlich keinen Schritt weiter. Was nicht heißt, dass Verhältnisse nicht miserabel sein können, aber dann bitte macht eine Revolution.

In den Jahren mit Koba wurde mir überdeutlich, wie shaky unser System ist. Die hektische Suche nach Sicherheit. Betongold geht immer, wirft als Geldanlage aber nichts ab. Und wer will ständig mit Maklern zu tun haben? Nichtsnutzige Gestalten, meine Meinung, die für alles andere minderbegabt sind, so beliebt wie ein Inkassoinstitut. Mir hatte damals eine Onlinebank die Herrschaften von Collection Service auf den Hals gehetzt, dreißigtausend. Wäre ich eben in die Insolvenz gegangen, wenn Bernhard nicht mit denen verhandelt hätte.

Ein Drittel oder nichts, nehmen Sie lieber, was Sie kriegen können. Und schuldenfrei zu sein, im Privaten, ist beruhigend, für mich.

Wobei … alles Kleinkram, selbst noch in der Liga von Deeg und den anderen. Um was handelt es sich denn, was steht zur Debatte? Eine tiefschwarze Million, die man ans Arbeiten bringen will, beim Zweiten nur vierhunderttausend, beim Dritten ein paar Krümel mehr. Und es klopft nicht die Armut mit bleichem Knöchel an die Bungalowtür, wenn man sich verspekuliert hat, für die wirklich Reichen sind das sowieso Kleinbeträge. Die fahren nicht mit einem Koffer von Villingen nach Basel, sitzen mit einem Taschenrechner im Büro. Ein Prozentchen ist hier drin … und hier ein zweites … oder besser doch noch eine Immobilie kaufen? Was man hat, das hat man, darauf einigt man sich im Zweifelsfall mit sich selbst. Früher war es simpler, aber ein Zurück gibt's nicht.

Mira weiß nicht, woher mein Geld stammt, also, sie hat nie weiter nachgefragt. Zu verbergen hätte ich aber auch nichts. Bin mir keines Gesetzesbruchs bewusst, um das klar zu sagen. Gesetze brechen die, die ihre Steuern nicht bezahlen, so ungerecht einem jede Veranlagung erscheinen mag. Retten, was zu retten ist, geht für mich in Ordnung, jedoch sollte man sich, wenn etwas fehlgeschlagen ist, nicht als Unschuldslamm präsentieren. Und bei der Staatsanwaltschaft auf der Schwelle stehen, von Veruntreuung faseln, nicht abgesprochenen Investments und Risikostrategien, über die man nie aufgeklärt worden sei. Was haben die Leute denn geglaubt? Wir wären die Kreissparkasse?

In der letzten Zeit denke ich ab und zu, bitte nicht lachen, über ein Testament nach, oder, anders ausgedrückt, darüber, wer was erbt, wenn mir ein Unglück zustößt. Das kann immer passieren, machen wir uns nichts vor. Da ich nicht verheiratet bin, fiele alles an die Familie, neben der Wohnung hauptsächlich, was offshore liegt. In ein offizielles Testament kann ich das schlecht reinschreiben, wäre vorher mit einer Vollmacht und genauen Anweisungen zu regeln. Zugleich die Frage, wen man bedenkt … obwohl, so viele sind's nicht. Mira, Julia und ihr Sohn, die Kinder von Bernhard und Svenja. Wie teilt man's auf? Wonach bemisst sich, was man jemandem zukommen lässt? Da werden heikle Punkte berührt, deshalb streiten sich Erben oft bis aufs Messer. Geschwister, die nie mehr ein Wort miteinander wechseln. Wie auf einem der Nachbarhöfe, wo es gar nicht um große Summen ging, um die man sich betrogen sah, sondern, wie erzählt wurde, um Kleinigkeiten, ein Kaffeeservice von der Uroma, einen halben Acker. Als hätte man nur darauf gewartet, alle negativen Gefühle nicht mehr zähmen zu müssen … Jochen ist ein Drecksack, ich wusste es immer schon.

Dankbarkeit, die sich finanziell ausdrückt. Zuneigungen ändern sich, mal hat man den lieber, mal die, aber wichtiger ist der Gedanke, wer einem in Krisenzeiten geholfen hat, als Erstes. Und als Zweites, wer es nötig hat, wem man eine Zukunft wünscht, an wessen Fortkommen man glaubt. Mit einer Aufgabe im Leben, die zu erledigen nicht nur ein Privatvergnügen ist. Genauer kann ich's nicht sagen, es wird für alle schon etwas drin sein.

Einen Rest gibt es nicht, von Schmuck bis hin zu Möbeln, Antiquitäten, die etwas wert wären. Eine Regalwand Bücher, am besten, man schafft die in den Knast, dann hätte die Bibliothek in Tegel die umfangreichste Lyriksammlung aller Gefängnisse in Deutschland. Der Club der toten Dichter für höchst lebendige Strafgefangene. Ob man ihnen damit eine Freude macht … könnte ja wieder jemand einsitzen, der wie ich Gefallen an Gedichten findet, ausgeschlossen ist nichts.

Ich habe auch nie etwas gesammelt … Fußballbildchen, aber seitdem nichts mehr. Vermutlich sind die Alben noch irgendwo, vielleicht hat Bernhard sie gefunden, als er den Speicher entrümpelt hat. Ein Desinteresse an gewöhnlichen Dingen, von dem ich nicht weiß, ob es mich beunruhigen sollte. Ob das normal ist. Außer, das sagte ich aber schon, bei Kleidung, auch wenn Schrank und Schublade bei mir nicht überquellen. Ein paar gute Anzüge, ein paar gute Hemden, drei, vier Paar Schuhe reichen aus. Was braucht man denn? Und für was?

Wahrscheinlich würde man über mich sagen, dass ich sportlich bin, als Personenbeschreibung bei der Polizei, genau, ein sportlicher Typ. Dabei habe ich nie Sport getrieben, Leichtathletik oder Fußball. Bernhard hat in seiner Jugend gekickt, ich habe zwar gern zugeschaut, aber als mein Vater mich auch bei dem Verein anmelden wollte, habe ich nö gesagt. War nett von ihm, mich zu fragen, wie isset denn mit dir?, fahrt ihr schön zusammen zum Training, nur erntete er nicht die Begeisterung, die er sich möglicherweise erhofft hatte. Nicht, dass ich nicht hinterm Haus versucht hätte, einen Ball in der Luft zu halten wie Maradona, auf unserem Bolzplatz mitgespielt hätte, schon mit Leidenschaft, mehr war mir allerdings zu viel. Den Anweisungen eines Trainers zu folgen, zu einer bestimmten Uhrzeit antreten zu müssen. Würde ich heute behaupten, als Kind entscheidet man sich doch unwillkürlich für etwas oder dagegen.

Ich hab's mal mit Joggen versucht, als ich noch im Weinbergsweg wohnte, in dem Park da, nach zwei Wochen war jedoch Schluss. Warum ich überhaupt morgens, gleich nach dem Aufstehen, losgerannt bin in Turnschuhen und Turnhose, ist mir nicht mehr erinnerlich, ein Anfall von Gesundheitsbewusstsein? Das man oft nach einer schwereren Krankheit entwickelt, bloß war ich nicht krank gewesen. Oder abnehmen, wollte ich auch nicht, Bodyshaping. Die Energie, die manche Leute in ihr Aussehen investieren, bewundere ich, jeden Tag in die Muckibude, bis man nicht mehr geradeaus gehen kann.

Es war nach meinem ersten Totalabsturz, der am Nachmittag begann und dazu führte, dass ich nicht nur mein Konto leerfegte, sondern mir auch noch spätabends in der Kneipe, in der ich ihn wie erwartet antraf, von Snowfoot dreihundert Euro lieh, die er, weiß man, warum?, zufällig bei sich hatte … mein Auftritt muss ihm äußerst dringlich erschienen sein, eine Begründung verlangte er nicht, das wäre unter seiner Würde gewesen. Das Geld war, wer hätte anderes erwartet, nach ein paar Stunden verspielt, um über den Monat zu kommen, verkaufte ich das einzig Wertvolle, das sich in meinem Besitz befand, eine antike Taschenuhr aus Silber, die mein Großvater mir vermacht hatte, hergestellt in Birmingham, er selbst hatte sie schon geerbt.

Die Sache vor Julia geheim zu halten, gelang mir erstaunlich leicht, aber sie ist auch keine Inquisitorin, der finanzielle Schaden war mit Ausreden und Vorwänden noch auszujonglieren. Ob ich mir gesagt habe, dass ich jetzt einen Punkt machen müsse, ob's Neugier war oder etwas Kompensatorisches, muss man nicht klären, fest steht, dass ich einige Zeit nach dem Vorfall mit Taekwondo anfing. Von allein bin ich auf die Idee nicht gekommen, es war ein Aufbauhelfer, den ich von Konzerten her kannte, der mich überzeugte, es zu versuchen. Er selbst trainierte seit Jahren, hatte schon alle Gürtel bis auf den schwarzen. Es sei kein Schlägersport, hatte er erzählt, was ich denken würde?, sieh es dir an, mach eine Probestunde mit. Hab ich, ich fand's anstrengend, aber interessant. Was braucht man? Einen weiten weißen Baumwollanzug, einen guten Lehrer und ein helles, luftiges Dojang, wie der Übungsraum auf Koreanisch genannt wird.

Die Schule lag im vierten Stock eines Bürogebäudes aus den fünfziger Jahren, ein Hochhäuschen am Nollendorfplatz mit acht oder zehn Etagen, in dessen Erdgeschoss eine leicht ramponierte Bar war, »Café Swing«. Nur einen Kilometer Luftlinie, schätze ich, vom Steigenberger mit den Slot Machines entfernt, eine Versuchung, der ich lange widerstanden habe. Dass man nach dem Training noch einen kleinen Schlenker macht. Aber ich hatte ja Vorsätze, oder, neutral formuliert, bestimmt zwei Jahre ging ich sehr regelmäßig zu den beiden wöchentlichen Trainingsstunden.

Ich hatte nur eine vage Vorstellung von dem, was mich erwarten würde, wie Boxen, vermutete ich, Seilchenspringen und Einschlagen auf Sandsäcke. Weit gefehlt, in dem kahlen, großen Raum standen die Schüler barfüßig in

Reihen hintereinander, die Anfänger mit weißen Gürteln, die, richtig geknotet, die knopflose Jacke zusammenhielten, die Fortgeschritteneren mit gelben und grünen und blauen. Was nun folgte, war nichts als Gymnastik, Dehn- und Streckübungen, dann Schläge und Tritte ins Leere. Erst in der letzten Viertelstunde bildeten sich Paare, die so etwas wie einen Kampf fingierten, ohne jede Berührung, während die mit den weißen Gürteln, zu denen ich zählte, unter Anleitung des Lehrers wieder und wieder eine Armbewegung ausführten. Den Unterarm vertikal vor den Oberkörper drehen, eine Abwehrtechnik, Momtong-Makki.

Man war danach in Schweiß gebadet, hatte am nächsten Tag Muskelkater. Im Sitzen eine Art Spagat hinzukriegen … unmöglich, den Mädchen und vielen Jungen, die schon farbige Gürtel trugen, gelang das scheinbar ohne große Mühe. Auch zu kapieren, was mit den Kommandos auf Koreanisch gemeint war, wie ein Arm zu halten sei, Fußstellung, das Bein nach vorne bewegen oder zur Seite. Der Trainer hieß Chae, leider verstand man ihn nicht so gut, weil sein Deutsch dürftig war, vor allem die Aussprache. Als ich einmal sein Handgelenk umfasste, ein Mann von ungefähr fünfzig Jahren, weil er mir zeigen wollte, wie man sich aus einem Griff befreit, hatte ich das Gefühl, ein starkes Tau gepackt zu haben, wie ein Stahlseil … wenn ich es sage. Dabei war er so gelenkig, wie wir es nie sein würden, die Besten vielleicht nach jahrelanger Übung.

Das Ganze kostete fünfzig Euro im Monat, das war tragbar, bei den Jüngeren fragte ich mich, ob sie ihr Taschengeld fürs Training aufwendeten, nach der Schule jobben gingen. Denn keiner von ihnen machte den Eindruck, aus wohlhabenden Verhältnissen zu stammen, die meisten mit türkischen Namen. Und tatsächlich war es so, dass man nicht lernte, sich auf der Straße zu prügeln, schon deshalb nicht, weil das Training, die Gymnastik, zu anstrengend war, bevor einem überhaupt ein gefährlicher Tritt oder Schlag beigebracht wurde. Das musste man durchhalten, es gab zwei, drei, die täglich kamen, Herrn Chaes Vorzugsschüler, die sich auch mit der Philosophie beschäftigten, die dahintersteckte. Geist, der dem Wasser gleich ist, auf Härte mit Sanftheit reagieren, unter keinen Umständen blindwütig angreifen. Mehr als einmal beantworteten Chae oder sein Bruder die von ihnen selbst gestellte Frage, was zu tun sei, wenn man irgendwo in eine brisante Situation gerate, mit: weglaufen, zunächst versuchen wegzulaufen.

Immerhin habe ich es während der beiden Jahre bis zum ersten blauen Gürtel geschafft, bei den Prüfungen musste man ritualisierte Bewegungsabläufe beherrschen, die man allein vor der versammelten Gruppe auszuführen hatte, je dunkler der Gürtel wurde, desto komplizierter. Dabei standen die Prüflinge nebeneinander, ich nach zwei Monaten neben einem vielleicht achtjährigen Jungen und der neben einem Mädchen, Fati, die vierzehn war, wie sie mir einmal sagte, als wir gegeneinander kämpften. Wem es peinlich ist, sich auf eine Stufe mit Kindern gestellt zu sehen, die auch noch besser sind und schneller, braucht mit dem Training gar nicht erst anzufangen, man gewöhnt sich daran, so sind die Regeln.

Die koreanischen Begriffe habe ich mittlerweile bis auf ein paar Ausnahmen vergessen, und um einen Tritt zu landen, müsste ich mich heute wahrscheinlich eine halbe Stunde aufwärmen, was dem Angreifer in einer dunklen Gasse zu kommunizieren wäre. Da hält man sich vernünftigerweise an die Empfehlung des Meisters, abzuhauen, solange sich dazu eine Möglichkeit bietet. Aber dunkle Gassen in unbekannten Städten meide ich ohnehin, ein Abenteurer ist an mir nicht verloren gegangen.

Im Nachhinein würde ich sagen, dass es eine Erfahrung in Gleichheit war, sicher das, und darüber hinaus die Einsicht, was es heißt, sich mit stillem Eifer einer Disziplin zu widmen ... wenn ich Hakan, der kurz vor dem schwarzen Gürtel stand, dabei beobachtete, wie er in einer Ecke mit Chae seine Übungen machte, ganz versunken in fast zeitlupenhafte Bewegungen. Das sah beeindruckend aus, elegant, und zugleich wusste ich, dass er ein gefürchteter Fighter war, Berliner Meister in seiner Altersklasse.

Julia musste ich einmal vormachen, was man so lernt, ich sagte ihr, dass mir in letzter Instanz das Meditative gefallen würde, und das stimmte auch. Ich will gar nicht ausschließen, später darauf zurückzukommen, ich meine, andere rudern zu Hause auf einem sündteuren Gerät oder fahren am Wochenende mit dem Rennrad hügelan und hügelab, sollen sie, für mich ist das nichts. Zudem bräuchte man keine Hilfsmittel, in jedem Hotelzimmer wäre Platz. Wird man sehen, wie alles, ich habe keinen Plan. Was das betrifft, sich fit halten, den eigenen Körper wie einen Gegenstand betrachten, der irgendwie zu verwerten sei. Als Einsatz in dem Spiel um Aufmerksamkeit, Anerkennung ... wenn man schon nichts anderes anzubieten hat. Ein solides Vermögen.

Letzten Endes war das Training bei Chae doch ein Beweis, dass ich zu Disziplin fähig bin, ich mich selbst motivieren kann. Dass es plötzlich abriss, als ich wieder mit dem Spielen anfing, ist kein Gegenargument, dafür sind zwei Jahre zu lang. Außerdem bin ich heute, sage ich, gründlich kuriert von allem, Daddeln, Alkohol, Speed, nicht einmal in Träumen taucht die Vergangenheit noch auf. Albträume. Manchmal muss man auch ein bisschen Glück haben.

Als Kobiashvili mit seinem Vorschlag kam, jemanden aus dem Fernsehen als Zugpferd einzuspannen, Vorschläge gemacht hatte, wer für ihn geeignet sei, unsere Angebote vorzustellen, habe ich mich ein paar Abende durchs Programm gekämpft … mein lieber Mann. »Teenager außer Kontrolle«, hieß eine Sendung, eine andere »Die Schulermittler«, jeder Klassenraum ein Drogensumpf. Oder Kontakthof. Die armen Lehrer, dachte ich, der Untergang des Abendlands in 300 Folgen. Am besten wäre jemand aus einer der Gerichtsshows gewesen, vermutlich aber auch zu teuer. Koba hatte einen Moderator im Auge, dessen Ratesendung schon abgesetzt war, sei ein Familienquiz gewesen, ganz heiter. Ich sah mir auf YouTube einige Ausschnitte an, richtig überzeugt war ich nicht. Weil ich noch nicht verstanden hatte, was das Entscheidende ist, die tägliche Präsenz im Wohnzimmer, die eine Figur aus dem TV zu einer familiären Erscheinung macht. Der man vertraut. Und man glaube nicht, der Sender spiele dabei irgendeine Rolle.

Überdies hatten wir es bei unseren Kunden nicht mit Jugendlichen zu tun, die sich auf anderen Plattformen rumtreiben, keinen Schimmer, wen die für respektabel halten. Respektabel genug, dass man ihnen abnimmt, was sie erzählen. Influencer. Hinzu kam, dass wir mit einem rein deutschen Publikum zu rechnen hatten, fünfzig aufwärts eher, alles musste nachvollziehbar sein. Bevor es privatissime ans Eingemachte ging, Hosen runter, wie es beim Skat heißt. Heißt doch so, oder?

Julia und ich haben praktisch nie ferngesehen, und wenn doch, dann auf einem unserer Computer. Mir wäre es egal gewesen, wenn wir einen Apparat, einen Monitor, gekauft hätten, Julia nicht, als verbinde sie damit die schlimmsten Erfahrungen. Kommt mir nicht ins Haus, sagte sie einmal sehr entschieden, als ich's ansprach, für Filme, DVDs, das wäre doch ein anderes Erlebnis. Zu einem Beamer ließ sie sich aber überreden, eine weiße Wand im Wohnzimmer als Kino. Das war schon in Schöneberg, auf der Leberstraße, in einem der Häuser gegenüber war Marlene Dietrich groß geworden, wie auf einer Tafel neben dem Aufgang zu lesen stand. Vor hundert Jahren wohl eine gediegene Nachbarschaft.

Wir hatten zwei, drei Monate gesucht, bis wir auf diese Wohnung stießen, nicht im Netz, sondern auf den Immobilienseiten im »Tagesspiegel«. Wo nur noch wenige Mietangebote zu finden waren. Der Eigentümer war ein tunesischer Gastronom, der mehrere Rathauskantinen betrieb, wir in seinem Büro im Erdgeschoss des Hauses, das auf uns einen guten Eindruck machte, Fassade, Fenster, einem Vortrag lauschend über betriebliche Aktivitäten und Verwicklungen, Abidi Food and More GmbH & Co. KG. Kaum hatten wir nämlich Platz genommen, führte er ein kurzes Telefonat, bei dem es um eine Lieferung ging, die er bemängelte, um uns anschließend förmlich zu überschütten mit den Problemen, mit denen er sich herumzuschlagen habe … wer bin ich denn?, was erlauben die sich?

Wir hörten brav zu, ich nickte zustimmend, unbedingt, bis dann endlich zur Sprache kam, warum wir vor ihm saßen, Seitenflügel, drei Zimmer, Balkon, fünfundsiebzig Quadratmeter, sechshundertachtzig Euro brutto kalt. Er gab uns den Schlüssel und sagte, wir sollten uns die Wohnung anschauen, wär schön. Formloser kann man nichts mieten, bezahlbar, und ohne lästige Mitbewerber. Abidi wollte nicht einmal unsere Unterlagen sehen, die wir in einer Plastikmappe bei uns hatten, es schien ihm genügt zu haben, was wir ihm bei der Vorstellung sofort aufs Auge drückten, mein Name ist … ich arbeite in einer Konzertagentur, ich bin … und beziehe augenblicklich ein Stipendium.

Vorher hatte auch Julia noch nicht im Westen gewohnt, aber das Angebot war unschlagbar. Sogar renoviert, weiße Raufaser, und die Kacheln in Bad und Küche grün-weiß, nichts zu meckern. Wir hatten den Mietvertrag an Ort und Stelle unterschrieben, zwei Wochen später wohnten wir auf der sogenannten Roten Insel in Schöneberg, bei Claas und Franco zog eine Freundin Francos aus Turin ein, die an der Universität der Künste etwas mit Theater machen wollte, Livia. Die nicht sein Typ sei, steckte mir Claas während unseres Umzugs, ohne dass ich ihn danach gefragt hätte … als wolle er allen Spekulationen einen Riegel vorschieben. Was zu erwarten wäre.

Hier war alles neues Terrain für uns, hinterm Haus der S-Bahn-Ring, an dem immer noch gebaut wurde, Alteingesessene, im Großen und Ganzen nichts Modisches, auch kaum Cafés und Bars und Restaurants wie in der alten Gegend, Zionskirchplatz, Kastanienallee. Wohin wir häufig gefahren sind, zu jeder Premiere in den Prater, anschließend in den Biergarten dahinter oder ins Schwarzsauer, wie immer.

Möbel besaßen wir wenig, obwohl, einen rechten Maßstab, ab wann ein Zimmer zu voll ist, besitze ich nicht. Wir kauften uns eine Couch, Sitzlandschaft sagt man, mit anthrazitfarbenem Bezug, zwei, drei Lampen, bei Ikea Hängeschränke für die Küche. Der Rest wurde improvisiert, nach und nach kam doch einiges zusammen. Ein größerer rötlicher Sisalteppich vor der Couch, weil der Boden mit Laminat, wie sagt man?, belegt war, aus Laminat bestand?, was auch in meinen Augen nicht schön aussah … wenn *schön* hier der passende Begriff ist. Dieser Bodenbelag war das einzige Hindernis für Julia, die Wohnung zu mieten, als wir sie uns anschauten, aber so viele Alternativen hatten wir nach verschiedenen Besichtigungen nicht, gar keine, um genau zu sein, was das Verhältnis von Preis und Zustand anging. Ist renoviert, sagte ich, scheint auch ein ruhiges Haus zu sein, und besser dieses Laminat als verrottete Holzdielen, die man noch abschleifen muss.

Unser Seitenflügel war ruhig, keine laute nächtliche Musik, keine im Hof nachhallenden Streitereien. Wie auf dem Weinbergsweg, wo zwei Etagen über mir ein Alkoholikerpaar wohnte, das schätzungsweise einmal in der Woche sich übel beschimpfte, im Sommer bei geöffneten Fenstern, so dass man jede Facette der hoffnungslosen Beziehung mitbekam. Im Zimmer herumrollende leere

Flaschen, »Über sieben Brücken musst du geh'n« in Dauerschleife, du Wichser, du Fotze. Geprügelt scheinen die beiden sich nicht zu haben, sonst hätte ich die Polizei gerufen, wenn es schon keiner der anderen Mieter für nötig hielt. Manchmal brüllte jemand: Ruhe, manchmal half's.

Nachdem wir uns den Beamer gekauft hatten, haben Julia und ich abends und sonntags oft Filme geguckt, noch mit DVD-Player und vielen DVDs aus der Gedenkbibliothek oder einer Videothek, Negativeland. Wir sind dabei, auf Julias Vorschlag hin, sogar ein bisschen systematisch vorgegangen, deutsche und französische Filme aus den sechziger Jahren und amerikanische Krimis, schwarze Serie, die andere Seite des Traums. Ich erinnere mich noch an »Frau ohne Gewissen« und »Gilda«, wo die Schauspielerin, Rita Hayworth, sich den langen schwarzen Handschuh auszieht, als sei es ein Striptease. Und das Publikum in dem Nachtclub verliert den Verstand.

Weil Julia Claude Chabrol mochte, haben wir viele Sachen von ihm angesehen, »Das Biest muss sterben« hat mich am meisten beeindruckt. Aber auch »Der Schlachter« war gut, immer die französische Provinz und immer seelische Abgründe, die sich in Bürgern auftun, die scheinbar kein Wässerchen trüben können. Zum eigenen Vorteil oder um ihre Haut zu retten, lügen und betrügen und morden sie mit unschuldigster Miene. Gar nicht selten kommen sie damit sogar durch, das Grundgesetz unserer Gesellschaft. Es muss sich ja nicht um Mord handeln, wenngleich nicht ausgeschlossen. Wächst Gras drüber, morgen ist ein neuer Tag. An dem es weitergeht, als sei nichts geschehen.

Mit dem Beamer war es fast wie Kino, ich denke, ich

werde mir wieder einen besorgen. Mira besitzt zwei, aber ihre Wohnung ist zu klein, um den Effekt zu erzeugen. Kino, dunkler Saal, großes Bild. Als wir Kinder waren, Bernhard und ich, hat unsere Mutter uns nach Viersen oder Lobberich oder sonst wohin gefahren, wenn wir mal einen Film sehen wollten, und sie ist immer mit reingegangen, statt in einem Café das Ende der Vorstellung abzuwarten. Oder was einzukaufen. Zwei Stunden Ablenkung, »Die Rückkehr der Jedi-Ritter«. Das war besser als Fernsehen, und wir konnten in der Schule mitreden. Ist doch wichtig, um nicht dumm dazustehen, alle wissen Bescheid, nur du wieder nicht. Eine sehr menschliche Regung. Dass man dazugehören will.

Anfangs eine kaum ansteigende Kurve mit ein paar Ausschlägen, dann plötzlich schießt sie hoch wie beim Quadrieren. Was man vorher noch ausbügeln konnte, es wird nie wieder vorkommen, verspreche ich hoch und heilig, entzieht sich irgendwann jedem Willen, jedem Vorsatz, jeder Ratio. Ich glaube nicht, dass die Drogen dafür verantwortlich waren, bei mir haben Amphetamine nie im Vordergrund gestanden. Oder Alkohol, also, man trinkt etwas, zieht eine Line, und schon hängt man vor einem Automaten. Die eine Sucht war vor der anderen da, man hält mit Speed nur länger durch, behält länger die Illusion, es gäbe etwas zu gewinnen, heute Nacht, an dieser Maschine.

Hat man das Versprechen, das hochheilige, einmal gebrochen, und lässt sich das nicht länger verbergen, sollte kein zweiter oder dritter Appell an die Vernunft mehr erfolgen, wie viel willst du noch verspielen?, sondern man muss vor die Wahl gestellt werden: entweder einen Therapeuten aufzusuchen oder Verlassen der gemeinsamen Wohnung. Hier sind Adressen und Nummern, Caritas, Selbsthilfevereine, jetzt rufst du an. Man ruft an und macht einen Termin aus. Und dann geht man nicht hin, ich hab das im Griff, nur ein Ausrutscher, was soll ich da? Stattdessen fabuliert man von Gruppensitzungen, die einem viel bringen würden, mit Schicksalsgenossen, deren Erfahrungen zu hören extrem hilfreich sei, auch Frauen darunter, die es erwischt habe. Man wundere sich, praktisch durch alle Milieus, oder was einem noch so einfällt, wenn man gefragt wird, wie's gewesen sei. Kann man für Monate durchhalten, bis es dann doch wieder passiert. Und man in einen Strudel gerät, aus dem sich zu befreien nicht mehr gelingt.

Langeweile … nein, das nicht. Womit hätte ich unzufrieden sein sollen? Dass es im Leben eine Berufung gibt, der man folgen muss, weil sonst alles schal und hohl bleibt? Wäre mit einem Kind etwas anders geworden? Müßige Fragen, weil jede Antwort zu spät käme. Ich glaube, das Thema hatte ich schon angeschnitten, bereuen kann man am Tag des Jüngsten Gerichts noch genug.

Unser Mann hieß Walter Sabert-Kress, seit den Siebzigern im Programm, von »Ehen vor Gericht« als jugendlicher Liebhaber über irgendwelche Polizeireviere in Süd und Nord bis in die Umlaufbahn des Privatfernsehens, jahrelang fünf Tage die Woche, die Familienshow zum Abendbrot. Muss enorm erfolgreich gewesen sein, in Spitzenzeiten der Quotenking, an den niemand herankam. Aber nichts hält ewig, denn die Konkurrenz ist hellwach, man munkelte von Alkoholproblemen, Fahrigkeiten schlichen sich ein, schließlich verabschiedete er sich vom Bildschirm: Man soll gehen, wenn's am schönsten ist, es war wunderbar mit Ihnen, bleiben Sie unserem Sender gewogen.

In den Archiven der Klatschblätter war wenig über ihn zu finden, ein paar Urlaubsfotos, sein Haus, mit Martina glücklich vom ersten Augenblick an. Keine Kinder, keine Skandale, die man hätte auswalzen können. Eine Saufnacht in der Bar eines teuren Hotels, bei der Tätlichkeiten vorgefallen sein sollen, war ohne Folgen geblieben, vom Typ her gab Sabert-Kress für die einschlägige Presse anscheinend nicht viel her. Ohne Glanz, den zu beschädigen ja die größte Freude macht. Für uns optimal, wem kann man noch vertrauen, wenn nicht ihm?

Ich war von Beginn an dabei, beim ersten Treffen nur sein Manager, Koba und ich. In München, nah beim Sendlinger Tor, ein richtiges Stadttor, wo die Agentur eine Büroetage hatte, Modesty Blaise Entertainment. Wir saßen alle an einem Ende eines längeren ovalen Konferenztischs, an der Wand vor mir zwei große Warhol-Drucke in Silberrahmen, Beuys und eine Frau mit Krönchen … vielleicht echte. Der Mann, er hieß Doktor Schreiner, ich schätze, Anfang fünfzig, trug einen grünen Pullover unter seiner Anzugjacke, die Haare im Nacken ein wenig zu lang, zwei Eheringe übereinander. Ziemlich ohne Umschweife kam er zur Sache, kurz unterbrochen von einer jungen Frau, die auf einem Tablett eine Thermoskanne Kaffee und Tassen hereinbrachte. Für wen und was Walter, er nannte Sabert-Kress nur beim Vornamen, auftreten sollte, welcher Part für ihn angedacht sei.

Mit einer souveränen Geste überließ Kobiashvili mir das Reden, ich war vorbereitet. Merkur-Invest kein anonymer Fonds, den die Hausbank so gut wie einen anderen empfiehlt, bei uns sei völlige Transparenz gegeben, dazu persönlicher Kontakt. Geschäftsfelder und Finanzprodukte, die beste Ratings hätten, unsere Ansprechpartner renommierte Mittelständler, deren Sorgen wir teilten … gerade in Zeiten wie heute, in denen das Beben der letzten Krise noch bebt, ähm, nachbebt. Merkur böte sicheren Grund, eine verlässliche Rendite und keine Wolkenkuckucksheime. Insofern sei Herr Sabert-Kress für uns erste Wahl bei der Präsentation des Portfolios, von seinem ganzen Auftreten her.

Ein Blick Kobas signalisierte mir, dass ich den letzten Satz besser verschluckt hätte, das würde den Preis nach oben treiben. Wir stünden, sagte er nach kurzem Dank für meinen Vortrag, noch in anderen Verhandlungen, zentral für uns immer Solidität. War Schreiner daran interessiert? Oder ging es ihm nur um die Höhe des Honorars? Unter der Voraussetzung, dass es sich um keinen Schwindel handelt, der fürs Image hochgradig unvorteilhaft wäre. Falls es an die Öffentlichkeit käme, Unregelmäßigkeiten … aber was versteht die Öffentlichkeit schon? Das Einfachste, jemand betrügt seine Frau, fällt besoffen von der Bühne, bei einem Filmstar ist die Schönheits-OP misslungen. Das sind Meldungen, die was hermachen, der Rest zu diffizil. Wer den Schaden hat, ist wichtig,

Prominenz, nichts sonst. Sollte denn ein Schaden auftreten.

Jetzt sprach Schreiner, rief die Karriere, bis heute, einer der Beliebtesten, von Sabert-Kress in Erinnerung, Einschaltquoten, von denen andere nur träumen. Die Kunden seien Schlange gestanden, von hier, er streckte den Arm aus, bis Düsseldorf … aber was sage ich Ihnen? Ja, dachte ich, was sagst du, Herr Doktor? Zählst Ruhmestaten von vorgestern auf, nach denen heute kein Hahn mehr kräht. Und nie mehr krähen wird, wofür wirbt dein Walter denn gerade? Für nichts, das letzte Interview war in der Apotheken-Umschau, angeblich werde am Konzept einer neuen Show gearbeitet, lassen Sie sich überraschen.

Keine Frage, sagte ich und sah Schreiner direkt an, Walter Sabert-Kress sei ein Großer, ein Urgestein, wenn Sie mir die Formulierung gestatten, der Fernsehunterhaltung, in den späten Neunzigern und ersten Nullerjahren habe er Maßstäbe mit seiner Sendung gesetzt, keine Frage … Schreiner beugte sich vor und goss sich eine Tasse Kaffee ein, dann auch Koba und mir, ohne gefragt zu haben … Zucker, Milch? Wir schüttelten beide den Kopf, Koba trank einen Schluck … aber wir müssen realistisch bleiben, fuhr ich fort, fokussiert, verstehen Sie? Klar verstand Schreiner, worauf ich hinauswollte, Urgestein gleich weg vom Fenster.

Es gibt niemanden, er drehte den Doppelring, sah mich wieder an, der seriöser wäre als Walter, und wie er *seriöser* betonte, klang es so, als unterstellte er uns eine Fragwürdigkeit, die honoriert werden wollte. Koba nickte und zog eine längliche E-Zigarette aus seiner Anzugjacke, legte sie neben die Kaffeetasse. Seit wann rauchte er? Bitte, sagte Schreiner, kein Problem, Koba nickte erneut, weiter nichts. An wie viele Veranstaltungen wir gedacht hätten, Schreiner blickte zwischen uns hin und her, dann auf eine ausgedruckte Mail, ich glaube … hier sehe ich's nicht. Langsam kommen wir uns näher, dachte ich, wie bei der Strafzumessung, wenn Anwalt, Staatsanwältin und Richter ins Feilschen geraten, Anzahl der Delikte mal Schwere der Schuld mal Vorstrafen dividiert durch Prognose, gut, und die Einsicht, dass man gefehlt hat. Wozu der Angeklagte, das war ich, ein bedröppeltes Gesicht macht, wie konnte das nur passieren?

Fünf Auftritte von Sabert-Kress seien von uns vorerst projektiert, Zeitraum ein Monat, ich sah zu Guram, der auf mich ganz teilnahmslos wirkte, als warte er allein in einem Restaurant auf die Bestellung, die Drucke an der Wand betrachtend … die, also diese fünf Mal, wir einzeln zu honorieren gedächten. Und die Verhandlung begann, pauschal oder nicht, auf keinen Fall, Koba schüttelte kaum merklich den Kopf, Schreiner genau der Manager, der einen exzellenten Ruf in der Branche hatte. Wenn ein Vertrag, dann über alle fünf Veranstaltungen, Flüge oder erste Klasse DB, Transfer, Hotel, Spesen. Separat zu honorieren die zu erbringende Vorleistung, man müsse sich schließlich in das Material einarbeiten. Was wir, sagte ich, auch erwarteten, es habe zu sitzen, from the heart, Sie verstehen, was ich meine. Das sei gutes Geld, sagte Kobiashvili plötzlich, wie aus dem Nichts, sehr gutes Geld, obwohl eine konkrete Summe noch nicht genannt worden war. Schreiner wirkte einen Moment irritiert, haben die was in der Hinterhand?

Es bei Andeutungen zu belassen ist immer das Beste, wenn man ein Ziel erreichen will … die Gedanken des anderen beschäftigen. Und nie auftrumpfen, die Karten auf den Tisch zu knallen ist Dilettantenwerk. Wie Rechthaberei, die sich ans Detail klammert … wer befürchtet, sein Gesicht zu verlieren, hat nie eins besessen. Wie wir wusste Schreiner, dass Sabert-Kress' alter Erfolg ihm bisher zu keinem Werbevertrag verholfen hatte, nichts Lukrativem, aber genauso wusste er, warum wir auf seinen Walter gekommen waren. Volkstümlichkeit würde ich nicht sagen, auch nicht Leutseligkeit, obwohl es damit etwas zu tun hatte, vielleicht … Sabert-Kress war in der Show ganz bei sich, glaubhaft, man hatte nie den Eindruck, er würde den Zuschauern etwas vormachen.

Man könnte es mit einer Waage vergleichen, in deren Schalen beide Parteien etwas hineinlegen, bis sie im Gleichgewicht ist. Einstige Bekanntheit gegen das zerstreute Gedächtnis der Öffentlichkeit, gut im Geschäft gegen zurück ins Geschäft, Professionalität, an der nicht zu rütteln sei, auf den Punkt vorbereitet, geschäftsübliche Ansprüche gegen ein Angebot, das man unter den gegebenen Bedingungen als angemessen und fair zu betrachten habe. Win-win. Irgendwann einigten wir uns auf eine Garantiesumme und Akontozahlungen, das waren fünftausend Euro nach jeder Veranstaltung.

Kobiashvili war wortkarg geblieben, dem Verhalten Schreiners hatte ich aber ablesen können, wen er für den Chef hielt, wem seine Aufmerksamkeit galt. Auch wenn ich das meiste redete, wandte er sich bei allem, was er sagte, immer wieder an Koba statt an mich, als hielte er mich für dessen Sohn, einen jüngeren Bruder, der sich ungefragt Rechte herausnimmt. Wir hatten nichts abgemacht, nur dass ich unser Vorhaben, unsere Geschäftsstrategie in groben Zügen vorstellen würde. Alles Weitere ergab sich, und ich fühlte mich wohl dabei. Bedacht, der eigenen Trümpfe bewusst. Lediglich eine kleine Ungeschicklichkeit, die mir unterlief, als ich Sabert-Kress erste Wahl genannt hatte, das macht man nicht. Besser wäre gewesen, ich hätte gesagt, wir könnten uns vorstellen, wenn alles passt, mit ihm zusammenzuarbeiten. Wer ohne Fehl ist, suche sich einen Stein.

Im Aufzug gab Koba mir die Faust, wie nebenbei, zu intimen Gesten ließ er sich sonst nicht hinreißen. Ich nickte, gut gelaufen, dachte ich, den haben wir im Sack. In der Lobby klingelte mein Telefon, eine Frauenstimme, die mir mitteilte, dass eine E-Zigarette vergessen worden sei. Sie solle sie in den Aufzug legen, sagte ich, nach unten. Dein Dampfgerät, seit wann rauchst du? Koba hob die Augenbrauen, frag keinen Unfug.

Auf der Straße schlug er vor, irgendwo essen zu gehen, wie es mit dem Hofbräuhaus sei. Ich muss ihn entgeistert angeschaut haben, das ist ja nicht dein Ernst. Wäre er nie gewesen, sagte Kobiashvili, damals in München, vielleicht könnten wir das jetzt nachholen. Bitte, ich schüttelte langsam den Kopf, du gehst ins Hofbräuhaus und ich in ein normales Lokal, wir treffen uns am Flughafen. Er winkte mit einer Hand beschwichtigend ab, alles gut, entspannt bleiben. Wenn du willst, sagte ich, werfen wir einen Blick da rein, dann wirst du sehen. Was? Dass dein Vorschlag abwegig ist. Ne, müssen wir nicht, sagte Koba, ich vertrau deinem Urteil. Das dürfe er auch, im Hofbräuhaus seien sowieso nur Amerikaner. Woher ich das wisse. Wisse man, sagte ich, daran bestünde kein Zweifel. Echt? Echt. Koba winkte einem Taxi, als wir eingestiegen waren, sagte er zum Fahrer, er solle uns zu einem guten Restaurant bringen.

Noch eine Vermählung, diesmal fand die Feier auf einem Ausflugsdampfer statt, den sie für den Nachmittag und Abend gemietet hatten, Buffet und DJ, angereiste Verwandtschaft und Freunde. Wobei sich immer die Frage stellt, was man schenkt, seitdem es keine Hochzeitstische oder Listen mehr gibt. Mixer und Küchenhandtücher, wie unpersönlich, darüber sind wir hinaus. Ein großformatiger Bildband mit Ansichtskarten aus den sechziger und siebziger Jahren, Kurparks und Fußgängerzonen in Farben, die wie nachkoloriert aussahen, Grüße aus Hannover-Linden, das neue Haus der Schifffahrt in Rostock. Im Grunde sei das eine Sozialgeschichte, sagte Julia, da brauche man nicht mehr viel Text, es waren die Geburtsjahrzehnte des Brautpaars.

Diesmal war die Feier ein Vergnügen, kann ich nicht anders sagen, es ging von einer Anlegestelle im Tiergarten auf den Tegeler See, Richard und seine Freundin dabei, mit denen wir zusammensaßen, und vor allem keine peinlichen Reden. Zwar wurde geredet, aber auf Englisch von zwei ehemaligen Kollegen der Eheleute aus London und Norwich, und Engländer können's offensichtlich, von Macken und Vorzügen mit so viel Ironie zu erzählen, dass es fast schon Stand-up ist. Nicht zu kurz und nicht zu lang, als läge es ihnen im Blut. Eine Distanz zu wahren, ohne die man sofort im Beichtstuhl landet.

Ein Literaturwissenschaftler und eine Historikerin mit bereits zwei Kindern, in Berlin hatten sie, mangels Professuren, ein Geschäft für Importlebensmittel aufgemacht, die Briten hier liefen ihnen die Bude ein. Muss man mögen, das Zeug, und wer das mag, ist meine Theorie, besitzt auch Humor. So ein Brotaufstrich, der einem die Zunge im Mund umdreht, Marmite, Julia hatte mal ein Glas gekauft. Kein Wunder, dass es sie in die Welt hinaustrieb, die Wurzeln des Kolonialismus. Plus Wetter.

Mit Richard war es interessant, was ich über ihn gesagt habe, als es um die Altersrente ging … nicht sein Temperament, auf dieser Party ist es genau genommen der andere gewesen, der einfach nicht aufhörte, uns mit seinen Sorgen und Rechnungen zu behelligen. Richard besaß das Talent, spannend erzählen zu können, selbst komplizierte Sachverhalte wurden anschaulich. Die politischen Machinationen des Ölkartells, wie sich Preise auf dem Weltmarkt bilden, politische Einflussnahmen. Während in den Medien, Zeitungen und Fernsehen, lang und breit über eine Geiselnahme von Ministern berichtet wird. Für ihn nur eine Fußnote der Geschichte, überhaupt seien es solche Fußnoten, die eine Gesellschaft im Gedächtnis behalte. Spektakulär, aber ohne historische Relevanz.

Richard war sehr groß und schlank, jemand, den man schlacksig nennt, mit einer viereckigen Brille aus hellem Horn, die unmodern modern war. Mindestens zwei Köpfe größer als seine Freundin Isabell, die in einem Ministerium arbeitete, Bauministerium, glaube ich, beide aus einem kleinen Ort im Spessart. Wo sie, kam im Lauf des Abends heraus, eine Ortsgruppe der Jusos gegründet hatten, zwei gegen alle … bist du da noch Mitglied? Die

Frage ist doch eher, sagte Richard, wer länger durchhält, »Nur Pferden gibt man den Gnadenschuss«, kennst du den Film? Kannte ich nicht, ein Dauertanzwettbewerb in den dreißiger Jahren, Weltwirtschaftskrise.

Es ist bedauerlich, dass ich damals noch keine Ahnung hatte von den separatistischen Aktivitäten unseres Urgroßvaters, denen ich noch weiter nachforschen will, das wäre auch ein gutes Thema gewesen. Was man von der Vergangenheit weiß, was überliefert wird und warum. Ich persönlich finde die Idee eines rheinischen Staates von Kleve bis Koblenz nicht schlecht, müsste man sich nur überlegen, wo die Hauptstadt sein soll. Am besten nicht Düsseldorf oder Köln, sondern … vielleicht Aachen. Hätte man sich im letzten Jahrhundert einiges erspart, das darf man wohl festhalten. Dieser Größenwahn.

Drastische Umbrüche fänden immer nach Krisen statt, sagte Richard, nachdem ich ihn gefragt hatte, was seine Pläne seien, aber das sei mehr philosophisch zu verstehen, wann eine Krise sich auswächst zu einer Revolution, ob man das objektivieren könne. Natürlich nicht für seine Habilitation, da bleibe er bei Energiepolitik, das andere wäre ein Projekt für später. Viel später, erst mal mit dem Üblichen eine feste Stelle erobern.

Wenn ich an unser Gespräch bei dieser Hochzeitsparty denke, erkenne ich ein Muster, und das besteht darin, dass ich immer auf vieles neugierig gewesen bin, sogar spannend gefunden habe, ohne mich länger damit zu beschäftigen, ein paar Wochen, und es war wieder vorbei. Ich glaube, die Jahre mit Kobiashvili haben mich verändert, man könnte sagen, ich bin jetzt ausdauernder, ziehe Dinge durch, für die ich mich interessiere. Oder komme auf sie zurück, lasse das Messer nicht mehr im Schwein stecken, wie es in unserer Gegend heißt. Vielleicht war es auch der Knast, wenigstens das wäre als positiv zu verbuchen. Außer der Lyrik natürlich.

Volkswirtschaftliche Fragen, die Separatisten, der Gedanke, eine Galerie zu eröffnen, könnte man Konstanten nennen, die in meinem Leben jetzt eine Rolle spielen. Das eine, das Erste, weil's um mein Geld geht, das Zweite, weil ich darüber rein gar nichts wusste, wie garantiert die meisten, und mein Urgroßvater bei den Aufständischen mitgemischt hat, und dann die Galerie, weil Mira mich durch ihre Arbeit angefixt hat, sozusagen. Da ich kein Wohltäter bin, versuche ich zu kalkulieren, wie viel mich eine Anschubfinanzierung kostet, laufende Kosten, und was reinkommen könnte durch Verkäufe. Welche Künstlerinnen welche Sammler ansprechen würden ... ich muss sagen, es sind fast durchweg Positionen von Frauen, die mir spontan gefallen oder auffallen, wenn wir, Mira und ich, auf Akademie-Rundgängen in Düsseldorf oder Münster oder Berlin sind. Kompromisslos.

Was nicht wenig ist, Vermögensverwaltung, Recherchen zu den Vorgängen im Rheinland, die ich noch unternehmen will, Weiterbildung im Kunstsektor. Das füllt meine Zeit aus, morgens habe ich einen Plan, einen Zettel, auf dem steht, was ich zu erledigen habe. Aus eigenem Antrieb, und nicht, weil der Betrieb, in dem ich drinstecke, es von mir verlangt wie bei Merkur-Invest. Das würde ich einen großen Fortschritt nennen, Langeweile kenne ich nicht. Das Gefühl, es fehle noch etwas, das einen Schatten aufs Leben wirft. Ich will nichts ausschließen, das habe ich mir abgewöhnt. Als ließe sich jemals vorhersagen, ob man nicht doch noch mal gegen die Wand fährt. Irgendein Prozess auf einen wartet, den man durchzustehen hätte. Und wenn schon.

Betrachten wir die Sache nüchtern ... im Betrugsparagraphen des Strafgesetzbuchs heißt es im ersten Abschnitt: Wer das Vermögen eines anderen dadurch beschädigt, dass er durch Vorspiegelung falscher oder durch Entstellung oder Unterdrückung wahrer Tatsachen einen Irrtum erregt oder unterhält ... wird mit diesem oder jenem bestraft, Knast oder Geldstrafe. Die Absicht ist hier noch wichtig, dass man den Vorsatz hatte, so zu handeln und eine Beschädigung hervorzurufen.

Du meine Güte, mir kommen die Tränen. Entstellung, Unterdrückung, als seien blendend situierte Menschen des Lesens unkundig und nur dazu fähig, ihren Namen unter einen mehrseitigen Vertrag zu setzen. Oder als hätte ein Fondsmanager nicht selbst das größte Interesse, Ergebnisse zu erzielen, die sich sehen lassen können. Um exakt die Gewinnziele zu erreichen, die auf dem Papier stehen. Wenn du eine mündelsichere Verwaltung deines Geldes verlangst, solltest du dir eine Schatztruhe kaufen, wie früher, Wandtresor im Schlafzimmer, in dem sich die Goldbarren stapeln. Wer mehr will, muss raus ins Freie, wer dafür keine Nerven hat, darf sich nicht beschweren, wenn's draußen etwas ruppiger zugeht als beim Seniorentennis.

Ich kann mich noch gut an den Abend erinnern, als ich Koba sagte, dass ich genug hätte. Wir waren allein im Office, er fragte mich, ob wir auf eine Kleinigkeit nach nebenan ins Culaccino sollten, wo sie einmalige Trüffelpasta hatten, von der Reibe über die Nudeln. In dem Moment, als ich nickte, einverstanden, wir hatten den ganzen Nachmittag durchgearbeitet, nur Kaffee getrunken, Müsliriegel gegessen, dachte ich … falls denken es hier trifft … schöne Zeit gewesen, meine Zukunft ist das nicht, hör auf. Was schon zu viele Worte sind für eine Entscheidung, die plötzlich feststand, ohne dass ich sie vorher erwogen hätte, ein Für gegen ein Wider, das kam irgendwie aus dem Unterbewusstsein.

Wir saßen unter der großen Markise im Vorzelt des Restaurants, für uns fand sich immer ein Platz, auch ohne Reservierung. Frische weiße Tischdecken, in denen man noch die Bügelfalte sieht, gestärkte Servietten, links und rechts neben den Tellern blitzblankes Besteck und ein freundlicher, aufmerksamer Service, auf den man nicht zu warten hat. Ich weiß das inzwischen zu schätzen. Auch wenn es seinen Preis hat … aber was nicht.

Obwohl wir nichts Großes essen wollten, anschließend wieder hochgehen, um weiterzuarbeiten, bestellte Kobiashvili, ohne mich zu fragen und als Allererstes, eine Flasche Montalcino, bring einen Guten, von Carpineto. Dann schlug er kommentarlos die Karte auf und strich mehrmals mit dem Zeigefinger über das Blatt mit dem Tagesangebot, als scrollte er auf einem Display etwas herunter. Und? Was nimmst du? Wir sahen uns länger an, schweigend, bis ich, ohne in die Karte zu schauen, Thunfischtatar sagte … das sei doch immer spitzenmäßig. Koba nickte bedächtig, als käme er auf eine Idee, weiter nichts. Ein Kellner trat an den Tisch und präsentierte das Etikett des Weinguts. Bevor er ihm etwas zum Kosten einschenken konnte, griff Koba sich die Flasche und schickte den Mann fort. Er machte unsere Gläser voll und forderte mich auf, mit ihm anzustoßen. Auf was? Ich solle mir was wünschen.

Ist es der sechste Sinn oder der siebte? Der, der übers Hören und Sehen und Tasten hinausgeht. Koba goss nach. Also ist es so weit, sagte er dann. Was sollte ich erwidern? Es gab nichts zu begründen oder zu erklären, keine Ausflüchte vorzubringen oder rhetorische Girlanden zu winden, von wegen Lebensplanung, neu anfangen, in eine andere Stadt ziehen zu wollen. Trink, sagte Koba, lass uns trinken.

Was wir nie gemacht hatten, keine gemeinsamen Besäufnisse, die einen angeblich ja zusammenrücken lassen, keine Geständnisse im Vollrausch, die man am nächsten Tag bereuen könnte. Es gab eine Distanz in unserem Verhältnis, die von Anfang an da war. Nicht nur, weil zwölf oder fünfzehn Jahre zwischen uns lagen, Chef und Angestellter, Profi und Neuling, um es mal so auszudrücken, sondern weil trotz einer gewissen Nähe, die sich zwangsläufig einstellt, wenn man sich jeden Tag in denselben Räumen aufhält, bei ihm und bei mir etwas im Innern ist … der Wunsch nicht existiert, der Glaube, man könne einen anderen in seinem Wesen erkennen wie die Teilchen in einem Atom. Und darauf drängt, es genau zu erfahren … hier sind sieben Quarks am Werk und hier fünf, alles geklärt.

Koba machte keine Anstalten, mich zu überreden, noch einmal nachzudenken über meine Entscheidung, stellte nichts in Aussicht, was mich hätte wankelmütig werden lassen können. Er wusste ja, dass auf mich Verlass war, kein Wort wird gegenüber niemandem über Merkur-Invest verloren, niemals.

Ziemlich schlimm geendet, nach der zweiten Flasche im Culaccino sind wir in eine Bar am Ludwigkirchplatz gezogen, wo wir uns den Rest gegeben haben. Ob ich ihn nach seinem Bruder gefragt habe, Afghanistan … in einem schwarzen Loch verschwunden. Wie so vieles, ganze Monate und Jahre, als hätte es sie nie gegeben. Als hätte es mich selbst nicht gegeben. Manchmal fällt einem wieder etwas ein, und man versucht, sich zurechtzufinden. Was war vorher, was nachher? An welcher Stelle im Leben … wie auf einer Skala, die mit der Geburt beginnt. Kindergarten, Schule, abgebrochenes Studium. Die Konzertagentur, das Spielen, die Zeit mit Julia, die Zeit mit Koba, wie ist das alles vor sich gegangen? Wie ist es miteinander verbunden? Was fehlt? Bis zum Schlusspunkt, der irgendwann kommen wird …

2

… aber da bin ich noch nicht, keineswegs, viel eher überfällt mich in meinem Leben immer wieder das Gefühl, es hätte noch gar nicht angefangen. Nicht richtig, meine ich, obwohl ich nicht sagen könnte, worin dieses richtige Leben eigentlich besteht. Was dazugehört … in einer Chronologie, die nicht allzu sehr abweicht vom Durchschnitt, was man für normal hält. Und was für ungewöhnlich oder exzentrisch, als gäbe es eine Reihenfolge, einen unbestreitbaren Ablauf, den Ereignisse haben sollten. Lehre, Studium, Heirat, Kinder, Enkelkinder, Rente, Überwintern auf Mallorca. Das steckt in den meisten Köpfen drin, wenn sie bewerten, ob man mit seinem Leben etwas Sinnvolles angestellt hat.

Man muss sich von solchen Regeln befreien. Von dem schlechten Gewissen, man habe versagt, sei zu schwach gewesen, die Ansprüche zu erfüllen. Die von außen an einen herangetragen werden … schon vierzig und immer noch solo, da stimmt was nicht. Stattdessen: weitermachen. Und keine Sorge haben, dass einem nichts mehr einfiele, ganz falsch. Man begegnet jemandem und kommt auf neue Ideen, eine neue Etappe beginnt. Man steigt irgendwo ein, wie ich bei Koba, und entdeckt eine fremde Welt. Oder negativ, wie beim Spielen ... als hätte ich je mit diesem Milieu vorher zu tun gehabt. Je mit dem Gedanken gespielt, in ein Casino zu gehen, einen Chip auf Zahl oder Schwarz oder Rot zu setzen. Eher war es so, um hier ein Beispiel anzuführen, dass ich Julia am Roulettetisch bremsen musste, als wir auf unserer Tour durch die USA auch einen Stopp in Las Vegas einlegten. Einige Wochen nach der Hochzeit auf dem Ausflugsdampfer, wir hatten die Reise lange geplant, hatten gespart ... über New York nach New Orleans, dann nachts mit dem Greyhound nach Austin, wo ihre Jugendfreundin Susan lebte, und von dort aus mit einem Billigflug nach Los Angeles, wo wir bei Rent-A-Wreck einen Wagen gemietet hatten. Der aber einwandfrei war, sogar mit Klimaanlage.

Wir sind eine große Schleife gefahren, durch Kalifornien, in Arizona zum Montezuma Castle, Grand Canyon und zurück dann nach San Francisco. Weil ich schon einen Absturz hinter mir hatte, von dem Julia wusste, hat sie mich gefragt, ob ein Abstecher nach Las Vegas für mich tragbar sei. Sagte sie so, tragbar, in ihrer nüchternen Art. Sie würde es interessant finden, würde sie gern einmal sehen, vor allem die Leute, wer da spielt. Keine Sorge, sagte ich, ich sei davon wirklich ab. Außerdem wären wir doch zu zweit.

Das Seltsamste ist für mich gewesen, dass Latinos bei Anbruch der Nacht auf der langen Hauptstraße von Las Vegas, links und rechts die ganzen Hotels und Casinos, Hefte verteilen, umsonst, wie Kataloge, in denen Hunderte Inserate von Prostituierten sind, Massagesalons, Sado-Studios, von denen die meisten im Rinnstein landen, zerrissene Seiten, die Bilder zerknüllt. Als seien die Gäste nur alleinreisende Männer, Männergruppen … nein, vor den Slot Machines, die überall sind, in riesigen Sälen, sitzen viele Frauen, ältere Frauen, rauchend, Kette, weil es hier erlaubt ist, das puscht, das hält einen bei Laune. Und dauernd kommen Kellnerinnen vorbei, die einem Drinks bringen, die Aschenbecher leeren. Sonst ist Qualmen verboten, in Santa Monica selbst am Strand. Da kriegte man richtig Lust, sich eine anzustecken.

Wir hatten gesagt: jeder fünfzig Dollar, wenn die verspielt sind, gehen wir. Ich bin zuerst an die Automaten, über denen eine Leuchttafel die Höhe des Jackpots anzeigte, ein paar hunderttausend … im Nu waren zwanzig Dollar weg. Was bei mir aber nichts auslöste, nach Monaten der Abstinenz. Wie es in den Medien dargestellt wird, verhält es sich ja nicht, nicht beim Trinken und nicht beim Spielen. Man isst ein Mon Chéri, und schon säuft man weiter, man steckt einen Euro in die Maschine und drei Tage später Totalruin. Andererseits ist es aber auch nicht zu kontrollieren, bei keinem, den die Sucht einmal erwischt hat. Wie man es sich einredet, anstatt offen auszusprechen, dass es Dinge auf dieser schönen Welt gibt, die stärker sind als man selber. Immer stärker sein werden, weiß ich heute, auch wenn das Bedürfnis danach verschwunden ist. Als hätte es sich um eine Fata Morgana gehandelt.

Als ich mich nach Julia umgesehen habe, fand ich sie an einem der Roulettetische, der Platz neben ihr war noch frei. Sie hatte eine Hand über ihre Chips gelegt, als befürchte sie, jemand könne ihr sie wegnehmen. Ich fragte, wie's laufe, sie nickte nur, blickte auf den Tisch mit den Einsätzen auf den Feldern, dann zum Croupier, der soeben das Kügelchen in den Drehkessel geworfen hatte … irgendeine Zahl, gerade, schwarz, ein anderer Croupier schob mit seinem Rechen Chips zu Julia, sie hatte etwas gewonnen, die Farbe war richtig gewesen. In der nächsten Runde setzte ich auch, Julia platzierte mehrere Chips auf Zahlfeldern und einen auf Farbe. In den Schnittpunkt von Feldern, erhöht die Wahrscheinlichkeit, halbiert oder viertelt aber den Gewinn. Während mein Vorrat an Chips zur Neige ging, wuchs ihrer an, kleine Türme, die sie mit der linken Hand überdachte.

Weil ihre Einsätze nie hoch waren, gewann sie auch nicht viel, aber sie gewann. Als ich blank war, schob Julia mir ein paar von ihren Chips zu, damit ich weiter am Tisch bleiben konnte. Nach und nach wurde sie mutiger, setzte plötzlich zehn Dollar, verlor, setzte wieder zehn Dollar … und gewann neunzig. Also das, was wir an einer der Casinokassen eingewechselt hatten. Nächste Runde, machen Sie Ihr Spiel. Julia wartete mit ihrem Einsatz, bis die Kugel schon im Kessel war, als erhöhe sich dann die Wahrscheinlichkeit, mit einer Zahl, der Farbe, mit Gerade oder Ungerade richtigzuliegen. Was soll ich sagen? Schien zu wirken, bald hatte sie, überschlug ich, etwa dreihundert Dollar vor sich aufgestapelt. Ich dagegen kratzte an der Nullschwelle, noch ein Spiel, und sie müsste mir wieder etwas rüberschieben. Mein dahingeflüsterter Vorschlag, die Chips zu nehmen und einzulösen, fand kein Echo, sie starrte auf den Zahlenfilz und setzte. Gewinnt, verliert, gewinnt. Sei doch gut jetzt, sagte ich irgendwann, seien doch mindestens fünfhundert Dollar, die sie abgeräumt habe. Abrupt wandte sie mir den Kopf zu, wie plötzlich aufgewacht. Wo bin ich, was geht hier vor? Ist genug, sagte ich, nach einem Moment nickte sie, und wir zogen mit ihren Chips ab, um sie in Bargeld einzutauschen.

Fünfhundertdreißig Dollar minus hundert Dollar gleich vierhundertdreißig Mäuse cash, unsere Reisekasse freute sich. Die Geschichte beweist, dass ein Mon Chéri nicht ausreicht, ein guter Lauf am Tisch, an der Maschine, um einen sofort wieder in die Abhängigkeit zu treiben. Man hat an den Schalter gerührt, aber er ist nicht umgelegt worden. Zumal Roulette nicht meine Sache war. Wie ein Trinker, der nur in der höchsten Not auf ein Getränk umsteigt, das nicht erste oder zweite Wahl für ihn ist. Mundwasser.

Julia schien es, so kam's mir damals vor, unangenehm zu sein, dass sie so gepackt worden war von der Spielerei … die dunkle Seite eines jeden Menschen. Besser, man schließt sofort wieder die Tür, zieht den Vorhang zu. Ob das genug ist, um den Dämon auf immer zu bannen … ich habe da meine Zweifel. Weil er klug ist und sich anpasst, die Tür ist zu, aber es war schon zu spät. Echt spannend, sagte Julia leise, nachdem wir eine Zeitlang durch das Casino gelaufen waren, wie schnell man gewinnen kann, sie sah mich an, mit ein bisschen Glück ist man plötzlich reich. Fünfhundert Dollar wären ein Anfang, sagte ich und lächelte, sie lächelte auch.

Aber ist das der Grund, warum man spielt … reich zu werden? Vielleicht beim Lotto, Fernsehlotterie, Rente sofort. Sicher geht's um den Jackpot, die Summe, die versprochen wird auf diesen Anzeigen über den Slot

Machines, doch hört man auf, wenn's wie verrückt klingelt und bimmelt, weil man im richtigen Augenblick die Stopp-Taste gedrückt hat? Ab jetzt nimmt das Leben einen anderen Verlauf, alle Träume werden wahr. Muss man allerdings vorher geträumt haben. Hätt' ich doch nur das Geld, das mir fehlt zu meinem Glück, und seien es nur fünftausend Euro. Zehntausend. Als ginge es so einfach. Außer man besitzt gar nichts, das ist ein anderer Fall.

Mit Julias Gewinn haben wir uns ein gutes Hotelzimmer genommen und sind eine Nacht geblieben, erst am nächsten Tag weitergefahren in einen Nationalpark mit Urzeitbäumen. Ich erinnere mich, dass wir uns noch einmal darüber unterhalten haben, wie in den Casinos alles überwacht wird, Kameras, Security, Aufpasser, an den Craps-Tischen immer jemand, der nur die Hände der Croupiers beobachtet … wie uns aufgefallen ist, als wir dem Spiel, dieser Mischung aus Roulette und Würfeln, fasziniert zugeschaut haben. Misstrauen gegen Misstrauen als die Grundvoraussetzung, wer bescheißt hier eigentlich wen? Die Einzigen, die eine echte Chance haben, sind die Gedächtniskünstler beim Black Jack und Pokern, der Rest wird vom Casino erledigt. Bis die Kreditkarte nichts mehr hergibt. Trotzdem kann man's nicht lassen, dabei wird das Loch immer größer und verschlingt einen. Wer beten kann, würde ich vermuten, hat's besser.

Dienstag, elf Uhr. Das ganze Wochenende ging mir der Termin nicht aus dem Kopf. Ich war bei einem Spiel der Berlin-Liga gewesen, TuS Makkabi gegen Füchse, hatte schnell den Artikel geschrieben, das meiste schon auf der Tribüne, dann bin ich länger spazieren gegangen. In der Hasenheide, es weiß nur der Himmel, warum ich mit der U-Bahn in die Hasenheide gefahren bin.

Guram Kobiashvili, wer war das? Was wusste ich über ihn? So viel wie über die anderen Sponsoren in den unteren Ligen, die einen Verein unterstützten, und sei es mit einem Satz Trikots in der Kreisliga C. Haben Geld, keiner fragt, woher, Hauptsache, es fließt. Handgelder, die unter der Hand gezahlt werden, Kreditverträge mit den Clubs, die man sich besser nicht näher ansieht, obwohl … ich will nichts unterstellen. Dieser Mann, Kobiashvili, war wirklich bei der Sache, bei den Spielen ging er leidenschaftlich mit. Und von Fußball verstand er was, das war kein Scheich aus der Wüste. Auch kein Hasardeur, wie mir während des Gesprächs in dem Edelcafé aufging, in dem wir uns das erste Mal getroffen hatten.

Ein Ort, den ich ohne ihn nie von innen gesehen hätte. Halb Schischi, wie man bei uns zu Hause dazu sagt, halb Business-Treff, die Gäste aus Grunewald und Zehlendorf … wo der wahre Reichtum wohnt, der sich für nichts weniger interessiert als die Modekämpfe in anderen Stadtteilen, digitale Schlagzeilen. Man regt sich nicht künstlich auf, Steuern und Anlagemöglichkeiten ausgenommen. Damit kann man sie immer aus der Reserve locken, verständlicherweise. Falls man sie kennenlernt, sich aufgeschlossen zeigt für ihre Nöte und Sorgen und Optionen anbietet. Welten, die nebeneinander existieren, sich kaum berühren, was oft zu dem Trugschluss führt, die eigene Welt sei die einzige. Die man viel zu wichtig nimmt, vor allem dann, wenn man nichts auf der Tasche hat. Dass man glaubt, der Feind säße nebenan, so verpulvert man nur seine Energie.

Was, fragte ich mich vor dem Kiosk in der Hasenheide, einen Kaffee trinkend, hat ihn dazu gebracht, mit mir einen Termin in seinem Office auszumachen? Mit welcher Erwartung? Und warum hatte ich auf der Stelle zugesagt? Selber eine Uhrzeit vorgeschlagen, als ginge es nur noch um eine Formalität, unterschreiben wir den Vertrag um elf oder zwölf? Ich muss zugeben, dass ich ein wenig Angst vor der eigenen Courage hatte, als drohe eine Gefahr, da auf der Schaperstraße, die es mir unmöglich machen würde, nein zu sagen. Aber nein wozu? Und welche Gefahr? Wie im Büro unseres Direktors, nachdem er rausbekommen hatte, dass Krešimir und ich auf dem Schulhof ein gut laufendes Wettbüro unterhalten hatten, und Konsequenzen androhte. Das Thomas-Morus-Gymnasium sei keine Wettanstalt, unfassbar, spinnt ihr? Wir nickten, sehen wir ein, tut uns wahnsinnig leid. Tat's uns aber nicht, es standen sowieso nur noch die Halbfinals und das Endspiel aus. Italien dritter Platz, Siegtreffer von Schillaci.

Während ich durch die Hasenheide Richtung Tempelhofer Feld lief, sagte ich mir, dass ich nichts zu verlieren hätte, Kobiashvili hatte sicher kein erneutes Treffen vorgeschlagen, um Einfluss auf den Artikel zu nehmen, den ich über ihn und sein Engagement bei Grün-Weiß schreiben wollte. Vor der Veröffentlichung, so jemand war er nicht, das hatte ich gleich gespürt. Spüren und Wissen sind zweierlei, keine Frage, man kann sich täuschen, aber manchmal ist es richtig, einer Empfindung zu folgen, ohne auf Beweise zu warten. Wird schon schiefgehen und durch. Was auch immer einem angeboten oder vorgeschlagen wird. Es gibt Menschen, denen vertraut man, ohne zu zögern, man kann nur mutmaßen, wie das zustande kommt, eine Naturkraft. Die man zu akzeptieren hat, wir sind doch Instinktwesen ... wenn's um bestimmte Dinge geht.

Eigenschaften und Fähigkeiten, die einem verborgen geblieben sind, eines Tages kommt jemand und bringt sie zum Vorschein. Weckt eine Neugier auf Vorgänge, auf Transaktionen, von denen man nie gehört hatte. Oder nur am Rand, wie bei der Schuldenkrise damals, die Sache mit den amerikanischen Hauskrediten, die nicht gedeckt waren, waghalsige Börsengeschäfte. Im Radio kam einiges, für mich war das im Knast nicht nur Zeitvertreib. Fand's richtig spannend ... ohne es aber vertiefen, meine mageren Kenntnisse erweitern zu wollen. Mir ein Buch über Wirtschaft ausleihen, vielleicht hätte ich in der Bibliothek etwas gefunden. Aber Theorie und Praxis unterscheiden sich, erheblich sogar. Weil man für die Praxis Nerven braucht, nutzt einem das Lesen nicht viel. Oder was man theoretisch durchdrungen hat, sonst wären alle Wissenschaftler ja Millionäre.

Ich hatte Julia angelogen. Umso schlimmer für mich, ich wusste schließlich genau, dass sie meiner Geschichte glauben würde. Svenja habe einen Bänderriss, und ich würde Bernhard einige Tage zur Hand gehen, Erntezeit, Kartoffeln, oder was ich da erfunden hatte. Die Eltern zu alt, könne man ihnen nicht mehr zumuten. Ob es nicht Helfer gäbe, Maschinen, fragte sie nicht, ihr genügte meine Erklärung. Sie hätte höchstens sagen können, sie würde mitfahren, aber dafür sah ich keinen Grund ... mir wäre mit Sicherheit was eingefallen.

Als ich in Duisburg umgestiegen war und der Regionalzug über den Rhein fuhr, hatte ich keinen Blick für die Landschaft, wie sonst immer, ich dachte die ganze Zeit daran, wie ich Bernhard am besten verkaufen könnte, was mir vorschwebte, eine eigene Agentur. Dass ich schon einiges unternommen habe, Marktchancen erkundet, die Nische ausgemacht, in der für Van Gelderen Concerts eine Perspektive vorhanden sei. Mit Entwicklungsmöglichkeiten zum Mainstream hin, größere Hallen, Bands aus den USA. Musikrichtung ... irgendwas, Hip-Hop, Industrial, Slowcore, würde er nicht kennen.

Ich überzeugte mich selbst, dass alles plausibel klang, ganz so, als steckte ich mittendrin, bis Jahresende könnte das erste Konzert über die Bühne gegangen sein. Superconnections, die ich mitnehmen würde, Snowfoot wäre auch dabei, erinnerst du dich?, ich hatte mal von ihm erzählt. Der beste Techniker von Berlin.

Was für ein fauler Zauber, ich war gerade bei Falcon rausgeflogen, weil ich zu viel versemmelt hatte, keine Ausrede hatte mehr geholfen. Ein Anruf, ich wurde zu Willie durchgestellt, der es knapp hielt, good luck. Für die zehn Tage des Monats, die ich noch beschäftigt gewesen war, bekam ich sogar den Lohn, wirklich korrekt. Fast war ich erleichtert, eine Instanz, der ich nicht wenige Lügen aufgetischt hatte, fiel jetzt weg, darum müsste ich mich nicht länger kümmern. Freie Fahrt, ohne den

Druck durch den Job im Nacken, Termine, die einzuhalten waren. Eröffnete Raum gegenüber Julia, der anderen Instanz, ich war zur Arbeit und nicht an einem Automaten, Speed im Blut.

Den richtigen Moment abpassen, dachte ich an der Bushaltestelle in Viersen, um mit der Geschichte herauszurücken, das war die halbe Miete, Bernhard und ich allein im Büro. Niemand anderes bräuchte etwas von dem Darlehen zu erfahren, nicht die Eltern, nicht Svenja. Ein guter Plan, im nächsten Jahr würde ich mit der Rückzahlung beginnen, zwei-, dreimal ein Lauf, den Jackpot holen, und alles würde sich drehen. Die Vorstellung beruhigte mich, so wird es kommen, ich stieg in den Bus ein.

Die Strecke übers Land, eine halbe Stunde von Haltestelle zu Haltestelle, das letzte Stück bis zu unserem Hof ging man locker in zehn Minuten, gefiel mir wie eh und je, ich weiß noch, wie ich die ganze Zeit aus dem Fenster sah und mich fragte, warum ich weggegangen war. Als verbände mich mehr mit der Gegend als allein Ortsnamen und Kinderspiele, obwohl ich nicht hätte sagen können, was und warum. Am Meer oder im Gebirge ist es für mich auch okay, find's oft beeindruckend, die Berge und so weiter, aber der Gedanke, mich dort niederzulassen, ist mir, sagen wir, fremd. Jenseits von Geld oder Arbeit … weshalb man irgendwo hinzieht. Aber vielleicht war ich auch nur sentimental, in keinem guten Zustand, die letzten Wochen und Monate hatten mir einiges abverlangt, das Spielen, das Vertuschen, die Lines, die ich gezogen hatte … wenn man geschwächt ist, erfindet man Lösungen, die keine sind. Natürlich nicht.

Alle freuten sich, mich zu sehen, ich war einige Monate

nicht hier gewesen, über Weihnachten in Neu-Isenburg. Als Vorwand hatte ich mir ausgedacht, ich müsse nach Krefeld, wo es seit ein paar Jahren eine neue Mehrzweckhalle gab, die Falcon Concerts bespielen könnte, unter Umständen, man plane jetzt deutschlandweit. Britta hatte angefangen, Medizin zu studieren, in Bonn, wo ihr ein Platz zugewiesen worden war, so verstand ich das. Sie habe endlich auch einen festen Freund, allerdings studiere der, ein sehr netter Friedemann, in Berlin, Architektur.

Einen Tag wollte ich entspannen, am nächsten Tag nach Krefeld fahren, um mit den Betreibern der Halle zu reden, also, mit Svenjas Auto nach Krefeld fahren und durch die Stadt spazieren, zu verhandeln hatte ich ja nichts, und irgendwann, die Gelegenheit müsste sich zwanglos finden, Bernhard fragen, ob er mir Geld leihen könnte. Das heißt, ihm mein Projekt, meine Geschäftsidee, vorstellen und eine Summe vorschlagen … was ich bräuchte, neben eigenen Ersparnissen, einem Kredit bei der Volksbank, um mich selbständig zu machen … fünfzehntausend? Hatte er überhaupt so viel frei? Klar, der Betrieb florierte, der Hofladen, Bioläden im Umkreis, die sie belieferten. Alles realistisch, das wird keine große Sache sein.

Ich war früh aufgestanden, hatte mit Svenja und den Kindern gefrühstückt, angeboten, sie in die Schule zu fahren. Jubel bei Pascal und Antonia, die beide in Lobberich aufs Gymnasium gingen, zwölf und zehn, das waren zwei dicke Extrapunkte für den Onkel. Damit wolle man erst gar nicht anfangen, sagte aber Svenja, die fahren schön mit dem Bus, Antonias Grimasse daraufhin filmreif. Pascal tippte an seine Stirn, Svenja: So sieht's heute aus, schaff dir keine Kinder an. Pascal: Hätte ich an eurer Stelle früher drüber nachgedacht. Svenja: Kann noch werden.

Ich hatte mir vorgenommen, in den Tagen, die ich auf dem Hof sein würde, nichts zu nehmen, ein Gramm hatte ich als Notreserve dabei. Das allein zeigt schon, wie es um mich bestellt war, Angst vor dem Entzug. Obwohl das Wort für mich nicht existierte, ich war doch nicht abhängig, heute sehe ich das anders. Nervosität, die man mit Amphetaminen und Alkohol unterdrückt, psychologisch, bevor man es dann körperlich braucht, um das Zittern loszuwerden, Schmerzen zu betäuben, die Panik, jemand sei hinter einem her, Zivis, überall. Nein, dachte ich, du erholst dich mal, als genügte dafür ein verlängertes Wochenende. Quatsch, sicher, aber so seltsam es sich vielleicht anhören mag, war das Bedürfnis in der Zeit nicht da, weder zu spielen noch zu trinken oder sich etwas zu hacken. Darum sind Kurkliniken immer auf dem Land.

Zu tun gab es für mich nichts, obwohl ich's angeboten hatte, mit dem Auto was einkaufen, im Laden helfen … ne, lass gut sein. Also bin ich aufs Fahrrad und ein schönes Stück gefahren, an der Nette entlang, am Windmühlenbruch, bis ich plötzlich an der Königsburg war. Mit dem Festsaal voller Flitterstreifen, die von der Decke hingen. Jetzt ein Möbelgeschäft an einer Ausfallstraße, Umgehungsstraße oder wie das heißt. Hier war ich, ich überlegte, fast zwanzig Jahre nicht gewesen … wie alt bist du? Als unser Cousin seine Konditorlehre anfing, hatte er keine Zeit mehr … aufgesparte Chinakracher in Hauseingängen zünden. Wenig später ist auch Bernhard von der Schule und auf den Hof, ich war dreizehn oder so.

Wenn ich sagen würde, dass mich ein Schauder überfiel, wäre das zu hochgestochen, auch nicht treffend, man erschaudert vor einem Nachtgespenst, das man zu sehen glaubt, Hui Buh, aber trotzdem. Zwei Jahrzehnte, die weg waren, irgendwohin verschwunden und nicht wieder hervorzuholen. Es war nur ein Moment, ich habe darüber auch nicht weiter nachgedacht, mir etwa Vorwürfe gemacht, mein Leben zu vertun, das ist sowieso nicht meine Art, nie gewesen, und dennoch hatte ich das Gefühl, es fehle etwas, etwas sei nicht genug, ohne dass mir in den Sinn gekommen wäre, worum es sich dabei handeln könnte. Jemand, der mich beobachtet hätte, hätte sich wahrscheinlich gefragt, was stiert der da in der Gegend herum?, wie bestellt und nicht abgeholt … bis ich weiterfuhr, zurück nach Hause.

Als der Hof in der Ferne auftauchte, ein dunkler Klecks am Horizont, der langsam größer wurde, wie ein Quader, der vom Himmel gefallen war, an einer Seite drei Pappeln, die schon immer dort standen, kam es mir vor, als sähe ich alles zum ersten Mal, ein bisschen unwirklich, so ist das also hier, dachte ich, das grün gestrichene Tor, die Gebäude, das Land drum herum … als würde es nie anders sein können, vom ersten Tag an per omnia saecula saeculorum. Fiel mir tatsächlich ein, diese alte Wendung aus der Kirche, Hochamt, nun gehet hin in Frieden.

Wo der Abzweig von der Bundesstraße zur Einfahrt war, hatte man einen kleinen Parkplatz angelegt für die Kunden aus der Stadt, Svenja hatte mir beim Frühstück erzählt, dass selbst aus Krefeld oder Mönchengladbach welche kämen, um ihre Sachen zu kaufen, den Namen hätten sie als Markenzeichen eintragen lassen, in einem

Halbkreis »Van Gelderen« über einer Ansicht des Hofes, Bioqualität. Sah ganz ansprechend aus, nichts Besonderes, aber vielleicht zog gerade das, wer weiß. Mich ging's nichts an, so wenig wie Britta, wir hatten bei einem Notar unterschrieben, dass Bernhard jetzt der Besitzer war, Hofübertragungsvertrag, wo für uns auch eine spätere Abfindung drinstand. Ich hab's nicht durchgelesen, seitenweise Paragraphen, wird schon in Ordnung sein, dachte ich, wie sollte es sonst funktionieren?

Bin ich auch hingefahren, in Krefeld an den Stadtrand zu dieser neuen Mehrzweckhalle, ein abgerundeter Bau mit vier Etagen, silbrige Fassadenverkleidung. Davon konnte ich berichten, seid ihr jemals da gewesen? Sport, Holiday on Ice? Wäre zu einem guten Gespräch mit dem Generalmanager gekommen … über Mietkonditionen, welche Acts in der Halle schon aufgetreten seien, Einzugsbereich. Den er natürlich ausgedehnt habe, Besucher aus Holland, Ruhrgebiet und hoch bis Kleve. Was mir so einfiel, als ich abends gefragt wurde, wie es war.

Den Rest der Zeit habe ich mit Rumlaufen verbracht, die Fußgängerzone rauf und runter, in einem Café etwas gegessen, für Pascal und Antonia zwei Bausätze von Lego und Playmobil gekauft. Wenn ich sie schon nicht zur Schule fahren durfte, konnte Svenja wohl nichts dagegen haben.

Mit dem Geld war es einfach, bei Bernhard im Büro … ich muss dich mal was fragen. Einen Anflug von Scham habe ich weggeredet, ich frage mich, so ausgeklügelt ich ihm meine zukünftige Selbständigkeit ausmalte, warum ich es nicht wirklich versucht habe … irgendwas auf die Beine zu stellen. Immerhin war ich dazu fähig, wie bei einem Pitching ein sonniges Bild von meinen Plänen zu entwerfen, richtiggehend durchgerechnet. Und ohne vorherige Betäubung, das sei gesagt, ich war ganz überzeugt von meinem Phantasiegebilde. Das in dem Augenblick schon nicht mehr existierte, als Bernhard einwilligte, mir Geld zu leihen, aus steuerlichen Gründen mit zwei Prozent Zinsen, die ich nicht zu bezahlen bräuchte. Würde er mir auf mein Konto überweisen, fünfzehntausend Euro. Jetzt noch einen Kleinkredit von irgendwoher, und ich säße wieder fest im Sattel, ich musste mich zwingen, nicht sofort wieder zurückzufahren … den Schein wahren, auch gegenüber Julia.

Was ist ein Fonds? Eine Kapitalsammelstelle, die von der Hoffnung lebt, dass man hinterher mehr hat als vorher. Die wissen, was sie tun, investieren so geschickt und kenntnisreich, wie man's selber nicht könnte. Gut gestreut, um Gefahren zu verringern, ein Risiko-Mix. Zähl ich jetzt nicht alles auf, fallen die Preise für Kupfer und Zinn, steigen sie für Gesellschaften, die in Afrika Land kaufen. Auch so ein Ding, an dem wir nur geschnuppert haben, das war Koba und mir zu weit weg. Wie die Sache mit den CFA-Francs, von denen uns Fiala erzählt hatte. War nicht zu begreifen, wo bei festen Wechselkursen ein Plus zu machen wäre. Und dann noch Subsahara.

Der Markt bricht ein, der Markt erholt sich, das ist ein Naturgesetz. Zu dem ich keine Alternative sehe … eine neue Natur mit neuen Gesetzen, ohne Märkte, ohne Probleme. Wie früher in Russland, ist doch ziemlich in die Hose gegangen. Privater Handel, bei dem die Behörden beide Augen geschlossen hielten, wenn man sie kompensierte. Hätten auch Naturalien sein können, herrscht Mangel, so Kobas Worte, wird alles zu Geld. Und ist zu viel Geld da, weiß man oft nicht, wohin damit, es muss sich vermehren, sonst hat es keinen Sinn. Solange man nicht wieder in Talern bezahlt, beiß rein, ist echt.

Merkur-Invest, das waren wir zwei, und Baya und Silke für den Mailverkehr, Briefe, Termine, Anrufe. Herr van Gelderen weilt gerade nicht im Haus, nein, der auch nicht. Ihr Gehalt war übertariflich, da ließ Koba sich nicht lumpen. Silke hatte das Abitur nachgemacht und studierte in Potsdam Verwaltungswissenschaft, nebenher oder abends, habe ich bewundert. Baya war wie Elisso als Au-pair nach Berlin gekommen, über sie hatte sie Koba kennengelernt, eine sensationell schöne Frau, die auf einen eigenen Laden sparte, ungewöhnlicher Modeschmuck, den sie selbst zusammenlötete. Und immer solo, während Silke gelegentlich abgeholt wurde, jemand mit Motorrad unten auf der Straße. Ich glaube, dass Baya eins auf keinen Fall wollte, zurück nach Georgien, ihre Au-pair-Mutter hatte Jahre für sie gebürgt, bis sie eine längere Aufenthaltsbewilligung bekam, Ausbildung und fester Arbeitsplatz.

Die Frage, ob ich mich mit ihr einmal verabredet hätte, was machst du heute Abend?, morgen Abend?, sollen wir essen gehen?, warst du schon in der und der Ausstellung?, muss ich mit nein beantworten. Ich habe nie daran gedacht, was nicht heißt, dass ich Baya nicht gern angesehen hätte. Wir sitzen zusammen, sprechen über die Arbeit, sie reicht mir ein Blatt über den Tisch, und mir flasht es durchs Hirn: Irrsinn, wie schön jemand sein kann, ich meine, nicht hübsch oder besonders gut aussehend oder modelmäßig, sondern ... mir fällt nichts anderes ein, nur das, schön, ihre Haare, ihre Augen, das Gesicht, der Mund ... als hätte die Schöpfung beweisen wollen, zu was sie fähig ist, in der letzten Stunde am letzten Tag.

Und warum habe ich nicht daran gedacht, mich mit Baya zu verabreden? Von Kobiashvili war nichts gekommen, à la Dienst ist Dienst, das fangen wir erst gar nicht an hier, denn das wäre für mich verbindlich gewesen. Ich glaube, es sind zwei verschiedene Geschichten, in die eine Frau oder den einen Mann verliebt man sich, aus den merkwürdigsten Gründen, und in andere nicht. Das hat, meine Erfahrung, mit dem Aussehen nichts zu tun, sofern es sich um Liebe handelt, ganz klar, aber daneben gibt es eben Menschen wie Baya, deren Schönheit beinah schockierend ist ... und sie vom Rest von uns unterscheidet.

Seitdem ich entlassen worden bin, habe ich allein gelebt, da gibt es außer ein paar Barbegegnungen bis Mira nichts zu vermelden, auch nicht aus der Zeit bei Merkur. Mir war es immer recht so, ich hatte nicht den Wunsch, mit jemandem etwas anzufangen. Anfangen zu müssen, weil ich mein Leben als Problem betrachtet hätte, eine abzuhakende Mängelliste. Die Zeit mit Julia bedaure ich nicht, die Frage ist, ob sie es tut. Dass sie mit mir Jahre verplempert hätte und mit einem anderen Mann nicht. Ihre Dissertation hat sie beendet, magna cum laude, noch vor meinem Sturzflug, ich habe stundenlang die historischen Fußnoten überprüft, diese Archivangaben mit Zahlen und Schrägstrichen und Abkürzungen. Ich will mir nichts zuguteschreiben, aber ein Zeichen ist es doch. Ein Großprojekt, das sie abgeschlossen hat in unserer gemeinsamen Wohnung, Zeitrahmen eingehalten, nicht in Geldnot geraten. Nach der mündlichen Prüfung waren wir alle da, Claas, Franco, Richard, Annika, ich hatte eine Flasche Champagner besorgt, die wir gleich vor dem Büro ihres Professors geleert haben.

Bedauern ... eigentlich passt das Wort nicht, nicht für mich, mit Julia habe ich darüber nicht gesprochen, über die Jahre, die wir zusammen verbracht haben. Ob es jemals dazu kommt, bezweifle ich ... bereust du was? Machst du dir einen Vorwurf? Mir darfst du aus verständlichen Gründen vorwerfen, was du willst, ich weiß, wer die Geschichte versiebt hat. Bis zu dem Punkt, wo einer sagt, es geht nicht mehr, jetzt ist genug, unumkehrbar. So läuft das, nicht anders.

Der Einzige, von dem ich glaube, dass er bis an sein Lebensende mit derselben Frau verheiratet sein wird, ist Koba. Obwohl bei denen nicht gerade das Matriarchat herrscht, aber Elisso hatte Macht über ihn. Was sie sagte, wurde gemacht, nicht geschäftlich, jedoch im Haus, Erziehung, Kleidung, Einrichtung. Und er schien damit glücklich zu sein, keine Widerrede. Von jemandem von außen beurteilt, der öfter zu Gast war ... und den Elisso sogar ins Vertrauen gezogen hat. Was sie nicht hätte machen müssen, wir standen uns nicht ungebührlich nah ... in der Küche, ich trinke noch schnell einen Espresso, bevor ich mit den Unterlagen, die ich geholt hatte, wieder abziehe, als sie mich ansieht und unvermittelt fragt, ob Guram mir von seinem Bruder erzählt habe. Ich schüttelte den Kopf.

Elisso zögerte, drückte noch einmal auf den Schalter an der Maschine, der das Mahlwerk in Gang setzt, füllte den gemahlenen Kaffee in diese Halterung mit dem Griff … aber stellte die Maschine nicht an. Weil, sie verschränkte die Arme, vorgestern der Tag gewesen sei … habe ihn mitgenommen wie lange nicht. Was denn? Der Tag, an dem die Familie es erfahren hätte, sagte Elisso leise, ein Brief von der Armee.

Mir dämmerte etwas, aber ich konnte eins und eins nicht zusammenzählen. Wie auch? Ereignisse aus dem vorigen Jahrhundert, von einem anderen Kontinent. Und woher sollte ich wissen, dass Koba einen älteren Bruder gehabt hatte … er hatte nie von ihm gesprochen. Nie von Afghanistan, nie davon, dass sein Bruder nicht zurückgekommen ist. Ein Hinterhalt, sagte Elisso, aber das wurde verschwiegen, wo sie seine Einheit haben reinlaufen lassen, Kameraden hätten später ein paar Privatsachen von ihm nach Gori gebracht.

Ich schwieg. Elisso nickte, als wollte sie bestätigen, was sie gerade berichtet hatte. Behalt es für dich, sagte sie nach einiger Zeit, am besten, man lässt die Toten ruhen. Ich ging, fuhr zurück in die Stadt. Wenn es am besten ist, die Toten ruhen zu lassen, dachte ich, warum hat sie dann davon angefangen? Wie eine Ärztin, die einem Kollegen einen Befund mitteilt, bevor er den Patienten sehen wird. Kaum vorstellbar, Bernhard sei Soldat in einem Krieg und in Gefahr. Zu sterben. Für eine verlorene Sache auch noch, dem Staat, der dafür die Verantwortung trägt, kann man nur alles Schlechte wünschen, ob im Osten oder im Westen. Und denen, die daran verdient haben, wie an jedem Krieg verdient wird … der Bande muss man das

Geld wieder abnehmen. Das ist das wenigste, was man tun kann, denn Tote ins Leben zurückzuholen ist noch niemandem gelungen. Außer Jesus, der hat's bei sich selber geschafft.

Nachdem ich im Büro war und mit Koba über die Papiere sprach, die er zu Hause vergessen hatte, ich war auf dem Weg gewesen, als sein Anruf kam, suchte ich nach einer Veränderung bei ihm, in seinem Gesicht, seiner Miene, seinem Verhalten. Aber was hätte verändert sein sollen? In seine Seele konnte ich schwerlich blicken. Was da angerichtet worden war, Freund und Feind. Zu Freunden hält man um jeden Preis, Feinde verdienen keine Nachsicht. Das hatte er nie gesagt, aber ich nehme an, damit nicht falschzuliegen. War ich sein Freund? Nein, Freundschaft würde ich es nicht nennen, eher hatte er mich unter seine Fittiche genommen. War gut, das steht fest, ohne Einschränkung.

Erster Tag. Ich war pünktlich, unten an der Tür die polierten Firmenschilder und ein Kameraauge über der Klingelanlage. SoSa Finanzdienstleistungen, da musste ich hin, zweite Etage, vom vergitterten Aufzug aus nach links, in der Wohnung rechts war eine Anwaltspraxis, Dr. Kleef und Dr. Hilbinger, der viele Verträge für uns aufgesetzt und geprüft hat.

An der Tür empfing mich Baya, die ich noch nicht kannte, wahrscheinlich bin ich nur deswegen nicht umgefallen, weil sie an jenem Tag ihre Brille trug. Kobiashvili hatte schon einen Tisch für mich arrangiert, daneben ein elegantes Sideboard von USM, ein MacBook. Während wir uns bisher gesiezt hatten, natürlich, duzte er mich jetzt, von dem Handschlag an, mit dem er mich im Büro begrüßte. Und ich ihn, als gäbe es da nichts zu überlegen, auch nicht, ihn bald mit Koba anzureden wie einen Schulfreund.

Was war der Deal gewesen? Bei meinem ersten Besuch auf der Schaperstraße zwei oder drei Wochen zuvor hatte mich Kobiashvili gefragt, wie ich mir meine Zukunft beim »Fußball-Echo« vorstelle, demnächst Chefredakteur? Oder Pressesprecher bei Lichtenberg 47? Haben Sie ein Problem mit Lichtenberg? Gar nicht, sagte er, es sei nur eine Frage gewesen, Neugier. Keine Ahnung, sagte ich, was bieten Sie mir an?

Mitarbeit, sagte er nach einem Augenblick des Schweigens, mehr folgte nicht. Und ich fragte nicht, was darunter zu verstehen sei, bei was ich mitarbeiten sollte, ich hatte keinen Bewerbungsbogen ausgefüllt. Auch nicht im Netz nach Guram Kobiashvili geforscht oder danach, welche Finanzdienstleistungen SoSa anzubieten hätte, nachdem mir per SMS noch einmal mitgeteilt worden war, wo zu klingeln sei. Wie ich später herausfand, gab es im Internet weder zu ihm noch zu seinen Geschäften die kärglichste Information, Bewertungen oder Warnungen, im Handelsregister lediglich zwei Namen, Kobiashvili und Dolidze, die Einlagen getätigt hatten. Immer das Beste, wenn man unterm Radar bleibt, daran halten sich alle. Außer man leidet unter nagender Eitelkeit.

Zu verlieren hatte ich nichts, die paar Euro, die ich bei der Zeitung verdiente, waren kein Grund, sich etwas Neuem zu verweigern. Das »Echo« war nach dem Knast eine Sicherheit gewesen, ein Alltag, Abläufe, in denen ich mich zu Hause fühlen konnte. Was man nicht unterschätzen sollte, man hat zu tun, die Freiheit nach dem Knast ist dann keine Leere, in der gefährliche Ideen ein Plätzchen finden.

Also fing ich bei SoSa an, Marktbeobachtung. Kobiashvili interessierte sich damals für Mining, von Eisenerz in Australien bis Gold und Kupfer aus laotischen Bergwerken. Beteiligungen arrangieren, wer in der Verwaltung für was zuständig ist. Mehr Zuarbeit als Mitarbeit. Aber nie fiel ein böses Wort, wenn ich etwas noch nicht verstand, die ganzen Fachausdrücke. Ich besorgte mir Lexika und Lehrbücher, wo sie einem erklären, was mit Stock Split oder Pricing by Duplication gemeint ist. Was mich angetrieben hat? Ich glaube nicht, dass es das Geld war, obwohl schon erklecklich für meine Verhältnisse. Zu Beginn viertausend brutto im Monat, die ich als Consultant, so heißt das, selbständig versteuerte. Plötzlich im Besitz einer Kreditkarte, aber darauf hätte ich auch verzichten können, das war nicht mein Lebensziel. Das man verbissen ansteuert, Lichthupe auf der Überholspur … sag mal, Koba, um was geht's dir eigentlich?, Betonung auf dem dir, kann gut sein, dass er die Frage nicht verstanden hätte … warum sind wir auf der Welt?

Sein Motiv? Mich anzuheuern, bald mein Honorar zu erhöhen, um mich später in den Fonds, in Merkur-Invest, reinzuholen? Hätte ich darüber nachdenken sollen? Oder müssen? Habe ich nicht getan, mir schien es auf schwer erklärliche Weise natürlich zu sein. Natürlich im Sinne von: eins folgt aufs andere, wie beim Kind, die Entwicklung bis zur Geburt. Man spricht oft auch von Seelenverwandtschaft, allerdings, und das sagte ich bereits, weiß ich über Kobas Seele nichts, das sind alles nur Vermutungen. Sich in jemanden hineinversetzen, wer kann das? Ich meine, ins Innerste, nicht Beweggründe, die leicht zu verstehen sind. Wer lässt schon einen Hundert-Euro-Schein vor sich auf der Straße liegen oder springt freiwillig aus einem fahrenden Zug? Ich nicht.

Alles darüber hinaus fällt in den Bereich der Phantastik, vielleicht hätte Frau Leder, meine Therapeutin, eine schlüssige Theorie gehabt. In der Familiengeschichte etwas finden, das Erklärungswert besitzt. Ein frühes Trauma, unschöne Ereignisse, die den Rest des Lebens verschatten und einen leiden lassen. Nie denken sie andersherum, immer nur eine abschüssige Bahn, auf der man sich befindet, Ehe kaputt, süchtig, Schulden. Als könnte ein Trauma oder was auch immer nicht genau das Gegenteil bewirken, man wird positiv angeregt. Kümmert sich um Leute, anstatt sie zu verletzen. Auszubeuten. Sondern hilft ihnen beim Fortkommen, wenigstens einer oder einem. Aber was weiß ich, ich bin kein Psychologe, ich beobachte nur.

Direkt politisch oder nicht, dazwischen gibt es wenig. Wird mir immer deutlicher, je mehr ich mich mit Kunst beschäftige. Man nimmt sich ein aktuelles Ereignis vor, Vorfälle, die man aus der Zeitung kennt, aus Blogs, aus Magazinen, und macht etwas draus, eine Fotoserie mit Texten, die man dann genötigt ist zu lesen. Um zu verstehen, um was es geht, chinesische Wanderarbeiter, Flüchtlinge aus Bulgarien oder woher, denen schlimme Dinge widerfahren sind. Als sei das schon genug.

Klar bin ich jetzt ungerecht, will ich nicht abstreiten, aber meine Sache ist das nicht. Auch Malerei, dazu finde ich kein Verhältnis, Einzelfälle ausgenommen. Ein Kollege von Mira, der auch in Köln wohnt, baut Gemälde in seine Installationen ein, sein ehemaliger Professor aus Düsseldorf, mit dem ich bei der Ausstellungseröffnung gesprochen habe, hielt Blaine für einen der begabtesten Maler, die ihm je untergekommen seien. Aber alles wie beiläufig, kleine Formate, die meist ihn selber darstellen, mit so einer Art tatarischen Pelzmütze, die er tief in die Stirn gezogen hat.

Es war seine erste Einzelausstellung, in einer Galerie hinterm Rudolfplatz, wir hatten ihn besucht, als er beim Aufbau war. Blaine sei schottisch, sagte er, als ich ihn nach der Herkunft des Namens fragte, seine Mutter käme aus Schottland, mit Nachnamen hieß er Rodenberg. Ganz kurze Haare, fast eine Glatze, außerordentlich freundlich und zugewandt … was ja nicht alle sind, aber das ist ein anderes Thema. Mira hatte ihn in einer Gruppe kennengelernt, die sich KölnerZwang nannte, jüngere Künstler, die gemeinsam Projekte auf die Beine stellten, Räume anmieteten, wo sie zeitweise ihre Arbeiten präsentieren konnten. Bei den Mieten, die man sonst so zahlte.

An den Wänden der Galerie hingen einige Zeichnungen ohne Rahmen, einige Gemälde, dann gab es zwei Vitrinen, in denen von Blaine beschriftete Kunstkataloge lagen. In einer Ecke stand auf einem Teppich ein Schlagzeug, das zu der Performance gehörte, mit der die Vernissage begann. Die Musik ein Mitteldding aus Free Jazz und Punk, mit Blaine am Bass. Dann öffnete er die Vitrinen, riss einzelne Seiten aus den Katalogen und verschenkte sie an die Gäste. Das Prinzip des Potlatschs, hatte er uns bei unserem Besuch erklärt, gegen das Prinzip des Marktes, ein nicht lösbarer Widerspruch.

Mir gefiel das, Blaines Energie, ich hätte ihm sofort einen Vertrag angeboten. Das ist der Unterschied zwischen Malerei und Performance, Installationen, seriellen Arbeiten, dass man Bilder und große Prints auch einzeln verkaufen kann, wenn die Künstler nicht darauf bestehen, dass alles zusammengehört. Muss man in der Galerie einen Mix finden, um auf seinen Schnitt zu kommen. Für Videos sind Sammler zu finden, Museumskuratoren, die dafür vielleicht Geld übrig haben. Die Regeln des Systems. Ich hätte nie gedacht, dass mich Kunst, also Gegenwartskunst, so beschäftigen könnte … aber mit der Literatur, mit Gedichten, war es ja genauso. *In meinem Elternhaus hingen keine Gainsboroughs*, diese Schiene.

Was ich nicht habe, ist Nachholbedarf, zweiter Bildungsweg. Entweder spricht mich etwas an, oder es lässt mich kalt. Nicht ausgeschlossen, dass man ein bestimmtes Alter erreicht haben muss, bestimmte Erfahrungen gemacht haben muss, um sich nicht mehr um Formalien, um Vollständigkeit zu bemühen. Wie an der Universität, wo sie die entlegensten Theorien aus dem Rucksack zogen, um recht zu behalten. Ach, kennst du nicht, ja denn …

Mira hat in Leipzig und Münster studiert, vorher hatte sie noch eine Ausbildung gemacht, Computerdesign, etwas Technologisches. Da hat sie mir einiges voraus, wie wahrscheinlich den meisten von uns. Für mich faszinierend, ihr beim Schneiden eines ihrer Videos zuzugucken, sie vor großen Monitoren, auf denen man die Einstellungen sieht, die jetzt in irgendeine Reihenfolge zu bringen sind. Die farbige Tastatur des Schnittprogramms mit Buchstaben und eigenartigen Symbolen bedient Mira blind, ich meine, sie schaut da gar nicht hin, während sie Befehle eingibt, dagegen ich ... bis heute nicht gelernt, mit mehr als drei Fingern eine blöde Mail zu schreiben.

Bin ich auf dem richtigen Weg? Die Frage wäre mir bis vor einem Jahr nicht eingefallen, vor dem Abend und der Nacht mit Koba im Culaccino und dieser Bar am Ludwigkirchplatz. Ich glaube, wir haben zuerst weiter Wein getrunken und dann Shots. Sicher Wodka. Habe ich ihn nach seinem Bruder gefragt? Hat er mir geantwortet? Hätte er mir geantwortet? Geschichten, die wir bis an unser Lebensende allein mit uns herumtragen müssen, dabei hilft einem nichts.

Um noch einmal auf die Kunst zurückzukommen, bildende Kunst ... ich bin früher eher ins Museum gegangen, als dass ich nach der Schule, dem bisschen Studium, ein Buch gelesen hätte. Außer im Urlaub, sagen wir es so, oder wenn Julia mir eins empfohlen hat. Aber in Museen und Galerien sind wir nicht nur auf Reisen gewesen, Hamburger Bahnhof, Neue Nationalgalerie und oft in die Kunst-Werke. Ich glaube, wir haben keine Berlin Biennale ausgelassen, das war ein unausgesprochenes Muss. Erst mit Mira bin ich mal in der Gemäldegalerie gewesen, wo der Vermeer hängt, Altarbilder ohne Ende.

Was mich immer angesprochen hat, war die modernste Kunst, ich erinnere mich sofort an Objekte von Mike Kelley, die in ihrer Schäbigkeit ... als würde ich darin etwas wiedererkennen. Wahrscheinlich habe ich deswegen seinen Namen behalten. Dass er sich umgebracht hat, wie ich erst viel später erfahren habe, ist wirklich … dabei war er doch Katholik. Und sich umzubringen ist bei uns verboten. Erschöpfung, so erkläre ich mir das. Aber seine Arbeiten, wie man sie in Katalogen sehen kann, ich habe mir jetzt welche besorgt, sind unsterblich, wie Rembrandt oder van Gogh.

Ich kann die Klassiker bewundern, die Reynolds und Velázquez in der Gemäldegalerie, doch irgendwie lassen sie mich auch kalt. Lösen nichts aus. Als sei ich zu weit von ihnen entfernt, um emotional berührt zu werden. Wie von Videos, Shirin Neshat fällt mir ein, die für Mira eine Ikone ist. Die nächste Shirin Neshat zu entdecken müsste für einen Galeristen ein Ziel sein. Oder die nächste Nan Goldin. Ich weiß schon, dass das vermessen klingt, wenn's ein Anfänger in dem Gewerbe sagt, aber drunter sollte man erst gar nicht anfangen … bis das Geld weg ist.

Bei fünfzigtausend oder so kommt der Margin Call, dann wird 's Konto geschlossen. Zu verschmerzen, ich muss hinterher in keine Suppenküche gehen. Ist es mir wert, vier bis fünf Ausstellungen lassen sich damit stemmen. Als wir in London waren, habe ich mit den Leuten von der FlashPoint Gallery vor ihrem Umzug gesprochen, ob sie Kooperationen machen … because I am toying with the idea … video artists from the UK and Germany. Mit Mira als Partnerin oder Beraterin würde ich ja nicht zu einem Kopfsprung in einen leeren Pool ansetzen. Genickbruch und Krematorium. Zu einem Draufgänger fehlt mir die Anlage, wie oft ich mir das Gegenteil auch gewünscht haben mag. Obwohl ... was war das denn mit Kobiashvili? Und unserem Fonds? Va banque, seien wir ehrlich. Mal geht es sich aus, mal klebt einem das Pech an den Fersen.

Mit Mira verhielt es sich so, dass ich sie bei meinem dritten Besuch in Köln angerufen habe ... ob sie sich an mich erinnere, die Premierenfeier von Krešimirs Oper. Wir haben uns dann in Ehrenfeld zum Frühstück in einem Café getroffen, das »Sehnsucht« hieß, aber bitte, warum auch nicht? Ihre Frisur, die kurzen Haare, Bubischnitt?, ließen mich an die Hauptdarstellerin von »Außer Atem« denken, nur war Mira nicht blond. Erfurt, Leipzig, Lyon, Münster, Köln ... nein, sie wollte aus Leipzig weg, deshalb nicht die Meisterschülerklasse besucht. It's a man's world, sagte sie, wie haben mich die Typen genervt.

Warum bist du in Köln? Sie grinste ... wegen einem Typen. Und warum bist du geblieben? Wer weiß, wie lange ich noch bleibe. Ich fragte sie nach ihrer Arbeit, ihren Videos, was ich mir vorzustellen hätte. Menschen, sagte Mira, eine Sprache, die hinter der Sprache läge und oft etwas anderes ausdrücke, als in Worten gesagt würde. Blicke und Gesten, in denen man allein die Wahrheit entdecke, eine Wahrheit, die körperlich sei, nicht zu leugnen. Während beim Reden jede und jeder immer etwas vortäusche, selbst wenn man versuche, aufrichtig zu sein. Wie wir jetzt? Vielleicht.

Im Augenblick, antwortete ich auf ihre Frage, wäre ich in einem ... einem Sabbatical, ich schaue mich um. Und vorher? Soll ich dir mein Leben erzählen? Erzählt man sich das nicht immer als Erstes? Finanzberatung, sagte ich, aber damit hätte ich abgeschlossen. Wäre nicht mehr meine Welt gewesen, Sitzungen und das. Bei einer Bank? Ich schüttelte den Kopf, mehr auf einer individuellen Basis. Individuell? Wir haben Leute beraten, wo es sich lohnen könnte, Überschüsse zu investieren. War das interessant? Ja.

Als ich sagte, dass ich gern eines ihrer Videos sehen würde, meinte Mira nach einigem Zieren … schwierig, muss man mal gucken … was ist jetzt schwierig? … dass im K20 in Düsseldorf gerade eine Ausstellung laufe, in der sie vertreten sei, neue Kunst aus Nordrhein-Westfalen. Fahren wir dahin? Heute? Gestern bestimmt nicht.

Fünfzig Minuten mit der S-Bahn, die Ausstellung, Miras Video, eine Barszene mit einem Mann und einer Frau in einem Neonröhrensetting, danach sind wir am Rhein spazieren gegangen. Viel geredet haben wir nicht, manchmal muss man nicht viel reden. Darf ich dich anrufen, wenn ich wieder in Köln bin? Wehe nicht.

Mit fünfzehntausend Euro kommt man nicht weit. Zwei Onlinekredite schmelzen auch dahin wie Schnee in der Sonne. Schon liegt man mit dreißig- oder vierzigtausend im Minus … Gewinne, die es auch gibt, fallen demgegenüber nicht weiter ins Gewicht. Kassensturz in einem lichten Moment: Zwei Monate schaffst du das noch, neben dem schwindenden Geld die Lügerei, die einen viel, sehr viel Energie kostet, täglich die Drogenbriefchen außerhalb der Wohnung verstecken, am besten in dem alten Küchenschrank, der in unserem Kellerverschlag auf der Leberstraße stand, darauf achten, dass keine Alkoholfahne zu riechen ist … Fisherman's Friends Eucalyptus.

Ich erinnere mich nicht, ob ich Julias Sparbuch, dessen Kennwort hochkonspirativ ihr Geburtsdatum war, da bereits an mich genommen hatte oder erst später, als ich ein paar Sachen zusammenpackte, Auszug kann man das nicht nennen. Plötzlich taucht sie neben mir am Automaten auf, sie war mir gefolgt bis in die Spielothek hinein. Einen Tag vorher hatte sie durch einen zufälligen Anruf bei Falcon Concerts von meinem Rausschmiss erfahren und war mir nachgegangen wie eine Privatdetektivin. Morgens, Julia verabschiedet sich, um angeblich ins Institut für zeitgeschichtliche Forschung zu fahren, wo sie eine Teilzeitstelle hatte, wartet aber hinter parkenden Autos, bis ich wenig später das Haus verlasse. Und auf die Hauptstraße vorlaufe, um mich warmzuspielen, bevor ich, sagen wir, ins Steigenberger wechsele. Alles unter Kontrolle.

Ich war nüchtern genug, schließlich erst zehn Uhr, um mich miserabel zu fühlen, zugleich wusste ich, dass keine Ausrede mehr möglich war, kein Versprechen, das man so schnell abgibt, wie man es bricht, noch etwas retten könnte. Julia sagte kein Wort, kein Vorwurf, der ihr über die Lippen gekommen wäre, ihr Gesichtsausdruck … Trauer, nicht Verzweiflung oder Wut oder Entsetzen, wir bringen das jetzt hinter uns, ich stehe das durch, ich werde das überstehen, was mit dir ist … das musst du allein ausmachen, ab jetzt ohne mich.

Nachdem sie den Spielsalon verlassen hatte, bin ich in die Wohnung zurückgegangen, hab ein paar Kleidungsstücke in eine Reisetasche gesteckt und dann den Schlüssel unten in den Briefkasten geworfen.

Wohin? Jemanden anrufen? Aber wen, ich hatte keine Freunde, die man um Unterkunft hätte bitten können, Snowfoot? Ob er etwas wisse, für einige Tage … Toby? Den hatte ich seit Jahren nicht gesehen, wahrscheinlich war die Nummer auch nicht mehr aktuell. Länger habe ich über dieses Problem aber nicht nachgedacht, mit der Reisetasche über der Schulter bin ich in den Automatensaal der Spielbank am Los-Angeles-Platz gefahren, vorher hab ich mir an einem Kiosk noch zwei Fläschchen Weinbrand gekauft. Die erste Line auf der Toilette und los, this will be the day.

War es nicht, am späten Nachmittag, ohne etwas gegessen zu haben, ging ich raus … weil, man spürt das ja irgendwann … ich fand keine Verbindung zu dem Gerät, an dem ich zwei, drei, vier Stunden gespielt hatte, auch zu keinem der anderen, an denen ich es versuchte, als verweigerten sie sich mir, verweigerten jede Kontaktaufnahme. Ich war, dank Bruder Alkohol und Mama Speed, aufgedreht genug, hatte auch nicht so viel verloren, um mich schlecht zu fühlen, ich müsste, dachte ich, den Stadtteil wechseln, dahin, wo es quasi jungfräulich für mich ist, völlig neues Territorium, neue Automaten. Ich fuhr zum Hermannplatz, Neukölln war mir als Erstes eingefallen, kannte ich gar nicht.

An der Ecke zur Karl-Marx-Straße, vielleicht auch Sonnenallee, sah ich an einer Fassade das Logo einer Hotelkette, der Namen fällt mir gerade nicht ein, mit einer Krone über dem Schriftzug … was ich als Gotteszeichen empfand, diese stilisierte Krone wie auf der Anzeige einer

Slot Machine. Nahm ich mir sofort ein Zimmer, warf mich aufs Bett … und schlief ein. Als ich wach wurde, war es draußen schon dunkel, ich war zittrig, zog eine Line, brauchte etwas zu trinken. Die Minibar aber leer, ein Zettel im oberen Fach, dass es im Foyer einen Getränkeautomaten gebe, *die Rezeption hilft Ihnen gerne weiter*.

In dem Hotel bin ich zwei Tage geblieben, dann wurde es mir zu teuer, obwohl es jetzt nicht das Hilton war. Gespielt habe ich kaum, mal fünfzig Euro hier, mal zwanzig Euro da. Als sei der Bezirk nicht meine Welt, ich fühlte mich nicht heimisch. Weiß nicht, woran das gelegen hat, bestimmt nicht daran, dass in den Spielhallen keine Slot Machines standen, sondern nur die modernen vollelektronischen Apparate. Oder schon alles digital, Pokern gegen einen Algorithmus. Ich bin die meiste Zeit rumgestreunt, hab mir die Gegend angesehen, vom alten Flughafengelände bis zum Landwehrkanal, zwischendurch immer in ein Café, um mir eine kleine Line zu genehmigen. Bald müsste Nachschub her, dachte ich, ich kannte einen Straßendealer am Weinbergspark, auf den Verlass war. Zurück nach Mitte, was?

Als ich in der Brunnenstraße aus der U-Bahn stieg, kam mir die Wohnungsfrage wieder zu Bewusstsein. Es war März, noch viel zu kalt, um die Nächte unter freiem Himmel zu verbringen, allein die Vorstellung. Auf dem Weg zum Park, das sind so unerklärliche Eingebungen, fiel mir Lollo ein, Lol-lo, Lol-lo, zwei sinnlose Silben, die ich wie ein Hirnamputierter vor mich hin flüsterte, bis ich wieder wusste, wer sich dahinter verbarg, ein Bekannter von Dermot, der von sich selbst sagte, also dieser Lollo, er sei der eleganteste Penner der Stadt. Lief gern im Smoking mit Rüschenhemd und Cowboystiefeln rum, nachts, kannte jeden Türsteher, jede Türsteherin, beruflich Vermittler von Dingen, die bei ihm günstiger zu haben waren als in den Luxusboutiquen am Ku'damm … mit Echtheitsgarantie. Und Lollo hatte eine Wohnung, die er untervermietete, solange und sofern er bei einer Freundin wohnte, Kündigungsfrist zwölf Stunden.

Das war mein Glück, obwohl Glück … würde ich heute nicht mehr sagen. Was für ein Glück soll es sein, irgendwo eine Bleibe zu haben, eine Matratze, um dabei immer weiter abzurutschen. Aber Lollo, den ich über Dermot schnell erreichte, erklärte sich sofort einverstanden, mir seine Butze auf der Belziger Straße in Schöneberg zu überlassen, schien froh zu sein, dass sich jemand meldete, Schlüsselübergabe unten vor dem Weekend Club, Miete fünfhundert … ich verhandelte nicht.

Was wäre sonst gewesen? Wieder in ein Hotel, eine Billigpension für Montagearbeiter? Als letzten Ausweg hätte ich zurückkehren können, vor Bernhard und Svenja ein Geständnis ablegen können, in eine Klinik gehen. Und dann? Bei der Stadtverwaltung in Lobberich anfangen? Brav meine Schulden zurückzahlen, bis ich unbeschwert von den Gefahren und Bedrängnissen der Großstadt ein liebes Weiblein freien würde … und wenn sie nicht gestorben sind, dann leben sie noch heute.

Ich glaube, manchmal muss man bis ans Ende kommen, an den Nullpunkt. Was ich nicht als Empfehlung verstanden wissen will, womöglich noch als Lebensweisheit. Mit Nullpunkt meine ich den Augenblick, wenn man ganz nackt vor sich selber steht, guck dich an, der Spiegel ist daran nicht schuld. Halt es aus und höre auf,

Entschuldigungen zu stammeln. Nichts ist verlogener, als sich im eigenen Fall mildernde Umstände zu erteilen, um die Erkenntnis abzuwehren, dass kein anderer die Verantwortung trägt. Keine Gesellschaft, keine Versuchungen. Mit welchen Idioten, welchen Gierhälsen man es auch zu tun bekommt.

Walter Sabert-Kress wohnte auf einem Bauernhof am Tegernsee. Einem ehemaligen Bauernhof, den die Erben nicht mehr bewirtschaftet hatten. Oder bewirtschaften wollten, also verkauft. Ich schätze, dass in den neunziger Jahren ein Anwesen dieser Größe, Wohnhaus mit Holzbalkons und Wirtschaftsgebäuden, noch erschwinglich war, heute würde der Preis in die Millionen gehen. Sehr gepflegt alles, sehr renoviert, die ideale Kulisse für eine Homestory in der einschlägigen Presse.

Wir waren von Berlin mit dem Auto gekommen, hatten uns abgewechselt am Steuer. Aus den Lautsprechern von Kobas Jaguar-Limousine tönte Andrew Lloyd Webber von Schmargendorf bis Bad Wiessee. Wozu ich mir jeden Kommentar gespart habe, es gibt Schlimmeres. Die Landschaft ab München bezauberte uns beide, die hohen Berge, auf die wir zufuhren, die Wiesen, das Grün der Bäume. Wie in Georgien, sagte Kobiashvili, das werde ich dir noch zeigen. Hat er auch, Panoramen von verrückter Schönheit.

Sabert-Kress trug eine wollene Hausjacke, als er uns an der Tür begrüßte, frisch rasiert war er nicht. Entspannt, dachte ich, auf seinem Altersruhesitz … schön, dass Sie den Weg hierher gefunden haben. Ja, sagte Koba, wir freuen uns. Sabert-Kress bat uns in einen Raum, den ich als größere Bauernstube bezeichnen würde, diese typischen Stühle, ein antiker Geschirrschrank, Kruzifix mit getrockneten Blumen an der holzfurnierten Wand. Kaffee? Aber gern.

Dass sein Anwesen herrlich sei, sagte ich, nachdem er uns zu einer aufgearbeiteten Sitzecke geführt hatte, Tassen und Teller standen schon bereit, dazu ein Napfkuchen. Ein Traum, beneidenswert. Wäre viel Arbeit gewesen, Sabert-Kress winkte ab, Jahre. Seine Frau, meine Frau Martina, kam mit einer Thermoskanne und zog sich wieder zurück. Ein bisschen Geplänkel noch, unsere Anfahrt, die nahen Alpen, das erfreuliche Gespräch mit Doktor Schreiner von Modesty Blaise, bis wir beim Thema waren, unser Fonds, seine Moderation.

Es stellte sich rasch heraus, dass Sabert-Kress selbst sein Geld konservativ angelegt hatte, ein, zwei Mietshäuser, Blue Chips, festverzinslich, bombenfest, und mit neueren Entwicklungen nicht vertraut war. Damals, sagte er, da war ich auch nicht dabei, das war mir alles zu windig. Er habe Kollegen gehabt, die viel verloren hätten, als jeder in Computer investierte, diese Internet-Geschichten, ob wir uns erinnerten? Der Neue Markt, tausend Prozent in einem Jahr und dann ab in die Versenkung. Ich hatte kaum etwas mitbekommen von alldem, wann war das, Anfang des Jahrtausends? Gerade nach Berlin gezogen, interessierte mich nichts weniger als Aktienkauf am Telefon.

Ein guter Anlass aber, Steilvorlage sozusagen, den Begriff Verantwortung ins Spiel zu bringen, von wirtschaftlicher Vernunft anzufangen und der Fürsorge, die man für Anleger zu hegen habe. Ein ausgewogenes Verhältnis zu finden zwischen dem absolut legitimen Wunsch, auf der sicheren Seite zu sein, und dem ebenso legitimen Wunsch, sein Vermögen zu vermehren. Was, Herr Sabert-Kress, das wissen Sie selbst, in der heutigen Zeit, Krisenzeit, sich zunehmend schwieriger gestalte, allein auf weiter Flur. Sagte ich, auf weiter Flur …

Worum also handelte es sich? Gleichgesinnte zu finden, auf die man sich verlassen kann. Natürlich wussten wir nicht, ob sein Manager, ob Doktor Schreiner, ihn schon ins Bild gesetzt hatte, aber war das von Belang? Sollten Fragen gestellt werden, würden Koba und ich sie beantworten, Sabert-Kress gibt einen Überblick, was Merkur-Invest auszeichnet, wo wir uns engagieren und dass er persönlich von dem Konzept, ja, ich sag's offen, begeistert ist. Ganz locker dabei, wie man ihn aus dem Fernsehen kennt, niemand verliert, alle gehen glücklich nach Hause, bis morgen Abend.

Wir hätten es, sagte Kobiashvili, bei unseren Gästen, Kunden sagte er nicht, mit absoluten High Performern zu tun, Elite, weshalb wir, er hob einladend seine Hand, sofort an ihn gedacht hätten für eine Zusammenarbeit, eine Ebene. Seine Worte schienen Eindruck zu machen, Sabert-Kress nickte kaum merklich, der beliebteste Showmaster der neunziger Jahre … auch in den ersten Nullerjahren noch, und dann die Anfrage für eine große Sendung am Samstagabend … aber Neider hinter jedem Vorhang. Für uns, Koba legte die beiden Zeigefinger aneinander, wäre das, auch für Sie, glaube ich, ein perfektes Match.

Würde sich noch rausstellen müssen, dachte ich, während ich Sabert-Kress betrachtete, unrasiert in dieser

Wolljacke, Hausjacke. Ohne Werbevertrag und im Fernsehen nichts in Sicht. Seine Zeit war abgelaufen, mochte er für die Älteren auch noch ein vertrautes Gesicht sein. Aber gut, darum ging's uns ja, Merkur-Invest, keine Karriereberatung. Und sicher war er professionell genug, einen Text mit demselben Charme rüberzubringen, den man früher an ihm gelobt hatte. Jeden Unfug, den die Kandidatinnen und Kandidaten seiner Show von sich gaben, mit einer launigen Bemerkung auffangend, nie eine spöttische Nachfrage. Auf welcher Schule warst du denn, mein Schatz?

Immerhin hatte er seine Schäfchen im Trockenen, mehr zu verlangen ist menschlich, aber nicht besonders realistisch. Auf der Straße erkannt zu werden, ein Autogramm bitte, Applaus. Schauspieler, die es nicht lassen können, geliftet bis zum Gehtnichtmehr. Das Privatfernsehen muss für Sabert-Kress die Rettung gewesen sein, nachdem er über Nebenrollen nie hinausgekommen war. Schauspielstudium in Stuttgart, Landestheater Tübingen, danach Leiche im »Tatort«. Aber wer bin ich, Urteile zu fällen? Ein schöner Bauernhof am Tegernsee ist nicht zu verachten.

Wie wir verbleiben wollten, fragte er und schnitt den Napfkuchen an, Sie auch ein Stück? Ich nickte, Koba reichte ihm unsere Teller über den Tisch … also, der konkrete Ablauf, wie er sich das vorzustellen habe. Schilderte ich ihm, wen wir einladen würden, schönes Essen, Präsentation unseres Fonds, nachdem ich oder Kobiashvili, Herr Kobiashvili, einige grundlegende Worte zum augenblicklichen Anlageklima geäußert hätten. Sehen Sie, Herr Sabert-Kress, das ist keine Verkaufsveranstaltung, sondern man lernt sich kennen, erweitert seinen Gesichtskreis. Ganz entspannt alles, nützliche Informationen, die wir teilen wollten.

Er, hätten wir angedacht, würde ein wenig moderieren, das Spezielle von Merkur-Invest erläutern, wozu die eine oder andere Graphik vorbereitet wäre. Eine Viertelstunde, zwanzig Minuten, wer könnte das besser als Sie? Beinah hätte ich Legende gesagt, nur dass er keine war, sowieso vorbei. Als sei unser Erinnerungsvermögen kleiner als früher, man weiß noch, dass jemand bekannt war, wofür und wodurch jedoch nicht mehr. Und das geht immer schneller, merke ich an mir selber. Vielleicht war das letzte Glas, war das letzte Gramm das berühmte Zuviel … schauen Sie hier, diese ganze Gehirnregion.

Auf dem Weg zurück haben wir uns einige Hotels angesehen, in Oberschwaben und im Badischen, viel Mittelstand, da würden wir starten. Mit Kobas Limousine war es ein Vergnügen, lange Strecken zu fahren … wie das Klischee es will: Der Motor summte nur so dahin, noch nie derartig bequem in einem Auto gesessen. Und ich wählte jetzt die Musik aus, Madonna ging für uns beide in Ordnung … *So bye-bye, Miss American Pie / Drove my Chevy to the levee / But the levee was dry* … und, fragte Koba bald nach unserem Aufbruch, sind wir zufrieden? Warum nicht?, sagte ich, der Walter wird das schon hinkriegen, ein bisschen Text, ein bisschen Rampenlicht … glaube ich auch, unterbrach mich Kobiashvili, sonst kriegt er was hintendrauf. Ich musste lachen.

———

Kurz vor dem Ende, vor den Überfällen, bin ich doch in einer Kirche gewesen, Akazien- Ecke Grunewaldstraße, nicht weit Lollos Wohnung, die fast leer war, in dem Zimmer eine Matratze, in der Küche Herd und Kühlschrank, ein Tisch mit einem zu niedrigen Ikeasessel, im Klo eine Dusche, dazu in einer Zimmerecke zwei verschlossene Metallkoffer, solche silbrigen Dinger, wie sie Künstler immer haben. Ob er selber hier je gewohnt hatte? Mehr ein Unterschlupf als alles andere.

Ich hatte kaum noch Geld, vielleicht hundert Euro, eine halbvolle Flasche Jim Beam, ein unangebrochenes Briefchen mit Amphetaminen. Als ich an jenem Morgen, geschlafen habe ich fast gar nicht mehr, an der Kirche vorbeikam, bin ich rein, aus irgendeinem Impuls heraus. Außer mir war niemand da, ich setzte mich in die letzte Bankreihe, legte die Plastiktüte mit der Flasche neben mich. Wie sollte es weitergehen? Ob ich mir die Frage so gestellt habe, so unumwunden, denke ich nicht, aber mein Gefühl war, ein dumpfes Gefühl, dass ich in etwas drinsteckte, das meine Kräfte überstieg … allein mit mir selber. Den Mut, mich jemandem anzuvertrauen, brachte ich nicht auf.

Nicht damals, schließlich war ich immer auf die Füße gefallen, war doch so?, die erste Wohnung problemlos über Toby bekommen, ohne große Suche einen Job ergattert, noch jeden Absturz halbwegs glimpflich überlebt. Und nie am Telefon gehangen, um mich vielleicht weniger einsam zu fühlen. Diese Leute mit ihren Terminkalendern und seitenlangen Listen von Freunden und Bekannten und Kontakten. Wen braucht man? Normalerweise, meine ich, nicht in einer Extremsituation, bis zum Hals im Sumpf. Und wer würde einem helfen? Als ließe sich die Gleichgültigkeit der Welt überwinden, daran glaubte ich nicht.

Ich zog die Tüte ein wenig herunter, schraubte die Flasche Jim Beam auf und beugte mich zur Seite, um ein Schlückchen zu nehmen. Wie gut das tat. Und Gott würde mir verzeihen, Jesus Christus bestimmt. Der Vater, der Sohn und der Heilige Geist. Wie es war am Anfang, so auch jetzt und allezeit bis in Ewigkeit. Wo die Toten sind, die Toten und die Heiligen. Wer war noch mal mein Schutzpatron? Bruno, der Kartäuser, richtig, Namenstag am 6. Oktober, da bekam man ein kleines Geschenk. Tante Waltraud, die eine Schwester unseres Vaters war, kannte sich aus ... wer für einen zuständig ist. Mit direktem Draht nach oben, ohne jeden Umweg, der Herr würde seinem Diener Bruno ein Ohr leihen.

Was hätte ich anzubieten? Quid pro quo, so geht die Regel. Und nicht nur beim Beichten, wenn ein Kreuzweg, den man als Buße runterzubeten hat, mittelschwere Sünden auslöscht, die Weste ist wieder weiß. Im Kommunionsunterricht gelernt, die Güte des Herrn, der sich offen zeigt für Gelübde, die den guten Willen des Frevlers bekunden. Ja, ich habe vieles falsch gemacht, aber ich werde es von Stund' an nicht mehr tun, dafür ... jetzt muss das Angebot erfolgen. Was man sich als Verpflichtung auferlegt, um aus der Scheiße rauszukommen, Krankheit und Not.

So weit war ich nicht, ich konnte nicht um Hilfe bitten. Ob ich's heute könnte, weiß ich nicht, ich trank einen zweiten Schluck, und schon ging's besser. Niemand hat nur Pech, heiliger Bruno, du bist dran. Sollte ich heute gewinnen, nichts sprach dagegen, wäre Schluss, ich würde aufhören, mit allem. Diesen Tag bräuchte ich aber noch, nur diesen einen Tag. Ich holte das Briefchen aus meiner Jackentasche und präparierte mir eine Line auf der Ablage für die Gebetbücher. Nach und nach kam ich wieder hoch, meine Stimmung erholte sich. Ich würde in die Spielothek auf der Brunnenstraße fahren, wo ich lange nicht gewesen war, eine glänzende Idee. Ein letzter Schluck und auf, ab morgen fängt das neue Leben an, so oder so, ganz sicher.

Zum ersten Mal besaß ich etwas. Auf einen Schlag das Geld auf den Tisch gelegt, und schon stand mein Name im Grundbuch. Warum? Weil ich ein Bedürfnis nach Sicherheit hatte? Das die eigene Wohnung befriedigen würde? Wenigstens keine Vermieter mehr, von denen man abhängig ist, sagte ich mir, und verkaufen kann man immer, die Preise für Immobilien fallen nie. Seit Jahrzehnten nicht.

Bevor ich einen Makler beauftragte, bin ich wochenlang rumgelaufen, Charlottenburg, Wilmersdorf, Prenzlauer Berg, Friedrichshain, Schöneberg, Pankow, um eine Ecke zu finden, die mich sofort anspricht, ohne mir schon Gedanken über den Kaufpreis zu machen. Am Lietzensee teurer als am Boxhagener Platz, aber das käme später. Ich war in Wohnungen immer reingerutscht, gesucht hatte ich nur mit Julia. Ruhig sollte es sein, unaufgeregt, am besten auch kein Altbau. Ich fand, dass ein Altbau nicht zu mir passte, und zwei Zimmer reichten völlig aus. Ich hatte nicht vor, große Partys zu veranstalten oder Gäste beeindrucken zu wollen. Oder vor Bernhard und Svenja, die mich mit den Kindern besucht haben, als sie ein paar Tage in Berlin waren, anzugeben mit Besitz und Erfolg. Nun hat er es doch noch geschafft, man darf die Hoffnung nie aufgeben. Abgesehen davon, dass ich in den Jahren mit Koba, mit unserem Fonds, nicht Millionär geworden bin.

Bernhards Fragen, was es mit SoSa Finanzdienstleistungen auf sich hat, und wie ich an den Job gekommen sei, habe ich wahrheitsgetreu beantwortet. In vielversprechende Unternehmen investieren, Private Equity, Börsenengagement. Von Merkur wusste er nichts, ich hätte ihm eine Beteiligung ausgeredet, jetzt, wo wir uns wieder auf Augenhöhe begegnen konnten. Keine gemeinsamen Geschäfte, für die einer die ganze Verantwortung trägt, das sollte man innerhalb einer Familie schön getrennt halten. Alles andere führt zu Scherereien. Oder Ärgerem.

Da ich keine Freunde hatte, keine Freundin, in deren Nähe ich vielleicht sein wollte, kam für eine Wohnung fast jeder Stadtteil in Frage, anfangs. An Sachen wie Wertsteigerung dachte ich nicht, ich sah mir die Leute auf der Straße an, die Geschäfte, die es in einer Gegend gab, Restaurants, ob es vom Verkehr her eher laut oder leise war. Und dann die Häuser, wie viele noch saniert werden mussten, wie viele Brachen sich fanden, auf denen irgendwann gebaut werden würde. Hat man, ganz generell gesprochen, hier seine Ruhe? Keine Friedhofsruhe, sondern eine Art von … von Normalität. Was ich nicht weiter erkläre, jedenfalls nichts Exaltiertes. Davon will ich nicht behelligt werden, Ausnahme die Kunst.

Das alles ohne Begeisterung, ich meine, ich war nicht hochgestimmt, dass ich jetzt die Mittel hatte, mir eine

Wohnung zu kaufen oder zu glauben, ein neues Leben finge an. Grundrisse studieren, in Möbelkatalogen blättern, schaut her. Dahinter verbirgt sich doch immer die Frage, wo man hingehört, um nicht gleich von Heimat zu reden. Seltsamer Begriff, mit dem ich nichts anfangen kann. Als gäbe es einen Ort, an dem man ganz bei sich ist und an jedem anderen Ort entfremdet. Überwältigt von Erinnerungen, die man sich zurechtgebogen hat. Andererseits sind bestimmte Empfindungen nicht zu leugnen, und da würde ich nicht sagen, dass es sich nur um Gefühlsduselei handelt. Widerspricht sich alles ein bisschen, was aber, glaube ich, an der Sache selbst liegt. Man wünscht sich irgendwohin und weiß schon, dass man es auf Dauer dort nicht aushält. Kann sein, dass man älter werden muss, um die beiden Seiten auszutarieren, abwarten.

Ich beauftragte einen Makler, etwas für mich zu suchen, Charlottenburg, zwei Zimmer, kein Altbau. Charlottenburg hatte ich gesagt, als er mich nach einem bevorzugten Bezirk fragte ... nur Charlottenburg? Joah, fangen Sie einfach mal da an, bis zweihunderttausend, das war meine Grenze. Einige Jahre später hätte man fürs selbe Geld nichts mehr bekommen, eine Laube in einer Kolonie am Stadtrand. In Charlottenburg hatte ich auf meinen Streifzügen Ecken gesehen, die ich mochte, das konnte ich mir gut vorstellen.

Nachdem ich dem Makler, der Redlich hieß, ich schwöre, meine Visitenkarte von Merkur-Invest gegeben hatte, Bruno van Gelderen, CFO, wurde er geschmeidig, um nicht deutlicher zu werden. Ob ich in der Anlageberatung tätig sei? Das könne man so ausdrücken, sagte ich, private Vermögensverwaltung. Was nichts heißt, jeder kann sich Visitenkarten drucken lassen mit phantastischen Titeln, aber da sind viele wie kleine Kinder, die glauben, was man ihnen erzählt oder, wie in diesem Fall, was auf einem Stückchen Pappe geschrieben steht … für mich im Übrigen ein jämmerliches Verbrechen, wenn man das Vertrauen und die Lauterkeit von Kindern ausnutzt, das ist das Letzte.

Der Herr Redlich, wenige Jahre jünger als ich, Mitte dreißig, tadellos in marineblauem Blazer mit Einstecktuch, wird sich gedacht haben, dass mehr bei mir drin sein müsste als nur zwei Zimmer, kleiner Balkon, Fahrstuhl. Denn die ersten Angebote, die er schickte und mir dann am Telefon schmackhaft zu machen versuchte, lagen auch preislich über meinen Vorstellungen … ich wollte in keine Park Residence einziehen und, nein, auf einen Concierge-Dienst könnte und würde ich verzichten. Bei jeder der Besichtigungen, die wir unternahmen, fing er wieder an … eine Differenz von fünfzigtausend, und man sei in einer anderen Liga. Und er mit seinen Prozenten auch, dachte ich, die er einstrich für nichts, und ich fragte mich, warum nicht jeder Makler wurde, Berufsvoraussetzung ein ordentlicher Haarschnitt und geputzte Schuhe.

Hinter der Deutschen Oper fand sich dann eine Wohnung, die mir gefiel, das Haus in den siebziger Jahren gebaut und generalüberholt, eine Apartmentanlage, könnte man sagen, wenn man sich auf dem Balkon vorbeugte, sah man den Bühnenturm, dahinter die Bismarckstraße. In der Oper war ich nie gewesen, in keiner Oper, als Mira, die als Kind lange in einem Chor gesungen hatte, zum ersten Mal in Berlin war, sind wir aber hingegangen, es gab »Die Frau ohne Schatten«, etwas anderes, sagte Mira, wäre für sie auch nicht in Frage gekommen. Ja? Selbst den Schatten haben sie uns geraubt, wie Untoten.

Einmal sind Kobiashvili und ich in Zürich gewesen, um für Merkur ein Konto zu eröffnen, hätte ich eigentlich nicht mitfahren müssen. Am zweiten Tag beim Frühstück, unser Flug ging abends, sagte mir Koba, dass er sich mit jemandem treffen müsse, dann, sagte ich, check ich mal die Museumslage. Ich bin ins Kunsthaus, das von unserem Hotel, Baya hatte Zimmer im Wellenberg gebucht, gut zu erreichen war, zu Fuß sind das nicht mehr als zehn Minuten.

Ich hab mir die Sammlung angeguckt, weil's gerade keine aktuelle Ausstellung gab, anschließend auf einem anderen Weg wieder zur Limmat runterspaziert. Man läuft durch Sträßchen, ein Gewirr von Gassen ohne Autoverkehr. Alles ist schön gepflegt, viele kleine Geschäfte links und rechts. Und jetzt kommt's, ich sah Kobiashvili aus einem Geschäft heraustreten, er schlug dieselbe Richtung wie ich ein, sonst wäre er mir in die Arme gelaufen, und bog um die nächste Ecke.

Es war ein Antiquariat, das sich anscheinend auf Landkarten spezialisiert hatte, Stiche von Stadtansichten, auch Atlanten. In der Auslage eine vierbändige, in Leder gebundene Reisebeschreibung, wie ich durch die Spiegelung der Schaufensterscheibe auf einem Stück Karton lesen konnte und mir, warum auch immer, Wort für Wort aufgeschrieben habe: *Voyages de Charles Remur dans les Nouveaux Territoires d'amérique et ses Aventures avec les Sau-*

vages, 1720, 4500 Schweizer Franken. Günstig ist anders, dachte ich, nur etwas für betuchte Liebhaber. Was macht man damit? Sich ins Regal stellen? Schwer vorstellbar, aber solche Leute soll es geben. Hat was Fetischistisches, denn zum Lesen kauft man sich das doch nicht.

Es gab noch mehr Galerien und Antiquariate in diesem Gässchen, wie auf dem Basar, wo die Gewürzhändler nebeneinander ihre Stände haben. Preisvergleich. Ich fragte mich, was Kobiashvili hier gewollt hatte, gekauft hatte, das passte nicht zusammen. Nicht mit meinem Bild von ihm, obwohl wir nie ein Gespräch über Geschichte oder Bücher geführt hatten, ernsthaft, Meinungen austauschen, Politisches. Für mich war Koba jemand, der sich auskannte mit wirtschaftlichen Sachverhalten, ein Musical-Fan, aber sicher kein Schöngeist. Der abends zum Buch greift oder eine Mahler-Symphonie hört. Was ich auch nicht tue, Mahler, aber könnte ja sein.

Die naheliegendste Erklärung wäre gewesen, dass er dem Antiquar ein Angebot gemacht hatte, eine von georgischen Mönchen angefertigte Bibelübersetzung, in dieser verschlungenen Schrift, mit Gänsekielen auf Pergament. Womit ich wieder beim Vorurteil bin, bei Mutmaßungen wie früher in der Zeitung auf der Seite für Vermischtes … falls sich noch jemand erinnert. Was wusste ich schon über ihn?

Ich habe Koba nie darauf angesprochen, auf diese Fast-Begegnung, oder warum ich ihn nach Zürich begleiten sollte. Ich hätte das Konto auch ohne ihn eröffnen können, einer von uns beiden war hier zu viel. Ein Alibi? Aber wer für wen? Wenn man sich zu lange mit so etwas beschäftigt, wird man dizzy im Kopf. Fängt an, überall Indizien zu sehen, die unweigerlich zu einer Beweiskette führen. Die Lieblingsdisziplin von Staatsanwälten. Staatsanwältinnen, die keinen Deut besser sind. Ich vermute, die sind sogar schärfer, weil sie sich als Frauen noch einmal extra beweisen müssen. Bei meinem Prozess war es unmöglich, mit der Dame auch nur den kürzesten Blickkontakt aufzunehmen. Ich sah zu ihr hin, und sie sah sofort weg. Als hätte ich sie becircen wollen. Um zu verhindern, dass sie beim Plädoyer alle Register zieht, keine Gnade.

Als wir aufs Boarding warteten, fragte mich Kobiashvili, in welchen Museen ich gewesen sei. Nur im Kunsthaus, sagte ich, das größte Museum hier. Und? Van Gogh und Mondrian, tolle Sachen. Der Mann ohne Ohr, sagte Koba, kann man sich gar nicht vorstellen. Magst du van Gogh? Wer mag nicht van Gogh? Du hattest also einen guten Tag? Hatte ich, und du? Ich habe versucht, dich anzurufen ... ob wir zusammen etwas essen gehen. Tut mir leid, sagte er, mein Handy hatte keinen Saft mehr. Die Business-Class wurde aufgerufen. Als wir auf unseren Plätzen saßen, fragte mich Koba, ob wir Champagner trinken wollten ... wenn sie was Vernünftiges im Kühlschrank haben. Gibt's einen Grund? Muss es für alles einen Grund geben?

Ich glaube, Sabert-Kress hat's genossen, im Mittelpunkt zu stehen, man spürte förmlich, wie sich so eine Aura um ihn bildete. Und bei der dritten oder vierten Veranstaltung waren wir zu einem guten Team geworden, er verhaspelte sich zwar immer noch manchmal, aber wenn ich jetzt einsprang, war es wie im Theater, ich war halb Mitspieler, halb Souffleuse.

Koba hatte richtiggelegen, Fernsehen zählte, als würden die Gattinnen der Provinzbarone sich nicht auch die Gameshows und Quizshows vor acht angucken, tun sie, und die Moderatoren sind für sie Stars, wer jetzt die Nase rümpft, hat nichts verstanden. Oder lebt auf einem anderen Planeten, aber nicht in unserer Wirklichkeit. Das Get-together funktionierte, wie wir uns es gedacht hatten, Sabert-Kress mal an diesem Tisch, mal an jenem, mit all seinem in tausend Sendungen erprobten Charme. Und Kobiashvili und ich tauschten mit den Herren der Schöpfung Visitenkarten aus, verabredeten Termine, sahen in unsere Filofaxe. Ja, geht, wir kommen gerne vorbei.

Ich will nicht zu hoch greifen, aber wenn wir nach einer Veranstaltung noch zu dritt in einer Hotelbar saßen, erinnerte mich unser Walter an diesen Schauspieler bei Thomas Mann, dessen Bühnenglanz in der Garderobe von ihm abfällt, im Rampenlicht der unwiderstehliche Verführer, beim Abschminken ein älterer Mann mit Pickeln auf dem Rücken. Was übertrieben ist, zugegeben, aber nicht ganz falsch. Sabert-Kress, so schmeichelhaft der Abend für ihn verlaufen war, kam mir erschöpft vor … er schien zu ahnen, dass es sich nur um ein Surrogat handelte, das er so sehr brauchte, wie es zu nichts führte. Ein neues Engagement, neue Verträge, das Comeback der TV-Geschichte.

Was mir in diesem Zusammenhang auch noch einfällt, ist das Gedicht von Gottfried Benn, aus dem ich schon eine Zeile zum Besten gegeben habe … ja, das heißt *Teilsteils … die Damen unbefriedigt / wenn ihre Sehnsucht Gewicht hätte / wöge jede drei Zentner*. Wer mir jetzt Frauenfeindlichkeit vorwirft oder sagt, dass das aus dem letzten Jahrhundert stammen würde, dem erwidere ich, dass bestimmte Verhältnisse weiterbestehen, vor allem, wenn es sich um Geld handelt, Vermögen, Erbschaften, und man sein eigenes Habenichts-Dasein nicht hochrechnen sollte. Zum allgemeinen Maßstab machen. Die Fragen: Auf was verzichtet man? Was bekommt man dafür?, muss jeder, also hier jede, für sich selbst beantworten, wenn entsprechende Vorschläge zur Disposition stehen. Lieber drei Zentner wiegen als beim Sozialamt im Warteraum sitzen, das kann ich nachvollziehen.

Mit Frau Deeg, die sehr attraktiv war, Anfang sechzig etwa, habe ich bei einer unserer Veranstaltungen länger geredet, das war nicht weit von Offenburg, ein mittelgroßes Unternehmen nach dem anderen in der Talebene eines Flüsschens, das dann im Rhein mündet. Wir hatten unsere Einladungen über den Lions Club gestreut, große Resonanz, der bekannteste Showmaster Deutschlands. Was sie für mich von vorneherein einnahm, war ihre nonchalante Missachtung des Rauchverbots in dem Hotel, dem Restaurant, wohin wir die Leute eingeladen hatten, sie brach mit der ersten Zigarette, die sie sich nach dem Essen ansteckte, das Eis, andere folgten. Drei Töchter, ob ich verheiratet sei? Sei ich nicht, sagte ich, müsse man erst die Richtige finden. Wie man in Berlin lebe, aufregend? In Grenzen, sagte ich, man arbeite, viel Zeit bleibe einem nicht. Frau Deeg spielte Tennis, war die Nummer eins in der Seniorenmannschaft ihres Clubs, aber sie liebe auch das Segeln, segeln Sie?

Als Deeg zu uns kam, stellte sie uns beide vor, als sei

ich eine Zufallsbekanntschaft und nicht einer der Veranstalter des Abends. Sie lachte und tippte sich an die Stirn. Wann besuchen Sie uns? Sie sah ihren Mann an, der überrumpelt schien, hätte er mich das nicht selbst fragen wollen? Ich habe schon mit Herrn Kobiashvili gesprochen, ich solle mich an Sie wenden. Was ich seltsam fand, überlässt Koba das mir, dreißig Millionen Jahresumsatz? Sie wären morgen zum Einkaufen in Straßburg, sagte Frau Deeg, ob ich Seeteufel möge? Frau Deeg, sie stellen Fragen. Einen Salat dazu, ein knackiges Baguette, da könne man, sie lächelte mich an, doch nicht ablehnen. Ich bestimmt nicht. Wir würden uns freuen, Deeg nickte.

Tanja hatte mir die Geschichte erzählt. Ich hatte sie gefragt, was ihre jüngeren Schwestern machen, auch nichts mit Chemie? Chemiefrei, sagte Tanja, beide. Nicole lebe in Freiburg, Slawistin, sei ständig mit irgendwelchen Projekten beschäftigt. Links vom Durchschnitt, bereits als Schülerin in der autonomen Szene. Sie habe in Freiburg ein Café nur für Frauen mitbegründet und arbeite dort noch zweimal die Woche. Lesbisch? Tanja verzog den Mund, als hätte ich etwas vollends Verpeiltes gefragt. Pardon, sagte ich, ist mir so rausgerutscht. Schon gut, sagte Tanja, und wenn's so wäre? Mir doch egal, mit wem sie ins Bett steigt, jetzt hör mal auf.

Obwohl sie nur zwei Jahre auseinander lägen, hätte sie zu Nicole nie ein Verhältnis gefunden, Musik, Partys, dass man zusammen etwas unternimmt. So verschieden können Menschen sein, Tanja hob die Schultern, wir saßen spätabends unter einem wahnsinnigen Sternenhimmel auf dem Dach von Deegs Ferienhaus in Spanien, als käme man aus zwei Familien. Seht ihr euch manchmal? Selten, wahrscheinlich bin ich für sie zu unpolitisch ... ohne gesellschaftliche Relevanz. Weil du Restauratorin bist? Vielleicht, ich weiß nicht.

Und deine andere Schwester? Soll ich noch einen Wein holen? Von mir aus, ja.

Nachdem sie eingeschenkt hatte, wiederholte ich meine Frage. Schwierig, sagte Tanja, Carolin sei immer so ein bisschen das Sorgenkind gewesen. In der Schule nichts gerissen, mittlere Reife mit Hängen und Würgen und Nachhilfe und Bestechung. Sie vermute, es habe sich um Widerstand gehandelt, die älteren Schwestern weg, und Caro, die ein Junge hätte werden sollen, verweigert sich allen Ansprüchen. Freunde zum Vergessen, eine abgebrochene Lehre zur Hotelfachfrau. Nicole wollte sie zu sich nach Freiburg holen, aber Carolin habe sich kategorisch geweigert, ihren Arsch auch nur zehn Meter zu bewegen.

Klingt sympathisch. Eine Frage der Perspektive, sagte Tanja, du wohnst nicht an einem Ort, wo jeder jeden kennt. Nichts geheim bleibt, Nachrede die bevorzugte Freizeitbeschäftigung. Explosionsartig, wenn wirklich etwas passiert ... Banküberfall, der Täter der Bruder des neuen Lovers von Carolin. Kannst du dir das vorstellen? Ich versuch's.

Sei eh schon eine Katastrophe gewesen, tätowierte Assis, die einen abgewrackten Ponyhof betrieben hätten, Carolins Galan locker zehn Jahre älter als sie. Faselte beim einzigen Besuch im Hause Deeg was von einem Kurierdienst, den er demnächst aufmachen werde. Man frage sie nicht, meinte Tanja, was er da zu kurieren gedachte, woher und wohin, das Essen müsse eine Heimsuchung gewesen sein. Gut, sie zündete sich eine Zigarette an, alles händelbar, wie nach einem fiesen One-Night-Stand … wenn der Bruder bei dem Überfall nicht auf seinem eigenen Motorrad bei der Raiffeisenfiliale vorgefahren wäre und auch noch mit dem originalen Nummernschild dran, verstehst du?, zwei Stunden später hatten ihn die Bullen gegriffen.

Eine Intelligenzbestie, die haben doch kein Bargeld mehr.

Und Raimund Deeg sitzt im Aufsichtsrat der Kasse, Deeg-Chemie der größte Steuerzahler im ganzen Tal.

Und kein Nachfolger in Sicht.

Kein Schwiegersohn, niemand.

Wie ist die Sache ausgegangen?

Die Lokalzeitung sei tagelang voll gewesen mit Berichten über den Täter, sein Umfeld, wobei man diskret genug gewesen sei, den Namen Deeg nicht zu nennen. Aber natürlich habe jedes Kind gewusst, wie alles zusammenhängt, die hohe Kunst der Anspielung. Man könne von Glück reden, dass in Offenburg bei dem Prozess Carolin nicht als Zeugin aufgerufen worden sei, ich glaube, sagte Tanja, dann wären alle Dämme gebrochen.

Sie schnippte ihre halb gerauchte Zigarette über die Brüstung.

Und das Urteil?

Tanja kreuzte die Arme vor der Brust. Steroide, sagte sie, dieser Fränkie, der mit einem eigenen Studio in Zahlungsverzug gekommen war, hat behauptet, dass ihm Steroide, die er massenhaft geschluckt habe, das Hirn vernebelt hätten. Deshalb sei er auf die Idee mit dem

Banküberfall gekommen. Er hat wohl einen guten Anwalt gehabt, denn das Gericht blieb weit unter dem geforderten Strafmaß. Ein Bodybuilder, dem sein Pillenkonsum über den Kopf gewachsen war.

Ist Carolin noch mit seinem Bruder zusammen?

Ein Kopfschütteln ... sie lebe in der Bretagne. Mit einem Franzosen, der ein Geschäft für Bootsbedarf betreibe. Ich hoffe, sagte Tanja, lächelnd, nach einer kleinen Pause, dass sie jetzt ihren Platz gefunden hat.

Unter den Gleisen vom Bahnhof Zoo gibt's einen Supermarkt, der auch sonntags geöffnet hat, Ullrich mit zwei l. Das war der Einzige damals, mir fällt kein anderer ein. Der Eingang ist mitten unter der Brücke über die Kantstraße, ein zweiter hinten auf der anderen Seite ... Hardenbergstraße, glaube ich, ich bin da nie mehr gewesen. Auch abends länger auf, nicht wie heute, wo man in jedem Penny oder Rewe bis Mitternacht einkaufen kann.

Hier, bei Ullrich, konnte ich sicher sein, niemandem zu begegnen, und sonntags schon gar nicht ... hallo, Bruno, was treibst du denn so? Als hätte ich mich selbst zum Verschwinden bringen wollen, auf einer unsichtbaren Umlaufbahn. Toastbrot, Aufschnitt, Eier, haltbare Milch, Bourbon, der von der Kassiererin aus einem verschließbaren Regal geholt werden musste, Klaurate wahrscheinlich weit überm Durchschnitt. Sofern ich das beurteilen kann, war der Bahnhof und das Gelände drumrum, Parkplätze, der Tiergarten, nicht weit, ein Treffpunkt für gestrandete Osteuropäer, nicht wenige mit einem Substanzenproblem. Wie ich selbst, um etwaigen Vorwürfen, die man an mich richten könnte … immer schön, keine Vorurteile zu haben … den Wind aus den Segeln zu nehmen.

Vermutlich ist das ein Kennzeichen für Sucht im Endstadium, alles Gewohnte zu verlassen, in die Anonymität abzutauchen. Kein Gespräch mehr führen, von einer negativen Wollust erfasst, auf deren Zielband das Wort Auslöschung steht. Dabei war Einsamkeit nie etwas, das mir Sorgen bereitet hat, ich kann bis dato Tage allein sein, mit niemandem ein Wort wechseln, ohne mich schlecht zu fühlen. Woraus ich folgere, dass es zwei Sorten von Anonymität gibt, von denen nur eine etwas Fundamentales ausdrückt … dass man das Vertrauen in die Welt ohne jeden Rettungsanker verloren hat. Eine Abwärtsspirale, die einen mitreißt wie eine Flutwelle, wie der Tsunami in Japan.

Da ich nicht mein eigener Therapeut bin und meine Erzählung keine Therapiesitzung, verbiete ich mir alle weiteren Spekulationen und Interpretationen. Sonntags zu Ullrich gefahren, mir das Notwendigste besorgt, und ab zum Zocken. Drogen kaufen. Überlegen, wer mir noch etwas leihen könnte, leihen würde. Bis ich damit aufgehört habe, weil es niemanden mehr gab. Und ich nicht schamlos genug war, noch einmal, zum dritten oder vierten Mal, bei Snowfoot anzurufen, bei Dermot, bei Richard, bei Franco, bei Ulf, bei Can, bei Ulla, und um Geld zu bitten. Schamlos genug aber, um mich bei Britta zu melden, die mit ihrem Friedemann in Bad Godesberg zusammengezogen war, von wo er jeden Tag nach Euskirchen zu seinem ersten Job pendelte, Bauleitung bei einem Einkaufszentrum … einer Versicherung, einem Museum, Rathauserweiterung, keine Erinnerung mehr.

Das Einzige, was ich von dem Telefonat mit Britta noch weiß, ist, dass sie mich fragte, ob ich Hilfe bräuchte … ich habe sofort aufgelegt. Und gehofft, sie würde jetzt nicht Bernhard und Svenja und Julia informieren, dass ich mich bei ihr gemeldet habe. Hat sie natürlich, wie konnte ich nur etwas anderes denken? Sie hatten mich bei der Polizei als vermisst gemeldet, Personenbeschreibung, Raum Berlin. Hätte ich nicht gedacht, wäre mir in meiner Verfassung aber auch gleichgültig gewesen. Dass ich ihnen was wert bin, überhaupt jemandem. Und dass man deswegen zur Polizei geht und eine Anzeige erstattet. Wie peinlich. Der Bruder hat die Kontrolle über sich verloren. Zum Glück war ich in Lollos Wohnung, da würde mich keiner finden können.

Mein Handy, muss man noch anmerken, hatte ich abgestellt beziehungsweise nicht mehr laden lassen, nachdem ich auf die Belziger Straße gezogen war. Mit der Folge, dass bei einem Telefonat wie dem mit Britta, vorher drei Minuten den Akku in die Steckdose, 50 Anrufe und 50 SMS, die unbeantwortet und ungelesen waren, angezeigt wurden, was mich … es ist schwer, das Gefühl genau zu beschreiben, eine Mischung aus Wut, Depression, Hass auf sich selber, Hass auf alles, Kleinmut, Verzweiflung, Verachtung … mich dazu brachte, sofort etwas zu trinken, eine fette Line zu ziehen, als würde man sich mit einem Skalpell durchs eigene Hirn schneiden.

Kleinkredite im Internet, darüber wird auch nicht gesprochen. Hier fünftausend, da fünftausend. Bis man gesperrt wird, Warnmails von Halunke zu Halunke. Das Konto leeren, sofern sich noch drei Euro darauf befinden, die Miete kassierte Lollo sowieso in bar. Weekend Club, WMF, Café San Remo. Wie läuft's?

Mira, die ein Jahr in Lyon gelebt hatte, verfolgte seit langem ein Videoprojekt mit älteren, teils steinalten Frauen aus Deutschland und Frankreich, die den Zweiten Weltkrieg noch erlebt hatten, als Kind, als Teenager. Sie ließ sie vor der Kamera erzählen von ihrem Heranwachsen in einer Diktatur, in einem besetzten Land … welche Vorbilder sie gehabt hätten, welches Bild von Weiblichkeit. Wie man sich als Frau zu verhalten gehabt habe, was für eine Frau erlaubt gewesen sei, was erwünscht, was verboten.

Bevor sie sterben, sagte sie mir, die Privatgeschichten hinter den historischen Ereignissen, die man kennt. Weil Geschichtsschreiber, also Geschichtsbücher, viel unterschlügen, eine Politik der Körper, an die Frauen gefesselt seien. Sie scheute sich nicht, intime Fragen zu stellen, und es war für mich erstaunlich, wie ihre Interviewpartnerinnen antworteten, wie freimütig, als seien sie dankbar, endlich Antworten geben zu können. Wann haben Sie Ihre erste Menstruation gehabt, waren Sie darauf vorbereitet? Haben Sie die Deutschen gehasst? Haben Sie je einen Fremdarbeiter gesehen? Hatten Sie Angst vor Sex? Vor Männern? Warum haben Sie geheiratet? Glauben Sie, dass Ihr Leben unter anderen Bedingungen einen anderen Verlauf genommen hätte? Welchen? Was ist der Unterschied von heute zu früher? Würden Sie lieber heute leben? Was hat sich für Frauen geändert?

Mira hatte Stunden Material angesammelt, sie wusste selbst nicht, wie man das schneiden sollte. In eine Form bringen, die man ausstellen kann, weil jede der alten Frauen, die sie befragt hatte, jedes Gesicht in Großaufnahme, ein Roman für sich war. Auf mehrere Leinwände verteilen? Was ist im Prinzip vergleichbar und was von Land zu Land verschieden? Was ich meinte?

Wir hatten in ihrem Schlafzimmer vor einem großen Monitor gesessen und uns ihre Aufnahmen angesehen, ich hatte keinen Moment Langeweile empfunden. Obwohl es nicht gerade mein Thema war, nicht aus französischer, nicht aus deutscher Sicht. Was, denke ich, das Wesen von Kunst ausmacht, man interessiert sich kein Stück für etwas, für ein Gemälde von einem aufgewühlten Meer, eine Story von einem verrückten Studenten aus dem neunzehnten Jahrhundert, einen Film über eine vergebliche Liebe im Wilden Westen, und trotzdem wird man herumgeschleudert wie nichts, wird man mitten ins Herz getroffen. Warum berührten mich die Erzählungen dieser alten Frauen?

Falls ich einen Rat für sie habe, sagte Mira, keine Zurückhaltung. Wen fragst du, sagte ich, deinen Freund oder deinen Galeristen? Beide. Bisher bin ich ja eher dein Freund. Aber wenn du eine Galerie hättest? Würde ich mir überlegen, wem ich das verkaufen könnte. Ich dächte also, sie schaltete den Computer aus, hauptsächlich ans Geld. Keineswegs, sagte ich, wovon lebst du denn? Gute Frage. Wichtige Frage. Die wichtigste?

Worüber es vielleicht Studien gibt, über dieses Verhältnis von Anspruch und Entlohnung, wer bleibt übrig, wer darf sich noch etwas erhoffen? Ich war, seit ich Mira kennengelernt hatte, überrascht davon, wie viele Frauen in der Kunst sich über Wasser hielten mit Tätigkeiten, die man als Studentin macht, als Hilfsarbeiter ohne Ausbildung. Nachts die Fenster von Bankfilialen mit Werbesprüchen bekleben, Aufsicht in einem Museum, einem Kunstverein. Und dann noch Kinder, wie Miras Freundin Alexandra, die sich und ihren Sohn und ihre Installationen als Programmiererin in einem Rechenzentrum finanzierte, Stunde um Stunde, anstatt als Mathematikerin irgendeinen festen Job anzunehmen, nine to five.

Was mich beeindruckte, aber nicht überzeugte. Wie viel Zeit gibt man sich, wann ist Schluss? Wann hört man auf, daran zu glauben, etwas Besonderes zu sein? Möglicherweise Fragen, ich bin mir unsicher, die man Künstlerinnen und Künstlern nicht stellen darf.

Vielleicht, ich weiß nicht, steckte bei mir Angst dahinter, die unterschwellige, kaum spürbare Angst, Entscheidungen zu treffen. Nur eine Vermutung, wenn ich mir zu erklären versuche, warum es so lange gedauert hat, bis ich erstens, zweitens, drittens sagen konnte.

Ein starkes Motiv ist natürlich Geld, Geld zu verdienen, noch mehr Geld, um sich zu kaufen, was einen glücklich macht. Oder was man für erstrebenswert hält. Außer man hat ein anderes, ein immaterielles Ziel, zum Beispiel, eine wissenschaftliche Entdeckung zu machen. Die Sache mit dem Urknall. Ein Heilmittel gegen Alzheimer.

Solche Leute bewundere ich, wäre mir nie möglich gewesen.

Fragt sich bloß, woher die Angst stammte, oder ob es sonst ein Wort dafür gibt. Lebensuntüchtigkeit? In der Familie nicht aufs Leben vorbereitet worden? Wer den Hof nicht erbt, wird Lehrer oder Pfarrer, zugespitzt formuliert. Jedenfalls früher, und hinterm Haus ein kleiner Garten. Na gut, im letzten Jahrhundert, ich bin da kein Fachmann. Dass Krešimir Musiker werden würde, stand für ihn, stand für uns alle fest. Und der Bruno? Hatte keine Idee, was er anfangen sollte … so wenig er sich darüber den Kopf zerbrach. Muss man auch nicht überbewerten, bis jetzt ist alles ja gut ausgegangen. Und besser spät als nie, sich selbst zu bedauern, das Unangenehmste überhaupt.

Bedauern trifft's nicht ganz, aber bei unseren Deegs und Oberbergers und Stöcklins und wie sie hießen, spürte man immer wieder etwas leicht Betrübtes, wie eine Last, die sie dauerhaft mit sich herumtrugen. Keine Tonnengewichte, als stünde jemand kurz vor der Insolvenz oder würde wie dieser Autozulieferer, Metallverarbeitung Strobel im Odenwald, von den Konzernen unter Preisdruck gesetzt, wurde er, sondern eher, wie soll ich's ausdrücken?, wie eine Verpflichtung, der man sich nicht entziehen konnte. Aus der man nicht rauskam … den Betrieb am Laufen halten müssen, anstatt sich im Tessin zur Ruhe zu setzen … ob's nun Erben gab, man die Bude dichtmachte oder den Geschäftsführern und Ingenieuren alles überschrieb. Eine halbe Million Leibrente im Jahr bis zum letzten Herzschlag.

Strobel hatte in den siebziger Jahren mit einer Stanzpresse in einer Garage angefangen, heute ein Zweigwerk in den USA, in Alabama oder wo, das Synchronringe für BMW produzierte. Wird mit dem Getriebe zu tun haben, ich bin technisch so unbeschlagen wie eine Ordensschwester … nichts gegen Ordensschwestern. Der eine Sohn hatte eine Steinmetzlehre gemacht, der andere spielte in der Minigolf-Bundesliga … wenn ich es sage. Was ihm, einem Selfmademan, wie man ihn sich wünscht, Sorgen bereitete, obwohl dieser Sohn Verfahrenstechnik studierte. Dinge, die man bei Hausbesuchen erfährt, nachdem man die Architektur gebührend gewürdigt hat. Wie schön sie's hier hätten, das Wohnzimmer mit indirekter Beleuchtung auf zwei Ebenen … wie bei Deegs, wo man ein paar Stufen hinunterging zur Sitzgruppe mit Panoramafenster.

Wozu hat man denn gelebt, sich ein kleines Imperium geschaffen, dem Ort, der Stadt, zu einem Steueraufkommen verholfen, das die Finanzbehörde so manche Glücksträne weinen lässt? Für was? Tja, wer die Frage beantworten will, der trete vor. Das ist das eine, das andere die Erkenntnis, bei mir, wie viel überall auf der hohen Kante lag, ich muss es so althergebracht sagen, an Barem, an schnell kündbaren Papieren, pechschwarzen Konten in Luxemburg und der Schweiz. Ein Klischee? Träumt weiter, Leute.

Bei Deeg sah es ein wenig anders aus, nicht, was das Geld betraf, das ans Arbeiten zu bringen war, ein paar Jahre nach den fabelhaften Hypothekenboys, die jeder Putzfrau, jedem Postboten, zu einem Eigenheim und einem Geländewagen verholfen hatten, sondern als Unternehmer, der das väterliche Geschäft übernommen und zur Nummer eins im Landkreis gemacht hatte. Umsatz und Mitarbeiter, beste Perspektiven. Unsere Auftragsbücher, sagte er, sind voll, sagte es aber in einem Ton, den als melancholisch zu bezeichnen sicher nicht überzogen wäre. Als hätte er seine Bestimmung verfehlt, auf einen Pfad verschlagen, den er sich nicht selbst ausgesucht hatte ... so ist es, daran kann man nichts ändern.

Was, dachte ich, ist dann dein Problem mit deinen Töchtern, die lieber ihr eigenes Leben führen, als in deine Fußstapfen zu treten ... wonach suchst du? Ich gebrauche die Du-Form, weil Deeg mir in Spanien das Du angeboten hatte, Vino tinto, Crème brûlée. Ich will nicht verhehlen, dass ich mir vor dem Einschlafen an jenem Abend ausmalte, wie es wäre als Juniorchef seiner Firma, als Nachfolger, Tanja und ich. Obwohl da nichts gelaufen ist zwischen uns, was irgendwie doch die Voraussetzung für alles Weitere gewesen wäre. Wie Deeg und Frau Deeg, Helene Katharina, es sich eventuell vorgestellt hatten, die beiden passen doch zusammen, oder?

Ein dritter Fall waren Melanie und ihr Freund Karl-Peter, aus demselben Schwarzwaldtal wie Deeg-Chemie, die gemeinsam nach fünfzehn Jahren in Freiburg zurückgegangen waren, kannten Nicole und Tanja, dieselbe Szene, dasselbe Alter. Mein Eindruck ist von Anfang an gewesen, schon bei unserer Präsentation mit Sabert-Kress, dass bei ihnen nichts zu holen war, mag sich das auch etwas profan oder krude anhören. Eine verzwickte Familiengeschichte, die Karl-Peter, der Pit genannt wurde, und Melanie vor die Wahl stellte, den Betrieb nach dem Tod von Melanies Vater zu verkaufen, ihre Schwester war völlig daneben, oder die Sache zu übernehmen. Mutter und

Schwester ausbezahlt, Pit, der gelernter Sozialarbeiter war, als neuer Head of Business, Süßigkeiten und Fertiggerichte. Mir imponierte, wie er sich offenkundig in die Geschäfte reingefuchst hatte, von den Kesseln mit Zucker und Zeug bis hin zu den Feinheiten von Wechselkursen, Export nach Ägypten. Landestypische Geschmacksrichtungen und auf der Verpackung arabische Schrift.

Zu verkaufen gab es den beiden nichts, warum hatten sie mich zu sich eingeladen? Als würden wir über einem Spiel sitzen, dessen Regeln uns, den anderen am Tisch aber nicht erklärt worden waren. Das Bedürfnis, von sich zu erzählen, halb Beichte, halb Legitimation? Dass Melanie die Damen der Geschäftsführung eingeladen, ich darf übersetzen: als Inhaberin gezwungen hatte, sie bei ihrer Flüchtlingsarbeit zu unterstützen, noch vor dem Syrienkrieg? Noch vor dieser Welle von Verzweifelten, die dann über alle Barrieren hinweg kamen? Wahrscheinlich war M-Nutrition, wie sie ihre Marke neu positioniert hatten, das einzige Unternehmen in Deutschland, dessen Besitzer nicht CDU oder FDP wählten ... was aber wenig besagt.

Als sei es die ursprünglichste Sehnsucht aller Menschen, sich zu erklären, warum wieso weshalb. Ein kleiner Anstoß, und sie hören nicht mehr auf. Wie haben Sie damals eigentlich angefangen? Garage, sagte Strobel, genau wie Apple, nicht?, nur dass ich da eine Presse drin stehen hatte, das Material noch. Und dann kamen größere Aufträge? Genau, ein Jahr später habe ich schon die erste Halle gebaut.

Ich glaube, das liegt daran, dass sie sonst niemand nach ihrem Leben fragt, sie nie eine Gelegenheit haben, von sich zu berichten ... das Private im Geschäftlichen und umgekehrt auch. Wodurch sich ein Vertrauen aufbaut, etwas Intimes, das in einem Bankbüro nicht zu haben ist. Wenn man ihnen dann das Gefühl vermittelt, sie würden sich auskennen auf den Märkten, ist ein Abschluss nicht mehr weit weg. Leider kann ich seinen Tonfall nicht nachahmen, aber Fiala von Capital Management sprach einmal von Grandeur, die die Kunden spüren müssten, ich weiß, was er meinte, schwer zu übersetzen. Für uns kann ich sagen, dass wir nie jemandem falsche Versprechungen gemacht haben, astronomische Renditen, aber das ist gar nicht nötig, wenn man bei Staatsanleihen schon draufzahlt. Fünf oder zehn Prozent mehr als bei gewöhnlichen Investments ... und der Verstand verabschiedet sich auch bei ganz prosaischen Menschen. Sagte ich schon, schneller als Licht.

Es hat mich, damit jetzt keine haltlosen Unterstellungen aufkommen, durchaus interessiert, was man mir erzählte, ich hör gern zu, wirklich, und manches Schräge war ja dabei. Nehmen wir nur Melanie und ihre Flüchtlinge, für deren Betreuung sie die Gattinnen der oberen Etagen einspannte. Behördengänge und Sprache lernen. Und wer verweigert sich schon der Patronin? Es gäbe, sagte sie, mehr Hausfrauen, als man gemeinhin glaube, das Land sei nicht die Stadt, nicht ab einem bestimmten Einkommen.

Ob Soziologen sich damit schon beschäftigt haben? Politologen? Während meines Studiums nicht, da ging es um Umweltpolitik, Minderheiten, staatsrechtliche Fragen. Obwohl nicht wenige aus eben den Verhältnissen stammten, die ich erst durch Merkur kennengelernt habe.

Wir waren nie arm, arme Bauern, schon durch den Landbesitz nicht, würde ich sagen, die Gebäude, aber fern von Feinkost und beheizbarem Pool. Wie alle aus meiner Schulklasse, den Kursen, eine Ausnahme bestätigt die Regel. Man musste immer zusehen, wie man zu Geld kam, ein Job reihte sich an den anderen. Und die Eltern abends vor dem Fernseher eingeschlafen.

Wie ein Behälter mit zwei Flüssigkeiten, die sich nicht vermischen, Wasser und Öl. Ohne Bewegung schwimmt Öl immer oben, eine undurchlässige Trennschicht. Was man abstrakt vielleicht weiß, aber nicht, was es konkret bedeutet. Selbst nicht nach einem Lottogewinn. Oder erscheint nur mir das so? Dass man davor die Augen verschließt, sich zufriedengibt mit der Aussicht, im Ghetto der Stärkste zu sein. Die Massen, von denen im OSI immer vollmundig geredet wurde, eines Tages …

Es ist gut, dass ich jetzt einen Plan habe und die Zeit mir nicht mehr durch die Hände rauscht. Nicht mehr wie früher, auch wenn man's gar nicht merkt. Schon wieder ein Monat, ein Jahr, vergangen, was für 'n Datum haben wir eigentlich heute? Würde ich auf der Habenseite verbuchen, das mit der Zeit, obwohl ich mir nicht sicher bin, hundert Prozent.

Steuern, über die alle klagen, von Bernhard über meinen Vater bis zu unseren Kunden, Halsabschneider, ruinös, habe ich immer bezahlt, mich keiner faulen Abschreibungen bedient. Meine Einkünfte beim »Fußball-Echo« lagen kaum über dem Freibetrag. Als ich bei Kobiashvili anfing, habe ich mich brav angemeldet und brav meine Vorauszahlungen geleistet. Damit will ich nicht sagen, dass ich ein besonders edler Mensch wäre, und auch nicht, dass ich meinem Steuerberater jemals reingeredet hätte, wenn er Gesetzestexte zu meinen Gunsten interpretierte, da können wir wirklich was machen, aber ab einem bestimmten Einkommen ist und war es mir zu dumm, mich wegen einer zu vernachlässigenden Ersparnis auf Streit mit dem Finanzamt einzulassen. Briefverkehr, Rechnungen, Wohnungsskizzen. Ich meine, das habe ich erlebt, und wenn es nur eine Kleinigkeit ist, sich für ein Croissant und einen Cappuccino eine Quittung ausstellen zu lassen, ruft bei mir Verachtung hervor … und das Bedürfnis, diese Person möglichst rasch und geräuschlos … sage ich besser nicht.

Bis heute bin ich verwundert darüber, welche Energie und wie viel Risikobereitschaft man in Operationen steckt, Geld vorm Staat zu verbergen, und zwar nicht Leute am Rand der Gesellschaft, sondern die, denen das Leben bisher keine Sekunde übel mitgespielt hat. Als sei es ihr Untergang, zweihunderttausend Euro abzuführen, wenn sie fünf Millionen in den versteuerten Büchern haben. Und es um die Veranlagung von Geschäften geht, bei denen sie mehr eingestrichen haben, als der Durchschnittsverdiener zu träumen wagt.

Insofern … ich bin mir weder moralisch noch finanztechnisch irgendeiner Schuld bewusst, die ich abzubüßen hätte. Wie auch? Den Rechtsanwalt soll man erst einmal finden, der achthunderttauend unsichtbare Euro bei der Credit Suisse oder irgendeinem Institut in Luxemburg als Schadensumme geltend zu machen versucht, bei einem deutschen Gericht, deutschen Behörden. Wie ein Bankräuber, der ruft: Geld her oder ich schieße, und sich dabei die Pistole an die eigene Schläfe hält.

Das Gerede, dass Abgaben den Standort gefährden würden, kommt bei mir immer so an, als hätte Deeg sein Haus verlassen und in einen Plattenbau ziehen müssen, wenn der Spitzensteuersatz um zwei Prozent erhöht wird, Arbeitsplätze, Existenzen. Womit ich jetzt nicht politisch werden will oder polemisch, nur, dass sich Standpunkte verschieben, sich neue Perspektiven ergeben, wenn man etwas anzubieten hat. Was nichts daran ändert, dass mir die Deegs, Raimund und Helene, sympathisch waren, beide auf ihre eigene Art. Nicht hinterm Berg hielten, vor allem sie nicht, wenn es um die Verhältnisse ging, denen man in der Nachkriegszeit entronnen war. Als Kind in Stuttgart in Ruinen gewohnt, als junge Frau in den sechziger Jahren bei einem Tanzabend einen aufstrebenden Unternehmer getroffen, der große Pläne hatte. Von denen er nicht aufhören konnte zu reden.

Den ersten Prozess haben wir gewonnen, die Gegenseite ist in Berufung gegangen, aber mir scheint, die Kläger glaubten selbst nicht an einen Erfolg. Dass wir auch nur einen Cent veruntreut hätten. Haben wir nicht, sind jedem Verlangen nach Auszahlung nachgekommen, die Renditen sofort überwiesen. Bis es eben diese Schwierigkeiten gab, objektive, den Beklagten nicht zur Last zu legende Bedingungen. Siehe das Kleingedruckte. Unterschreibt keine Verträge, um es zu wiederholen, die ihr nicht studiert habt, Merkur-Invest war keine kirchliche Wohlfahrtseinrichtung. Auch kein Betrugsunternehmen, das darauf ausgerichtet war, Gutgläubigkeit auszunutzen, schauen Sie mir in die Augen. Als hätten wir nicht mit einem satten Plus aus allem rauskommen wollen. Dass wir's nicht sind, möge man zur Last legen, wem man will, aber nicht Kobiashvili oder mir.

Könnte sein, dass gerade alles aus dem Ruder läuft, Verbindlichkeiten und Verpflichtungen, die seit ewigen Zeiten für selbstverständlich oder normal gehalten wurden. Ich verfolge die Debatten nicht im Detail, aber es gab nie einen besseren Augenblick, meiner Ansicht nach, um sich wirtschaftlich gesundzustoßen. Wer dazu in der Lage ist. Während man in der Öffentlichkeit über Unsinn diskutiert, grüne Utopien. Sofern ich das richtig sehe, aber die Scheingefechte, die gerade geführt werden, sind ideal für alle, die Kapital haben. Als sei die Ökonomie nicht das Wesentliche, Anfang und Ende, sondern etwas, das man vernachlässigen könnte. Hauptsache, jeder und jede hat einen Termin im Fitness-Studio, lässt sich coachen, ernährt sich vegetarisch, Kleidung aus Hanf … als Ausdruck der Persönlichkeit. Man erlaube mir, darüber zu lachen.

Steuern also. Bezahle ich nicht mit Begeisterung, aber auch ohne Groll. Ohne den bohrenden Gedanken, ich würde betrogen, nicht ansprechend gewürdigt als Leistungsträger, der halb Kreuzberg über Wasser hält. Kann man ja ausrechnen, veranlagt mit dreißigtausend im Jahr, um eine beliebige Summe zu nennen, sind dreimal Hartz IV. In etwa. Aber Mitleid von mir zu erwarten wäre falsch. Wenn irgendwas einem nicht hilft, ist es Mitleid. Mitfühlendes Gerede. Schlagt euch selber eine rein und hofft nicht darauf, die Nachbarn würden zu eurer Rettung bereitstehen, besorgt euch lieber auf der Sonnenallee eine Knarre, Munition, und erwartet den Moment. Wenn ihr noch nicht zu zermürbt seid, ausgelaugt von einem

Leben, das man nur hinter sich lassen kann. Wie bei den Bremer Stadtmusikanten, aber das ist ein Märchen, laue Hoffnung auf einen guten Ausgang.

Kurz noch einmal zu Pit und Melanie und M-Nutrition. In ihrem neuen Haus an einem Hang über dem Flüsschen hatten sie Sensoren eingebaut, die bei stärkerer Sonneneinstrahlung die Jalousien automatisch herunterließen. Demonstrierte mir Pit, nachdem er an einem Display die Einstellungen geändert hatte. Lux oder was. Sie sammelten Kunst von lokalen Künstlern, die gar nicht schlecht waren, Gemälde und Plastiken. Wie ich erfuhr, lass die Leute einfach erzählen, unterstützten sie die Szene in Freiburg mit anonymen Zahlungen, kauften Immobilien auf, die andernfalls der Spekulation zum Opfer gefallen wären. Was nur niemand erfahren durfte, Kapitalismus schrecklich, genau wollen wir's aber nicht wissen.

Um was man nicht herumkam, waren gesellschaftliche Anlässe, selbst wenn man kein Interesse hatte. Merkur-Invest lädt ein, der beliebteste Moderator aller Zeiten, genießen Sie die Kreationen unseres Sternekochs. Die beiden waren mir gleich aufgefallen, nicht nur, weil sie die Jüngsten in der Runde waren, auch von ihrem Habitus her, andere Biographien. Ein Leben vor dem Leben, das sie jetzt führten, eine prinzipielle Entscheidung, die sie gefällt haben mussten. Das System abschaffen oder sich im System zurechtfinden. Mit allen Konsequenzen, das hat man zu ertragen. Ohne sich etwas vorzumachen.

Melanie rief mich im Hotel an, morgen Nachmittag? Ich sagte sofort zu, wie immer. Ihnen einen Anteil an

Merkur zu verkaufen, schien mir so ausgeschlossen zu sein, wie ich mich im selben Moment fragte, warum wir uns treffen sollten. Das Haus, in dem sie allein wohnten, kam mir überdimensioniert vor, zwei Personen auf zweihundert Quadratmetern. Dreihundert. Als hätten sie gespürt, dass es nicht meine Bestimmung qua Geburt war, bei einem Fonds die Finanzen zu übersehen, der Mann mit der Peitsche, der einschreitet, wenn Wagemut und Verantwortungsgefühl sich nicht einigen können.

Ich erinnere mich nicht mehr, was der entscheidende Punkt war, ab dem wir unsere Blößen nicht mehr verdeckt haben, ohne dass mich Pit oder Melanie, die in ihrer Beziehung das Wort führte, desavouieren wollten. Unsere Geschäftsabsichten, mein Vorleben. Ohne es noch einmal zu betonen, es geht immer um Selbstdarstellung, um Selbstvergewisserung … als bräuchte man dazu jemanden von außerhalb, jemanden, der bereit ist, genau diese Version einer Geschichte zu glauben. Weil er eine andere nicht kennt.

Es war aufschlussreich, sie dabei zu beobachten, Melanie stimmte Pit zu, wie er ihr zustimmte. Dass es nicht mehr weitergegangen sei in ihrer Blase, sich im Kreis drehende Diskussionen. Einer Räumung mit Stinkbomben zu begegnen sei keine Lösung gewesen, kein Molotow-Cocktail würde etwas an Besitzverhältnissen ändern. Erbitterter Streit wegen eines Türstehers, der Arabern gegenüber rassistisch gewesen sei … und die Damen und Herren vom BDI schrauben jeden Morgen die Piccolos auf.

Wir haben uns nichts vorgegaukelt, auch wenn ich das schmerzhafte Ende meiner Karriere als Spielhallenchampion verschwieg. Ein Politologe ohne Abschluss, Konzertagentur, kulturell interessiert, wie schützt man sein Vermögen? Ja, wie? Seltsam war, dass Pit mir weder unterschwellig noch explizit zu verstehen gab, dass unser Geschäftsmodell vielleicht ein wenig wacklig war, seien wir ehrlich, jedes Modell dieser Art. In einem Klima von schrumpfenden Zinsen, der Konkurrenz aus Asien, die das Wort Arbeitsschutz nicht zu buchstabieren vermag.

Mir ist der Nachmittag mit Melanie und Pit in bester Erinnerung, wir sind seither in Kontakt geblieben, als hätte man sich gefunden, ohne sich gesucht zu haben. Ohne Illusionen, die einen unfrei machen. Weder verzweifeln noch sich in die Tasche lügen.

Was hier … ich weiß nicht … noch zur Sprache kommen müsste, ist die Landschaft, die Jahreszeiten, die für mich lange nur eine Abfolge von Kleidungsstücken gewesen sind. Wie warm, wie kalt ist es draußen? Gefrorene Böden, Abdeckplanen über hüfthohen Mieten von Rüben und Kohl, der erste und der zweite Frost. Frage mich niemand, warum mir das gerade einfällt … ein Schmerz, der plötzlich auftaucht, ein pochender wühlender Schmerz, ohne Zusammenhang. Dem ich nichts entgegenzusetzen habe, wie ein Blitz, der mit Urgewalt in mich, in meine Erzählung fährt. Mein Vater, Bernhard und ich als Kinder, das flache Land, ein sonntäglicher Spaziergang im Winter, während unsere Mutter und Tante Waltraud das Mittagessen vorbereiten. In dieser alten Zeit.

Die Vorwürfe sind bei einem Fonds immer die gleichen, zu hohe Management-Gebühren, von den Verträgen nicht abgedeckte Geschäfte. Dabei haben wir den Rest noch ausbezahlt, ruiniert war niemand, kein Deeg und kein Strobel, der deutsche Mittelstand wird weiter existieren. Und wie hätten sie gejubelt, wenn ein letzter größerer Leerverkauf erfolgreich gewesen wäre. Als hätte einer jemals gefragt, was eine Beteiligung an Altenheimen, an Kliniken, für die Alten und Kranken bedeuten würde … im schlechtesten Fall. Nicht bei Merkur, darauf haben wir schon geachtet, aber man braucht ja nur die Zeitung aufzuschlagen.

Und was bei Merkur nicht geklappt hat, ist bei Tector-Fidelity voll aufgegangen. Mindesteinlage fünfzigtausend und ein goldenes Händchen gehabt. Koba, Fiala, ein Russe, dessen Name mir gerade nicht einfällt, und … Didier Fourier, Didi. Kobiashvili hatte sich bei mir gemeldet und gefragt, ob sich meine Meinung geändert habe. Ich sagte ihm, dass sich meine Perspektiven verschoben hätten … aber schön, dass ich bei ihm noch im Notizbuch stünde. Was ich keinen Augenblick lang bereue, ich war schon woanders. Welche Rolle sie mir auch zugedacht hatten.

Ich will eine gewisse Genugtuung nicht verleugnen, die Profis hielten mich für einen der ihren, dessen Expertise anzuhören wäre. Was mir für zukünftige Aktivitäten einen Schub verlieh, ich war jemand. Ich konnte mit Geld umgehen, ich wusste, wie die Leute ticken. Kannte ihre Vorsicht und ihre Angst, ihren Stolz und ihre Raffsucht. Oder als was wir's charakterisieren wollen, nicht zufrieden damit, eine für Normalsterbliche gewaltige Summe steuerfrei in petto zu haben. Amüsanterweise genau da, wo Mäxchen es vermutet, hinter den sieben Bergen.

Offshore ist für die meisten zu exotisch, Briefkastenfirmen und Holdings in Miniländern. Obwohl es sich dabei um kein Geheimwissen handelt, in das einen Schamanen einweihen müssten. Aber man behält am liebsten alles selber im Griff, alles europäisch. Was sie für mich eingenommen hat … in Raimund Deeg erkannte ich mehr von mir, als mir lieb war. Dass ich mit Koba einiges unternommen habe, für das keine Versicherung die Verantwortung übernehmen würde, ist die eine Seite, die andere die, dass ich allein es mir nicht zugetraut hätte, es nie angefangen hätte. Gesetzestreu? Habe nie ein Gesetz gebrochen … bis auf diese beiden Male, für die ich gebüßt habe. Dreißig Monate Knast und keinen Tag weniger.

Ist die Schuldfähigkeit vermindert oder nicht, darum geht's. Das Ausmaß der Schuld festzustellen. Voll verantwortlich oder nur eingeschränkt, weil es äußere Bedingungen gab, auch innere, die eine Handlungsweise verständlich machen. Die Ehefrau, die nach jahrelangem Martyrium zum Hammer greift. Da braucht man keinen Gutachter mehr, der sich mit der Psychologie der Angeklagten beschäftigt, das versteht jeder.

Als Laie hat man irrige Vorstellungen, was einen Strafprozess betrifft. Und Laien sind wir alle, bis man selber als Angeklagter vor Gericht steht. Also ich. Meine Täterschaft war klar, bei der Polizei hatte ich schon gestanden, derjenige zu sein, welcher. Eigentlich unnötig, die Kassiererin des Kinos und den Späti-Verkäufer noch als Zeugen aufzurufen … aber sie sollten schildern, wie bedrohlich ich aufgetreten sei. Ob ich eine Waffe auf sie gerichtet hätte. Hatte ich, wenn's auch nur eine Art Taschenmesser war, das in Lollos Küche auf dem Fensterbrett lag, hatte ich eines Tages eingesteckt. Ohne Vorsatz, beantwortete ich eine entsprechende Frage von Richter oder Staatsanwältin, wieso liegt da ein Taschenmesser? Nur dass die Klinge auf Knopfdruck vorne rausschoss, das ist in Deutschland streng verboten.

Eine Pistole im Gürtel ist etwas anderes, finde ich, vor allem, wenn einem die Hände so zittern, dass man fast daran scheitert, auf den Knopf für die Klinge zu drücken … Schwerstarbeit. Die Gedanken rasen, wie es immer heißt, genauer wäre es, zu sagen, dass man gar keine Gedanken mehr hat, man keinen zusammenhängenden Satz mehr herausbrächte. Irgendeine Form von Logik, Abwägungen, wie sie jeder Mensch vornimmt, der seine Sinne noch beisammenhat. Erst recht nicht, sich einzugestehen, dass man am Ende ist.

Autoaggression, ein Frontalangriff auf Körper und Seele, so muss man's nennen. Den Jim Beam in großen Schlucken getrunken, als sei es Bier, Speed in rauen Mengen, die Automaten blindwütig gefüttert. Solange das Geld reichte, ein größerer Gewinn hatte mir eine Gnadenfrist verschafft. Aber dann reichte es nicht mehr, alles weg, und ich in einem extraterrestrischen Zustand. Später Abend, ich stand mit meiner Plastiktüte vor der Spielhalle, nach links oder nach rechts? Egal, ich brauchte Geld, sofort, auf der Stelle, Geld, Scheine, Münzen. Eine neue Flasche kaufen, weiterspielen. Ich lief rechts runter, das musste die Yorckstraße sein, vor mir auf einmal die Leuchttafel eines Kinos, Schaukästen. Durch die Eingangstüre sah ich, dass außer einer Kassiererin niemand in dem kleinen Foyer war, meine Nervenbahnen sprühten Funken, im Kopf, in der Brust, überall. Oder wie Zündschnüre, die unter der Haut abbrennen. Weiß nicht mehr, was ich gesagt habe, beim Prozess sagte die Kassiererin aus, ich hätte mit einem Messer vor ihrer Nase gefuchtelt und Geld verlangt. Das sie mir gegeben habe, die Abendkasse, die sie noch nicht abgerechnet hatte, ungefähr dreihundert Euro. Hätte ich in eine Plastiktüte gesteckt und wäre wieder rausgerannt. So wird es wohl gewesen sein, ich kann mich nur noch an einzelne Bilder erinnern, als hätte man sie aus einem Film herausgeschnitten.

Nachdem die Staatsanwältin sie aufgefordert hatte, ihre Gefühle zu schildern, sagte sie, eine Studentin, die in dem Kino jobbte, dass sie Angst, ja, große Angst gehabt habe, hinterher einen Weinkrampf bekommen. Da muss man als Angeklagter durch, obwohl man sich am liebsten die Ohren zuhalten würde. Sicher nicht jeder Angeklagte, aber wir glauben schließlich ans Gute im Menschen. Ich meine, ich war nicht vorbestraft, bisher ein tadelloser Lebenslauf, rein juristisch betrachtet. Und in den Fängen einer Sucht, oder sogar mehrerer Süchte, die mit einem machten, was sie wollten.

Davon das Gericht zu überzeugen ist das Entscheidende, um der vollen Härte des Gesetzes zu entgehen. Bei Kriminaldelikten gibt es ja eine Spannbreite an Jahren, die man einzuwandern hätte nach einer Verurteilung. Bestraft mich, hatte ich nach meinem Entzug zuerst gedacht, ich bin bereit zu büßen, ich hab's verdient. Aber nicht lange, mein Anwalt, den mir Ulf vermittelt hatte …

woher kannte der solche Anwälte? … überzeugte mich schnell, dass es unsere Prozessstrategie sein müsse, auf verminderte Schuldfähigkeit zu plädieren, einen Gutachter würde er besorgen. Sie waren, sagte er, soweit ich das überblicke, nicht nur unbescholten bis zu diesen Vorfällen, sondern auch in einem seelischen Ausnahmezustand, tiefgreifende Bewusstseinsstörung, warum habe man sonst diese Paragraphen im StGB?

In einfachen Worten gesagt: nicht zurechnungsfähig, nicht umfassend verantwortlich. Einverstanden, jeder klar denkende Mensch weiß, weiß es vorher, dass es illegal ist, ein schwerer Rechtsbruch, irgendwo reinzugehen und unter Androhung von Gewalt die Kasse mitzunehmen. Vorausgesetzt, er kann noch klar denken und beherrscht seinen Willen … oder ist wenigstens in der Lage zu berechnen, ob sich hier und jetzt ein Überfall lohnt. Ich war weder zu dem einen noch dem anderen fähig, zu keiner Kalkulation. Rein, raus, das Geld, das mich retten sollte, in meiner Tüte. Und weiterspielen, weitersaufen, weiter die Lines in die Nase ziehen. Womit ich nicht jede Verantwortung für mein Verhalten von mir wegschieben will, aber das Gefühl, etwas Kriminelles unternommen zu haben, eine erhebliche Straftat begangen zu haben, drang nicht an die Oberfläche … in mein Bewusstsein. Oder ich hab's verdrängt.

Was die Staatsanwältin nicht glauben wollte, als sei es mein erlernter Beruf, Klitschen in Kreuzberg und Tempelhof zu berauben. Mein Glück war, wenn wir in diesem Zusammenhang von Glück sprechen wollen, dass der türkische Betreiber des Spätkaufs, den ich am nächsten Abend überfallen habe, aussagte, für ihn sei ich ziemlich erledigt gewesen, das sei sein Eindruck gewesen, voll auf Droge oder so … nein, nein, wirklich Angst habe er nicht gehabt. Warum er mir dann die Kasse ausgehändigt habe, fragte mein Anwalt, darauf er: Weil ich keinen Stress wollte, nicht wegen der paar Kröten, hundertfünfzig Euro.

Ich bin danach nicht mehr in Lollos Wohnung zurück, ich dachte in meinem verdrehten Kopf, irgendeine Überwachungskamera wird mich aufgenommen haben, Großfahndung. Woran man sehen kann, dass ich mich in einer irrealen Welt aufhielt, ein gehetzter Millionendieb. Und nicht ein Würstchen, das obdachlos durch die Stadt treibt. Es war Mai, schon angenehm warm, nachts weniger, aber ab vier Uhr konnte man sich in die U-Bahn setzen und bis an eine Endstation fahren. Und wieder in die andere Richtung. Die Linie 7 ist die längste, von Spandau nach Rudow, Lipschitzallee, Wutzkyallee.

———

Bauernhof, dann Berlin, tertium bis heute nicht vorhanden. Wenn man sich irgendwo bewirbt, ist das keine Empfehlung, keine Flexibilität, keine Auslandserfahrung. Als hätte die inzwischen jeder, angefangen mit Sprachkursen in Oxford oder Bordeaux, die man schon als Schüler absolviert, dann ein Semester hier und ein Semester da. Englisch und Französisch fließend, Ortswechsel kein Problem. Und ich nie aus Berlin rausgekommen, noch nicht mal eine längere Fernreise, die ich vorweisen könnte.

Vielleicht gefiel es mir deshalb in Köln, etwas endet, und etwas Neues fängt an. Als müsste es im Leben so sein, in einem Rhythmus von zwanzig Jahren. Was natürlich höhere Magie ist, die Zufälligkeiten in geheime Regeln verwandelt, die Entscheidungen bestimmen. Dass ich Krešimir wiedergetroffen hatte, dass seine Oper in Köln aufgeführt wurde, dass Mira auf der Premierenfeier war. Ob eine andere Stadt denselben Effekt ausgelöst hätte? Glaube ich nicht, obwohl ich nicht sagen kann, woran das liegt.

Die Wohnung in Berlin könnte ich vermieten ... oder verkaufen, wenn ich einen klaren Schnitt machen wollte. Aber noch ist nichts spruchreif, außerdem hätte ich Geld genug, weder das eine noch das andere zu tun. Tun zu müssen, um über die Runden zu kommen, wenn alles floppt, steige ich eben wieder bei Koba ein. Nein, mach ich nicht.

Die Frage, wohin ich gehöre, habe ich mir nie gestellt, ich weiß aber, dass man mit rationalen Gründen allein einer Antwort nicht näherkommt. Man kann mit dem besten Job irgendwo todunglücklich sein, metaphysisch sozusagen. Mir scheint, das ist ähnlich wie in der Liebe, der Point of no Return, man muss nur den Mut aufbringen, sich drauf einzulassen. Um den Rest seines Lebens nicht mit Halbheiten zu verbringen. Scheitern inklusive, Selbsttäuschungen, aber wenigstens weiß man's dann hinterher. Das ist ja auch was.

Treffpunkt war das Restaurant des königlichen Yachtclubs in Barcelona, Tanja kam aus Frankfurt, ich aus Berlin. Ihre Eltern erwarteten uns, ihr Motorsegler, der uns nach L'Escala zurückbringen würde, lag im Hafen.

Ich hatte Tanja vorher nie gesehen, sie hatte mir eine

Mail geschrieben und gefragt, wann ich in Barcelona lande, mein Flugzeug, gegebenenfalls könnten wir zusammen ein Taxi nehmen. Wie erkenne ich dich? Wie erkenne ich *dich*? Wir trafen uns vor dem Geldwechsel, beide nicht mit Rollköfferchen, sondern mit Reisetaschen über der Schulter. Wie der Flug gewesen sei? Wie bei dir, vermute ich. German Wings, Luxus pur. Du sagst es.

Ich wusste nicht, was sie über mich wusste, Merkur-Invest, Chief Financial Officer, und wie ich ihre Eltern kennengelernt hatte. Wie diese Einladung zustande gekommen war, ein neuer Geschäftspartner, den wir sehr sympathisch finden. Genauso wenig wusste ich, ob Tanja sich für die Anlagegeschäfte ihres Vaters interessierte, ob er sie jemals eingeweiht hatte in Konten und Vermögenssicherung. Meine Annahme geht dahin, dass ja, zumindest im Allgemeinen, sie war die einzige Tochter Deegs, der auch ich, nach ihren Erzählungen, anvertraut hätte, wo man 's Geld untergebracht hat. Kühl, gescheit, ohne Spinnerei.

Schade, sagte sie, als wir im Taxi durch die Stadt fuhren, dass wir nicht länger in Barcelona bleiben, bist du schon einmal hier gewesen? Musste ich verneinen, überhaupt in Spanien, nie. Nicht in Portugal und nicht in Tschechien, nicht in Irland und nicht in Dänemark, nur ein paarmal in Paris, als Julia einige Monate im Staatsarchiv, oder wie das heißt, auf der Suche nach Dokumenten zur Staatenlosigkeit war. Sündteure Wohnung untergemietet, ein Zimmer unterm Dach mit Waschbecken, Toilette auf dem Flur.

Die Langustinos, sagte Frau Deeg, sind hier klasse, bestellt euch die. Ich sah Tanja an und nickte, was ist gegen fangfrische Langusten einzuwenden? Zugleich spürte ich einen Widerstand bei ihr, bei Tanja, als hätte sie solche Empfehlungen schon zu oft gehört. Ich hab Lust auf Steak frites, sie sah mich an, und du? Ich nehme Languste, sagte ich, ich schließe mich an, sagte Deeg, Wein?

Was aber schon die einzige Unstimmigkeit war während der Tage, die wir zusammen verbrachten ... Mutter und Tochter. Dass die eine der anderen vorwirft, sie nicht so zu akzeptieren, wie sie ist, unsinnige Vorschriften, die man verinnerlicht hat. Dass Frau Deeg mich viel öfter ansprach als Tanja, meine Meinung wissen wollte, war Zeichen genug, aber Tanja nicht jemand, der das noch einmal zum Thema machen wollte. Abgegessen, keiner Widerrede mehr wert.

Alles war großartig, die Langusten, das Steak, der Fisch, den Frau Deeg bestellt hatte, Wein, Nachtisch, Mokka. Aufmerksame Kellner, durch die Fenster des Restaurants der Blick auf den Yachthafen, die Masten der Schiffe, die sich leicht im Wind bewegten. Warum können nicht alle so leben?

Deeg stand konzentriert am Ruder während der Fahrt in die Bucht von Roses. Ein hagerer älterer Mann, der zum Mast hinaufschaut, auf den Monitor seines Navigationsgeräts, zu einer Karte greift. Als müsste er sich doppelt versichern. Ich war vorher noch nie gesegelt, noch nie auf offener See gewesen. Wo es selbst bei wenig Wind immer eine Dünung gibt, in die das Boot eintaucht, um von ihr wieder emporgetragen zu werden. Leicht beunruhigend, weil es von Land aus so ausgesehen hatte, als sei das Meer eine ebene Fläche bis an den Horizont. Ist es aber nie, unberechenbar. Ob ich mal das Ruder übernehmen wolle, fragte mich Deeg, kommen Sie. Irgendwie war es erhebend, das Schiff auf Kurs zu halten, geblähte Segel, Frau Deeg rollte lose Tampen zusammen, Tanja im Schneidersitz auf dem Vordeck.

Fünf, sechs Stunden dauerte die Überfahrt von Barcelona bis zum Ferienhaus der Deegs, das eine eigene Anlegestelle hatte. Segel alle runter und langsam rantuckern, vertäuen und an Land gehen. Er sei zu alt, sagte mir Deeg, um ohne Motor auszukommen, früher wäre es anders gewesen. Aber damit habe er sich abgefunden, hat Ihnen der Turn gefallen?

Bei Merkur-Invest war man mit zwanzigtausend dabei, das kann man vor sich verantworten, ist nicht die Welt. Kein irreparabler Schaden, wenn man's abzuschreiben hätte. Und sollte ein Kunde aussteigen wollen, hatten wir zwanzig Mille immer flüssig. Minimum. Aber wer will schon ein Geschäft verlassen, das in kurzer Zeit so viel abwirft, wie es im Prospekt versprochen war. Denn machen wir uns nichts vor ... Versprechungen, denen man glaubt, sind immer die Grundlage, um bei einem Fonds einzusteigen. Selbst kühle Rechner, die ihre Betriebe wie ein Gleichungssystem betrachten, das aufgehen muss, kann man davon überzeugen, eine Art Perpetuum mobile anzubieten. Die Nische, die alles andere toppt, nichts für Krethi und Plethi. Wenn das Bild nicht so abgeschmackt wäre, würde ich glatt von der Möhre sprechen, die man dem Pferd vors Maul hält ... die Sache mit der Lichtgeschwindigkeit, leuchtende Zukunft. Vertraut man dir erst mal, sind ganz schnell größere Summen im Spiel. Bevor sie auf einem versteckten Konto an Schwindsucht eingehen.

Dass Koba mich zu Deeg nicht begleitet hat, war ungewöhnlich. Weil wir sonst immer zu zweit kamen, zum Gespräch. Und Deeg nicht irgendein Krauter, sondern der größte Arbeitgeber am Ort, weit vor M-Nutrition. Umsatz, Innovation. Unser Haus, sagte seine Frau, liegt ein bisschen von der Straße ab, nach einer ganz langen Kurve. Nach einem Sägewerk, das erkennen Sie sofort. Ich war kaum ausgestiegen mit meiner Mappe, als sich schon die Tür öffnete und Frau Deeg mir zuwinkte. Gut gefunden? Kein Problem.

Das Haus hatte die Form eines L, links runter ein Gang zu den Schlafzimmern, den verwaisten Kinderzimmern, nach vorn an der Küche vorbei zu einem Essplatz und dann drei Stufen herunter zu einer Sitzgruppe in einem Raum mit Kamin und einem wahnsinnigen Panoramafenster, vor dem der Bach oder das Flüsschen dahinsprudelte, nach dem das Tal seinen Namen hatte. Wie schön Sie es hier haben, sagte ich, und dafür musste ich mich nicht verbiegen. Eine große Schiebetür eröffnete den Blick auf eine Terrasse und einen Pool mit versenkbarem Dach, der genau zwischen den Balken des L lag. Hätte man fast von den Schlafzimmern durchs Fenster reinspringen können.

Ich weiß nicht, ob es Deeg recht war, aber seine Frau erzählte mir bei einem kleinen Rundgang, dass sie zuerst bei den Schwiegereltern gewohnt hätten, bis sie sich endlich durchsetzen konnte, ein eigenes Haus. Und da sei Tanja schon auf der Welt gewesen. Und sie mit Nicole schwanger. Ihre Offenherzigkeit war erfrischend, sie hatte nichts zu verbergen, und sie gab nicht an. So sind wir, ich hoffe, Sie haben Appetit mitgebracht.

Als ich später mit Deeg am Esstisch saß und ihm die Strategie von Merkur-Invest erläuterte, saß sie unten in einer Ecke der Couch und löste ein Kreuzworträtsel, rauchend, ein Glas Wein trinkend, das Rätsel aus dem Zeit-Magazin. Seit dreißig Jahren, die Fragen seien so schön verschlüsselt, damit könne man Tage verbringen. Deeg lächelte, wir waren wirklich weitergekommen und hatten uns dann zu ihr gesellt … jedem Tierchen sein Pläsierchen. Ich frage mich heute, als wen die beiden mich betrachteten oder wer von ihnen die Idee hatte, mich nach Spanien einzuladen. Zu welchem Zweck. Ich glaube, dass ich mich wie Pit hätte einarbeiten können, ein, zwei Jahre, und ich wäre fit gewesen, um bei Deeg-Chemie als Geschäftsführer zu fungieren. Vorausgesetzt, wie Tanja sagte, ihre Eltern hätten so was beabsichtigt … kannst du das glauben?

Glaube hin, Glaube her … wenn Tanja und ich aufeinander angesprungen wären, würde ich heute vielleicht im Schwarzwald hocken und stellvertretender Sprecher der lokalen Mittelstandsvereinigung sein. Im Aufsichtsrat der Raiffeisenkasse, der ein gewichtiges Wort mitzureden hat bei der Kontrolle von Kreditvergaben. Und? Wär' das ein Drama? Gar nicht, nur nicht meine ureigene Entscheidung. Sondern das gleiche Driften wie in meinem Leben zuvor, mit dem Unterschied, in einer wunderbaren Landschaft zu wohnen und sich keinen Kopf mehr machen zu müssen, wo 's Geld für den nächsten Monat herkommt. Ich gestehe gern, dass ich mir nicht sicher bin, was richtig und was falsch ist, was ein Unglück und was ein Leben wäre, bei dem man sich nicht ständig fragt, ob man's so haben will ... falls man überhaupt wählen kann. Aber wer kann das schon, drei Prozent der Bevölkerung. Oder acht, allerhöchstens.

Nicht unwahrscheinlich, dass man nach einer gewissen Zeit nicht mehr über Alternativen nachdenkt, man richtet sich überall ein, wo es einem gut geht. Ubi bene, ibi patria, diese Sinnsprüche aus meinem ersten Lateinbuch, das am Ende des Schuljahrs von vorne bis hinten mit Filzstift beschmiert war. Die Fotografien von antiken Skulpturen, alea iacta est. Als handele es sich um unumstößliche Wahrheiten, die in Kinderseelen reinzuhämmern sind. Um sie mit sich herumzutragen bis zum letzten Tag auf Erden. Wo sich sowieso alles entscheidet, als würden Scheinwerfer angestellt, die jeden Schwachsinn erhellen. Enthüllen, jeden Selbstbetrug und jede Peinlichkeit. Wovon man nie mehr etwas hören wollte.

Deeg hatte nicht versteuertes Geld in der Schweiz ... wie die anderen auch, in Luxemburg, in Liechtenstein. Ja, ist so, ich erfinde nichts. Man ahnte das, wollte es aber nicht ansprechen. Bis sie selber aus der Deckung kamen, mal unumwunden, mal nach aufmunterndem Zuspruch, was wollen wir damit anfangen? Ich bin kein Moralapostel, es war nicht meine Aufgabe, nach der fiskalischen Herkunft einer Investition zu fragen. Hier sind fünfhunderttausend Euro oder Franken oder Dollar, die nah dran sind, zu verhungern. Wir kümmern uns darum, wie der Geleitzug um einen Flugzeugträger.

Strobel war jemand, den ich gut verstand. Er stand unter Druck, die Autokonzerne, die er belieferte, waren gnadenlos. Ließen jemanden wie ihn und seine Firma und die Mitarbeiter über die Klinge springen, als hätte es die Jahre zuvor nicht gegeben. Friss oder stirb. Er kämpfte, rationalisierte, hielt den Betrieb aufrecht. Mir wäre das zu dumm gewesen, ich hätte alles dichtgemacht und in Italien aufs Meer geguckt. Cinque Terre, wo Strobel eine kleine Villa hatte, von der er uns Fotos zeigte, als Koba sagte, dass er auf der Suche sei, etwas Ruhiges, ein Rückzugsort. Das war sowieso einer unserer Pluspunkte, das Private, an dem wir Interesse zeigten … in diesen Zeiten, Mensch bleiben.

Deutlicher kann und will ich nicht werden. Solange noch der Prozess läuft. Bei dem, wollen wir festhalten, Deeg und Strobel nicht zu den Klägern gehören. Weil sie wissen, wie die Dinge funktionieren und dass Merkur-Invest nicht vorsätzlich in eine Schieflage geraten ist. Nicht aus Inkompetenz und nicht in betrügerischer Absicht. Daran sind sie schon in der ersten Instanz gescheitert. Weil uns nichts nachzuweisen ist, Schriftverkehr und Aktivitäten.

Mit den Deegs, mit Raimund und Helene, bin ich bei meinem nächsten Besuch in ihrem Tal essen gewesen, zu dritt in einem sehr schönen Lokal, wo die Kellnerinnen sie kannten. Wir hatten zuvor alles klargemacht, Deeg war mit hunderttausend eingestiegen, ein erster Schritt. Jakobsmuscheln, Lammkarree, Topinamburpüree, ein Nachtisch mit Eis. Frau Deeg war es, die unser Gespräch ziemlich rasch, nach dem Gruß aus der Küche, auf mich lenkte, so unverstellt, wie es ihre Art war. Woher ich komme, die Eltern, Geschwister. Deegs kannten den Niederrhein, wobei kennen … sie besuchten regelmäßig die Bootsmesse in Düsseldorf, also wussten sie ungefähr, wo ich aufgewachsen war. Auf einem Bauernhof, den jetzt der ältere Bruder übernommen hatte, eine viel jüngere Schwester, die als Ärztin arbeitete. Nein, war nie in meinem Kopf, Landwirtschaft und das. Ja, ist komisch, nicht, aber so unterscheiden sich Menschen. Obwohl sie auf demselben Boden groß geworden sind, immer eng zusammen waren.

Ein großer Hof? Nicht klein, sagte ich, aber Größe allein sage nichts aus, Hektar. Es sei wohl lange nicht einfach gewesen, bis Bernhard, mein Bruder, den Betrieb umgestellt habe auf ökologisch, Bio, mit Eigenvertrieb. Deeg nickte, als hätte er schon selber darüber nachgedacht. Haben Sie nie Heimweh? Vermissen etwas? Ich sah Frau Deeg an, als sei es die Masterfrage in einem Fernsehquiz, und hob die Schultern. Hatte ich Heimweh? Wonach denn? Was sollte das sein?

Ich fühle mich, sagte ich zwischen Jakobsmuscheln und Lamm, der Landschaft da verbunden ... aber was heißt das schon? In einer Krise plötzlich alle Brücken hinter sich abzubrechen, zurückzugehen? Als verleugne man radikal, was man bisher unternommen hat, das Leben selbst. Mit dem ich nicht unzufrieden war, hätte sich auch anders entwickeln können. Jemand, der nicht mehr auf die Beine kommt, nachdem es ihn einmal aus seinen Gewissheiten herausgerissen hat. Wie ein unbesiegter Boxer, der plötzlich schwer k. o. geht.

Wir hatten schon eine Flasche Wein getrunken, als die Geschichte ans Licht kam. Deegs älterer Bruder war bei einem Autounfall gestorben, mit kaum zwanzig, was ihn zum Alleinerben machte ... ade jeder Traum von einem Studium, das er hätte aufnehmen können, Philologie. Damals anscheinend unmöglich, familiären Ansprüchen zu entfliehen, und dass er das Optimale aus den vorgefundenen Bedingungen herausgeholt hatte, würde niemand bezweifeln können. Einen Betrieb mit zwei Dutzend Arbeitern in einen europäischen Wettbewerber verwandelt, morgens der Erste im Büro und abends der Letzte, der geht.

Bei uns ist es aber auch wunderbar, sagte Frau Deeg, ja, das hat sie noch gesagt, der Schwarzwald, nachdem ich doch ein wenig geschwärmt hatte, der Nebel im Herbst, der wie eine Decke über Wiesen und Sträuchern liegt. Als wandere man durch Wolken, kaum dass man seine Füße sehe. Es kam mir so vor, als beschriebe ich einen Verlust, den ich gar nicht erlitten hatte. Etwas Unwiederbringliches, obwohl ich jederzeit in jedem November zurückkönnte, nichts war verloren, nichts nur noch in der Erinnerung vorhanden. Wie bei Vertriebenen im Exil.

Sie haben es herrlich hier, sagte ich, ich würde, wenn's sein muss, sofort mit ihnen tauschen. Tauschen Sie doch, sagte Frau Deeg, was hält Sie ab? Wenig und alles, sagte ich, mein Job zum Beispiel. Und dachte, dass die Wirklichkeit immer unscheinbarer, immer blasser ist als in allen Erzählungen. Was man sich wünscht, sich erhofft. Und trotzdem … wie im Erbgut eingeschlossen, das Rinnsal neben einer Reihe von Weidenbäumen, die ihre verknoteten Äste in die Luft strecken, ein Berg, den alle Berg nennen, obwohl es nur ein Überbleibsel aus der Eiszeit ist, das man erst sieht als Erhebung, wenn man direkt davorsteht, die roten Backsteine von Kirchen und Häusern.

Nicht nur bei diesem Essen, auch während der Tage in Spanien wäre ich nicht überrascht gewesen, wenn Deeg mir etwas angeboten hätte, wie es so heißt: Schnupperwoche, schauen Sie sich doch einmal um. Nach meiner Begegnung mit Pit und Melanie hätte ich ein Angebot anders betrachtet als vorher … wenn auch nicht angenommen. Aber es blieb bei Andeutungen und der Frage, ob ich mich schon mit Chemieprodukten beschäftigt hätte, dem Markt. Außer an dem Abend, als er und seine Frau Werbung machten für den Standort, von Straßburg nach Barcelona in kaum einer Stunde. Wieso man in Frankfurt lebe, in Berlin, wenn man doch alles vor der Haustür haben könnte, Natur, Kultur, was einem denn wichtig sei? Dass Tanja Restauratorin geworden war, Nicole Slawistin, schienen sie, weder Deeg noch seine Frau, bis heute verstanden zu haben, mehr in Kauf genommen als begrüßt … wenn du dich dafür interessierst, nur zu. Das war der Abend, als Tanja und ich später noch auf dem Dach des Hauses in Spanien saßen und sie mir die Geschichte von dem Banküberfall erzählte, von diesem Fränkie, der ein paar Steroide zu viel geschluckt hatte.

In Versuchung geführt werden, der Versuchung zu widerstehen, daraus besteht die halbe Bibel. Ich weiß von mir, dass ich die ersten vierzig Jahre meines Lebens, auch noch nach dem Knast, im Herbst zweitausendneun auf Bewährung entlassen, beim »Fußball-Echo« angeheuert, dann bei Koba, immer irgendwo reingeschlüpft bin, mach ich jetzt mal, anstatt mich zu fragen, was ich will. Wer ich bin, denn darauf läuft die Frage im Grunde hinaus. Warum man mich mögen könnte, meine Gesellschaft suchen. Aber wer sucht die? Mira, das steht fest, ich habe nie den Eindruck, sie würde mich als Geldgeber betrachten, als zukünftigen Galeristen. Reicht das? Wofür?

Ich habe mir jetzt in Köln Räume angesehen, einen Laden in Deutz, der nicht schlecht wäre, gut zu erreichen, gleich hinter der Brücke. Zwar auf der schälen Seite, wie sie hier sagen, aber linksrheinisch zahlt man sich tot. Die pressen einem den letzten Cent aus dem Schuh, außer am Ebertplatz, worüber ich noch nachdenke. Von der Stadt etwas zu mieten, sehr coole Location. In der Hoffnung, die Junkies würden irgendwann aus der Unterführung verschwinden und nicht mehr in alle Ecken pissen. Aber wenn, gäb's kaum etwas Besseres, jede Vernissage-Party ein Ereignis, bei jedem Wetter. Finde ich auch, sagte Mira, als wir uns den Ort ansahen, die Kunden müssen sich nur trauen. Und an den Betonbrüstungen müsstest du was anbringen, richtig in Neon, ich liebe Neon. Ein Name? Genau, wie soll deine Galerie heißen? Wie? Van Gelderen Art Space … oder nur van Gelderen. Das zieht? Mich würde das an Captain Beefheart erinnern, der hieß doch ähnlich, mit seinem bürgerlichen Namen, van Vliet. Wer weiß das außer dir noch? Wer es nicht weiß, sagte Mira, rückte sich ihre Umhängetasche zurecht, soll zu Hause bleiben.

Wo man zu essen findet? Geh in einer großen Fastfood-Filiale von Tisch zu Tisch und nimm dir die Reste von den Tabletts, die noch nicht abgeräumt worden sind. Eklig? Eine Frage des Hungers, den man hat. Oder die Reste auf einem Tablett einsammeln und sich in eine stille Ecke setzen. Solange man nicht zu abgerissen aussieht, wird man von den Mitarbeitern in Ruhe gelassen, die interessiert das alles nicht. Würde mich auch nicht, für den Stundenlohn, den man da wahrscheinlich bekommt.

Ein bisschen gewonnen, ein bisschen verloren, fünfzig Euro noch in der Tasche. Alkohol? Eine Flasche Ouzo in einem Supermarkt geklaut, was erstaunlich problemlos war. Denn etwas geklaut hatte ich vorher nie, auch als Jugendlicher nicht ... so einfach ging das also. Für Speed reichte das Geld nicht mehr, aber man kann zu kompensieren versuchen, Kaffeepulver. Und Zigaretten so dünn wie möglich drehen. Kippen von der Straße aufklauben. Vielleicht war es ein Restfunken Verstand, Vernunft oder Selbsterhaltungstrieb, dass ich mit dem Spielen aufhörte, wie lange hält man mit fünfzig Euro durch?

Im Knast habe ich einen kennengelernt, einen gebürtigen Slowaken, der wegen wiederholtem Einbruchdiebstahl ein paar Jahre saß und draußen, erzählte er mir, immer kirchliche Einrichtungen aufsuchte, wo man entweder umsonst oder für ganz wenig Geld ein Mittagessen erhielt, Lubomir, ein ziemlich schräger Vogel, ein Loner, würde ich sagen, der nichts dabei fand, zwischen lauter Pennern zu sitzen, um zu sparen. Weil das sein Motiv war, sind doch auch Menschen, auf die Idee wäre ich nicht gekommen, Sankt Marien Liebfrauen auf der Wrangelstraße.

Was ich während der Zeit, die ich auf der Straße lebte, gedacht habe, ob ich mir überhaupt Gedanken gemacht habe, wie es mit mir weitergehen soll, weiß ich nicht mehr, ich glaube, man macht sich eine falsche Vorstellung von dem Konzept, Bilanz zu ziehen, der Anstoß dazu muss von außen kommen. Oft, wenn nicht immer. Außerdem hat man genug damit zu tun, die Grundbedürfnisse zu stillen, wo kann man ungestört aufs Klo gehen, auf welchem Klo kann man sich waschen, mal eine Stunde hinlegen?

Es war, wie schon erwähnt, ein schöner Mai, angenehme Temperaturen, kein Regen, man konnte sich gut im Freien aufhalten, ich bin viel im Tiergarten gewesen. Am Landwehrkanal hinter dem Zoo, man hörte die Tiere, das Röhren und Grunzen oder was für Geräusche sie auch von sich geben. Ein bisschen unheimlich, wie aus einer Zeit vor unserer Zeit. Stumpfsinnig auf einer Bank gesessen, geraucht, an einer Flasche Hochprozentigem genippt. Je weniger man isst, desto weniger braucht man, um in einen Dämmerzustand zu verfallen, Schlaf mit offenen Augen. In die Büsche gekotzt.

In der Gegend dort ist an einer Mauer, es könnte sein, dass es die Begrenzungsmauer zum Zoologischen Garten ist, eine größere Metalltafel angebracht, auf der steht, dass sie an dieser Stelle Rosa Luxemburg ins Wasser geschmissen haben, irgendwelche Gardesoldaten. Schon tot oder noch nicht tot, ertrunken also. Im Januar 1919, das wusste ich nicht mehr, falls ich es jemals gewusst hatte. Was für einen Politologen ein Armutszeugnis ist … aber ich bin ja keiner, ein verkrachter halber. Ich ging zur Uferböschung und sah in den Kanal, beduselt, wahrscheinlich nicht ganz sicher auf den Beinen … ein kleiner Schwindelanfall und das wäre es gewesen. So gewissenlos, an den Gedanken kann ich mich doch erinnern, so mir nichts, dir nichts wurden Leute umgebracht, damals, nach dem Ersten Weltkrieg, und dann noch eine Frau. Als hätte das irgendeinen Unterschied gemacht, wenn es um die Macht geht, wenn sich alles, an das man bisher geglaubt hatte, in Auflösung befindet. Zu Recht, wie ich heute sagen würde.

Lande ich sofort bei meinem Urgroßvater, den Separatisten, die zur selben Zeit das Rheinland vom Rest des

Landes, von Preußen, abtrennen wollten. Ich habe angefangen, einiges über diese Epoche zu lesen, ich werde noch in ein paar Archive hinabsteigen. Hätte es den Wiener Kongress nicht gegeben, wäre die Provinz nie einem Staat zugeschlagen worden, den keiner mochte … und die Geschichte nicht so fatal verlaufen. Ist meine feste Überzeugung, davon lass ich mich nicht abbringen.

Das mit den Archiven kommt später, aber einen festen Vorsatz zu haben ist prinzipiell gut. Und ihn dann auch zu verfolgen, bevor er sich wieder in ein Hirngespinst verwandelt. Nicht nur von Tag zu Tag, von Woche zu Woche zu leben. Oder von Stunde zu Stunde, wie ich es tat mit meiner Plastiktüte, dem dahinschwindenden Geld. Ich hatte mir in einem Billiggeschäft für fünfzig Cent einen Kamm gekauft, um nicht völlig verwildert auszusehen, wenn ich mich schon nicht rasieren konnte. Um möglichst nicht aufzufallen, wenn ich unter Menschen war, in einer Shopping-Mall. Im Alexa am Alexanderplatz, wo ich mehrmals gewesen bin, warum eigentlich? Ich war hier doch nur ein Fremdkörper in einer Welt der Normalität, von Anprobieren und Einkaufen … aber vielleicht deshalb. Man könnte dazugehören, obwohl man weiß oder es spürt, dass man nie dazugehören wird. Dass einem nie gelingen wird, was für andere eine Selbstverständlichkeit ist, als trüge man auf ewig einen Makel mit sich rum, der nicht wegzuwaschen oder zu übertünchen ist.

Erkennt man mich? Wer? Natürlich nicht ein anderer Besucher in der Mall, im Alexa oder in den Arkaden am Potsdamer Platz, sondern jemand von der Security, die, achtet man darauf, überall präsent ist. Die Frage habe ich mir zwar gestellt, jedoch ohne die Ergänzung: als was denn? Als gesuchter Verbrecher oder als Obdachloser … obwohl mir, glaube ich, das noch nicht anzusehen war. Nach einer gewissen Zeit entdeckt man das Wachpersonal ganz von allein, schwarze Hose, schwarzer Blouson, anscheinend unbeteiligter Blick in die Menge. Und Kameras alle paar Meter, kein Schritt, der unbeobachtet bleibt. Wenn ich wieder auf die Straße trat, kam's mir so vor, als hätte ich eine Mutprobe bestanden, der Täter bleibt weiterhin unauffindbar.

Bleibt er aber nicht, weil er unvorsichtig war. Und dumm genug, auf der Polizeiwache erschöpft zu gestehen, dass er zwei Überfälle begangen hat, vollkommen unnötig. Es handelte sich um Ladendiebstahl und nichts anderes. Kann sein, ich war zu bedröhnt, zu entgeistert, um mit der Situation entspannter umzugehen. Kein Profi eben, der gewusst hätte, dass sie gegen ihn nichts in der Hand haben, jedenfalls nicht den Vorwurf, belastbaren Vorwurf, ein Kino und einen Späti beraubt zu haben. Mit Waffe, was einer möglichen Bewährungsstrafe die Grundlage entzog. Bei dieser Staatsanwältin jedenfalls, diesem Richter, denen Gutachten und Sozialprognose und Geständnis plumpe waren, ab in den Bau.

Der Kaiser's am Kottbusser Tor, keine Erinnerung mehr, warum gerade da. Wie und warum ich ausgerechnet am Kotti aus der U-Bahn stieg und mich nach einem Supermarkt umsah, aber ich brauchte Betäubung. Der Speed-Entzug schlug gerade richtig durch, mir klapperten die Zähne. Zuerst bin ich auf einem Laufband, wie eine Rolltreppe ohne Treppen, ins fensterlose Untergeschoss gefahren, um mich nach Getränken umzuschauen, bis ich nach einigem Rumlaufen verstand, dass es hier nur Lebensmittel gab, Milch, Fleisch, Tiefgekühltes. Wieder hoch. In der Wein- und Likörecke war außer mir niemand, nicht links runter, nicht rechts, ich nahm eine Flasche aus dem Regal, es war spanischer Brandy, wie ich später im Protokoll lesen konnte, und steckte sie in meine Tüte. Damit wollte ich an den Kassen vorbei rausmarschieren, leider nichts gefunden, kommt vor, schade.

Ich war fast schon am Ausgang, als sich mir zwei Brecher in den Weg stellten und in meine Tüte gucken wollten. Das heißt, um präzise zu sein, der eine riss sie mir weg und sagte dann, ich solle mit ins Büro kommen. Das war eine Art von Hochparterre mitten im Laden, ein Kasten mit Spiegeln statt Fenstern, den man über drei, vier Stufen betrat. Hätte ich einen Ausweis bei mir gehabt … hätten sie nicht die Anweisung gehabt, grundsätzlich die Bullen zu rufen … den Rest kann man sich denken.

Nach meinem Geständnis fühlte ich mich erleichtert, was ich mit sozialer Konditionierung erklären würde. Dem ganzen Alkohol, den ganzen Drogen, dem Spielen zum Trotz, die zehn Gebote. Welches ist es, das siebte, das achte? Ich kann mich nicht davon frei machen, habe ich auch nie, gesündigt, bestraft, gebüßt, neues Leben. In welchem bin ich jetzt? Ich glaube, im richtigen, zu bereuen habe ich nichts.

Der Entzug war hart, das wünscht man keinem. Aber ich war zu stolz, mich dem Personal in der U-Haft zu offenbaren, habe ich durchgestanden ohne Medikamente, nur Wasser aus dem Hahn, literweise. Ich pinkle das Gift aus mir raus, dachte ich, irgendwann wird nichts mehr drin sein. Nach den ersten Stunden, die ich in der Zelle war, setzte ein Schmerz ein, als würde mir jemand mit einem Korkenzieher in der Brust rumbohren, mir seine Faust wieder und wieder in den Magen drücken. Über die Kloschüssel gebeugt, würgt man so heftig vor sich hin, als würden sich die Eingeweide nach außen stülpen, die Schläfen scheinen zu explodieren, man zittert, man bebt am ganzen Körper.

Sind die ersten Symptome überstanden, der Zustand, in dem man nichts als ein gepeinigter Körper ist, nur noch ein Körper, über den man keine Herrschaft mehr hat, überfällt die Glieder für Tage ein Ziehen, für das ich keinen Vergleich habe. Ein andauerndes Unwohlsein, von dem man nicht sagen kann, was daran psychisch und was physisch ist. Nicht wirklich Schmerzen, wie ein Kopfschmerz oder der Schmerz nach einem Tritt beim Fußball, sondern ... als reibe man einem mit dem Daumen an den Nervenbahnen entlang ... bis in die Fingerspitzen.

Dann der erste Tag, an dem man durchgeschlafen hat, man kann es nicht glauben, ist es jetzt vorbei? Das eine ja, die Entgiftung, die Krämpfe, aber man wird sich noch Wochen schwach fühlen, wird wacklige Knie haben, kaum seine Unterschrift unter ein Dokument setzen können. Was weiß ich, Anklageschrift, irgendeine Erklärung. Die einem der Anwalt unterbreitet, Anselm Rossler, den Ulf besorgt hatte, nachdem ich mit ihm telefoniert hatte. Was mir sofort auffiel, waren seine großen Manschettenknöpfe ... und der Siegelring, wie Reela einen getragen hatte. Woher, und die Frage habe ich schon einmal gestellt, kannte Ulf solche Leute? Es war einer seiner alten Genossen aus den achtziger Jahren, der Mandate übernahm, die sonst nicht in seinen Geschäftsbereich fielen. Wenn man ihn entsprechend bearbeitete ... du bist mir noch was schuldig. Was? Denk nach.

Seitdem habe ich kein Milligramm mehr gezogen, an keinem Automaten gespielt, bin praktisch abstinent. Wenn ich überhaupt etwas trinke, ein zweites Glas, und das kommt vor, muss die Situation speziell sein ... wie mit Koba, als ich ausgestiegen bin. Oder bei den Gelagen in Georgien. Oder am letzten Silvesterabend, als Mira und ich mit einer Flasche Sekt und ein paar Raketen in Mülheim zum Rheinufer runtergegangen sind. Ein gewaltiges Feuerwerk, als wollten die Mülheimer Türken der Stadt beweisen, dass es sie gibt, wir sind hier, hier ist Köln.

Danach sind wir durch die Unterführung zum Wiener Platz zurück und haben uns in einem Kiosk noch eine Flasche Sekt gekauft, nicht endende Explosionen am Nachthimmel, ein neues Jahr, dieses Jahr. Wer wen gestützt hat auf dem Nachhauseweg, ist unerheblich, wir sind heil angekommen ... happy new year, ja, aber vielleicht erinnerst du mich morgen noch mal.

In Tiflis am Flughafen hat uns ein Freund von Kobiashvili mit einem Land Rover abgeholt, dann sind wir über eine Schnellstraße direkt nach Gori gefahren, ein, zwei Stunden. Ob ich schon in Georgien gewesen sei, hatte mich Koba eines Abends gefragt, ich wollte gerade gehen. Ich schüttelte den Kopf, wieso fragst du? Schöner als Italien, sagte er, du wirst dich wundern.

Das stimmte, selbst wenn ich Italien fast gar nicht kenne. An einem Nachmittag haben wir einen Ausflug zu einem alten Kloster gemacht, das in eine Hügellandschaft eingebettet war, in ein Grün, das so dicht, so üppig war, wie ich es nie zuvor gesehen hatte. Paradiesisch, sagt man, als würde die Erde hier mehr Kraft haben, alle Pflanzen, die Sträucher und Bäume und Rebstöcke, auf unvergleichliche Weise sprießen lassen. Aber das war's auch mit Tourismus, in den drei Tagen, die wir in Gori waren, im Haus seiner Eltern, die beide noch lebten, haben wir uns mit Partnern von Kobiashvili getroffen ... oder als was man sie bezeichnen sollte. Weil ich nicht immer dabei war oder man mich nicht dabeihaben wollte, habe ich mir in der Zwischenzeit die Stadt angesehen, bis es zum Essen ging. Bei dem natürlich Georgisch gesprochen wurde, manchmal ein paar Brocken auf Englisch, um mich nicht ganz außen vor zu lassen ... aber das machte mir nichts aus. Man trank sich wieder und wieder zu, und die Blicke der Männer schienen mir zu signalisieren, dass ich dazugehörte, jeder, den Koba mitbringt.

Warum er wollte, dass ich ihn begleite? Ein Vertrauensbeweis? Eine Art von Einweihung? Vorstellung des Neuen? Obwohl ich mit denen ja nichts zu tun hatte, ich war ein besserer Angestellter, Kapitalverwalter ... jedoch eben das. Woher die Ressourcen stammten, über die Kobiashvili verfügte, habe ich nie erfahren, danach habe ich auch nie gefragt. Allerdings wurde mir deutlich, dass eine Quelle seiner Investitionen hier saß, er war der Mann im Außendienst. An der Front. Unabhängig von seinem eigenen Vermögen, das ich als ganz schön einordnen würde, das Haus, die Autos, das Geld, das er in Grün-Weiß reinbutterte. Das muss ja erst mal da sein, auf dem Konto oder als Kredit, bevor man es abschreiben kann.

Viel zu berichten gibt es von meinen Stadtrundgängen nicht, zwei Flüsse, die hier zusammenfließen, eine Burgruine auf einem Hügel mitten in der Stadt, der Rest unspektakulär. Ein paar Jahre vorher hatte die russische Armee den Ort kurz eingenommen und sich wieder zurückgezogen, einer dieser Kriege, von denen man in Europa nichts weiß, um Südossetien. Die Häuser, die die Russen bombardiert hatten, waren wieder aufgebaut, von Kriegsschäden nichts mehr zu sehen.

Oder doch, was zu berichten wäre, zwei Sachen. Die nicht in Verbindung stehen, für mich aber erwähnenswert sind. Da ist einmal der Tempel, den sie über dem Geburtshaus von Stalin errichtet haben, und dann das Alphabet, die Schriftzeichen. In Gori ist nämlich Stalin zur Welt gekommen, in einer Hütte oder Kleinstbaracke, die man in ein Heiligtum verwandelt hat. Ein griechisches Säulenportal und innen drin die Bundeslade. Kann man besichtigen, fehlt nur, dass dort Gaben abgelegt werden, Räucherstäbchen entzündet. Ich bin da nicht reingegangen, aber Besucher, die in einer Schlange warteten, gab es genug.

Das andere war die georgische Schrift, die aus lauter Rundungen besteht, die einzelnen Buchstaben, was mir unbekannt war. Hätte besser wenigstens auf Wikipedia vor der Reise die Basics nachlesen sollen, dann wäre ich nicht so überrascht gewesen. Rundungen, die Worte aussehen lassen wie eine Kette, aneinandergehängte Kettenglieder. Fast kalligraphisch, wodurch Koba für mich in einem anderen Licht erschien. Geheimnisvoller, als sei er im Besitz eines Wissens, das jedem verschlossen ist, der diese Sprache, diese Schrift, nicht zu entziffern vermag. Noch nicht einmal zu lesen, lautmalend.

Nachdem wir wieder in Berlin waren, kam es mir so vor, als hätte ich eine Prüfung bestanden. Als sei das der Zweck dieses Kurztrips gewesen, gewogen und nicht zu leicht befunden. Auch Baya sah mich jetzt mit anderen Augen an, eine neue Verbindung, nicht mehr nur Kollegen, sondern fast schon Landsleute. Wir hatten gerade Merkur-Invest aufgelegt und Sabert-Kress engagiert, die Dinge kamen ins Rollen. Wie ein Schwur, den ich geleistet hatte, ein Treuebekenntnis, wir können uns aufeinander verlassen. Können wir, und das zu wissen freut mich.

Es spricht sich herum, wenn ein Angebot greift. Man wird angerufen, kriegt Mails, macht einen Termin aus. Jemand steigt mit zwanzigtausend ein und erhöht dann relativ schnell, weil er glaubt, hier sei ihm ein Treffer gelungen wie selten. Details werden unwichtig, es zählt allein die Auszahlung, Kontobewegungen. Trust your pilot, er kann die Maschine auch bei widrigem Wetter auf Kurs halten. Der Vergleich ist gar nicht so abwegig, es gibt ja Passagiere, die bei der ersten kleinen Turbulenz schon zur Tüte greifen und die Landung herbeisehnen, während der Nachbar sich das nächste Getränk bestellt. Im Kopf die Rechnung, dass Fliegen die sicherste Art zu reisen sei.

Das Gefühl stellt sich ein, es würde immer so weitergehen, meine Entscheidung war goldrichtig. So ein Grandiositätsgefühl, in dem sich Gier und Selbstzufriedenheit vermischen. Auch bei Investoren, die es besser wissen könnten … als sei Gewinnstreben, fast um jeden Preis, etwas Angeborenes wie Essenmüssen. Und dann keine

Schlinghemmung haben, wer weiß, wann ich das nächste Mal mit am Tisch sitzen werde. Oder bevor mir ein anderer die besten Happen wegschnappt. Man braucht niemanden zu drängen, ein wenig Geduld, und sie kommen … wahrscheinlich läuft das beim Pokern ähnlich, ganz entspannt bleiben.

Auch ruhig bleiben, wenn die ersten Nachfragen eintreffen, man habe dies gehört und jenes. Wir sind im grünen Bereich, die Ampel steht weiter auf Grün, Herr van Gelderen und Herr Kobiashvili sind leider nicht da, morgen, natürlich … wohin dürfen wir das Geld überweisen? Wenn's was zu überweisen gibt, nicht jeder Fonds lässt sich über Nacht flüssig machen. Mitten in einer Operation auszusteigen zieht Verluste nach sich, das sollte jedem klar sein. Zumindest sollte er es nachvollziehen können. Aber Gier und Hysterie liegen nicht zu weit voneinander entfernt, was eben noch genial war, ist einen Moment später unverantwortlich, um nicht zu sagen, rechtlich relevant. Meist sind es dann die Prozess- und Anwaltskosten, die er zu tragen hätte bei einer Abweisung seiner Klage, die den Hysteriker zur Einsicht bringen und ihn eine zweite Instanz scheuen lassen.

Ich bin sparsam, nicht aus Geiz, sondern weil ich mit Statussymbolen nichts anfangen kann. Was für ein Status denn? Vielleicht spräche man statt Sparsamkeit besser von Gelegenheiten, die ich nicht wahrnehme … wie bei der Armbanduhr. Verstehe wer die Leute, die sich eine Patek Philippe ans Handgelenk binden. Oder noch Teureres, meist auch viel zu groß, als trügen sie einen Silber- oder Goldklotz mit sich herum. Astronauten-Zifferblatt für den Flug ins All, der liebe Fiala. Neben den Anzügen und der Wohnung war die Uhr, die ich mir vor zwei Jahren gekauft habe, die größte Anschaffung seit meiner Entlassung. Mechanisch sollte sie sein und unauffällig. Bin ich zu Wempe am Ku'damm, habe mir das Schaufenster angesehen und rasch etwas gefunden. Eine Uhr von Junghans, wie eine Kommunionuhr von früher, von meinem Vater, die elfhundert Euro kostete. Was ich angemessen fand, nach einer Viertelstunde war ich wieder draußen, ne, Mails brauche ich von ihnen keine, danke.

Ich denke natürlich auch über neue Anlagemöglichkeiten nach, was mache ich mit meinem Geld?, aber mit weniger, weitaus weniger Energie als bei SoSa und Merkur. Irgendwann wird's weg sein, vermute ich … wenn man nicht gegensteuert, für einen guten Tipp bin ich immer dankbar. Mit Geld lebt es sich angenehmer als ohne, ich meine damit, wovon es einen im Alltag befreit. Selbst eine Sucht würde einen nicht ruinieren, finanziell, so kaputt der Körper hinterher auch sein mag. Falls man aus der Sucht wieder herauskommt. Ich weiß nicht, ob mir das gelungen wäre ohne die Verhaftung, ohne mein Geständnis mit den Folgen, die das hatte. Vielleicht ein Reflex, weil ich alles hinter mir lassen wollte und es anders nicht gegangen wäre. Schwaches Fleisch und schwacher Geist. Damit hat man zu rechnen.

Sustainability, das Wort ist ein Joker. Global Sustainability Index. Denn nachhaltig soll's sein, wo man sich beteiligt. Ökologisch und ökonomisch, der zu schnelle Euro zieht meistens Verdacht auf sich. Deshalb ziert es jeden besseren Prospekt, beantwortet Fragen, die dann nicht mehr gestellt werden. Was hilft einem das gute Gewissen, wenn 's Kapital weg ist oder der Zinsertrag von den anfallenden Kosten erschöpft wird. Nichts, außer man ist Diogenes in der Tonne.

Aber es hat sich durchgesetzt, man klebt es auf alles drauf und verkauft alles damit. Als brauche man das ... wie die Angabe von Nährwerten auf einer Limonadenflasche. Bevor man sie einem Kind in die Hand drückt, kein Zucker drin. Kein Pharmaunternehmen und auch keine Rüstung. Falls es jemand genauer wissen will, das sind meiner Erfahrung nach aber die wenigsten. Nicht wenn es um sechsstellige Summen geht.

Und ich? Rheinmetall im Portfolio muss ich nicht haben, nur dreht sich manchmal der Wind schneller, als man umschichten kann, in diese Richtung oder in jene. Ich weiß nicht mehr, woher der Satz vom Fressen stammt, das vor der Moral kommt ... bitte jetzt keine Empörung.

Moral muss man sich leisten können, und dahinter sollte noch etwas in Reserve sein, falls sich der Heiligenschein als Fehlinvestition entpuppt. Wer das für zynisch hält, ist entweder beim Staat oder hat so viel Geld, dass er sich öffentlich als Wohltäter durchreichen lassen kann. Alle anderen müssen sehen, wo sie bleiben.

Wer bin ich heute? Im Vergleich zu früher, zu der Person auf älteren Fotos, die meinen Namen trägt. Bruno van Gelderen. Dieses eine mit Toby und einem Kumpel von ihm, das wir nach einer Nacht im Discount auf der Torstraße in so einem Fotomat von uns gemacht haben. Ein Streifen mit vier Passbildern, einmal ernst, einmal Grimassen schneidend. Und nur deshalb noch in meinem Besitz, weil Julia, wozu sie jedes Recht gehabt hätte, meine Sachen nicht weggeschmissen, sondern aufgehoben hat, bis ich wieder draußen war. Erkenne ich mich wieder? Einen Kern, aus dem sich alles entwickelt hat? Klare Antwort: nein. Als sei man abhängiger von äußeren Umständen, ich jedenfalls, die längste Zeit meines Lebens, als man sich eingestehen will. Um den Zusammenhang zu wahren, den Zufall auszuschließen, sich in allen Lagen als Herrn seiner selbst betrachten zu können. Anstatt zuzugeben, dass man durch ein gewaltiges Chaos hindurchgeht, hindurchtaumelt, hindurchgeschleudert wird, um in der Gegenwart zu landen.

Wie bei einer kosmetischen Operation, vorher und nachher. Während andere für immer im Vorher steckenbleiben. Mein Schulfreund Daniel, der nach einer kleinen Schizophrenie in die Einliegerwohnung im Haus seiner Eltern gezogen war. So weit wieder hergestellt, arbeitete er bei der Stadt, Jugend und Sport. Sein Berufswunsch war Tontechniker gewesen, er hatte mit Kreschi viel unternommen, bis er eben zusammenklappte, auf dem Flughafen in Frankfurt, als er von einer Reise in die USA zurückkehrte.

Wir hatten uns beim Tchibo in Lobberich getroffen, wo er in seiner Mittagspause gewesen war und ich auf einer Fahrradtour, bei einem Besuch auf dem Hof. Ich wusste, dass Daniel sein Studium in Nürnberg abgebrochen hatte oder abbrechen musste, ich war noch nicht lange genesen. Ob ich abends nicht bei ihm vorbeikommen wolle, er habe eine neue Blu-Ray von den Pretenders, ein ganzes Konzert. Gerne, sagte ich, was trinkst du? Nichts mehr, sagte er, bring nichts mit.

Das Zimmer, in dem er wohnte und schlief, hatte nur

zwei, wie soll ich sagen?, Einrichtungsgegenstände, auf der einen Seite war ein Podest mit einer Matratze und Kissen, an der gegenüberliegenden Wand stand ein schwarzes Metallgerüst, in dem links und rechts Kästen hingen, blinkende Verstärker, Vorverstärker, Equalizer, ein Plattenspieler, CD-Player, DVD-Player, dazu Wahnsinnslautsprecher, die einen Monatslohn gekostet haben mussten, und in der Mitte ein großer Bildschirm, ein Flachbildschirm, für den man damals noch eine Unsumme hinzublättern hatte.

Für Chrissie Hynde hatte ich immer schon geschwärmt, noch auf der Schule, neben den Peppers und Radiohead, die Augen vielleicht, diese Stimme. Der erste Song war »Don't Get Me Wrong«, ganz groß, nach drei Takten aber sprang Daniel von dem Podest auf, lief zu dem Metallgerüst und fing an, vorgebeugt, an irgendwelchen Knöpfen zu drehen, irgendwelche Regler zu verschieben, bevor er zu mir auf die Matratze zurückkam. Eine Minute später das Gleiche, diesmal wandte er sich zu mir herum, als erwarte er Zuspruch oder Beifall. Gut, gut, sagte ich, das ist jetzt optimal. Was ihm jedoch nicht so schien, jede Minute lief er wieder vor und drehte an einem Knopf, lauschte, drehte den Knopf einen Millimeter weiter nach links oder rechts.

Es war unerträglich. Nach einer halben Stunde fragte ich mich, wie ich hier rauskomme, abhauen, sonst werde ich auch noch verrückt. Ich bin aber geblieben bis zum Schlussapplaus, der Zugabe, »2000 Miles« … *He's gone / 2000 miles / is very far* … zum Dahinschmelzen … und Daniel eilt zu seiner Anlage, wie in den zwei Stunden zuvor.

Die Band verbeugt sich, und ich stoße mehr heraus, als ich es sage: Für mich wird es auch Zeit, war ein schöner Abend … Daniel richtete sich auf und nickte, komm gut nach Hause. Ich hätte ihn umarmt, wenn er sich nicht sofort wieder seinem Equipment gewidmet hätte. Stecker rausziehen und begutachten, ist da ein Kratzer, der die Tonqualität beeinträchtigt haben könnte? Himmel hilf. Was auch immer.

Als ich Krešimir in Berlin wiedersah, habe ich ihm von meiner Begegnung mit Daniel erzählt, traurig, sagte er, was soll man machen? Nichts, sagte ich, vielleicht ist er ja glücklich. Weil wir doch immer unsere eigenen Maßstäbe an andere anlegen und sie danach beurteilen, was normal ist und was zu kurieren. Die Kranken und die Gesunden. Bin ich heute gesund? Ohne ja oder nein zu sagen, weiß ich aber, dass alles, was ich jetzt unternehme, von mir kommt und dass ich Erfolg oder Fehlschlag auf niemanden abwälzen kann. Gehe ich mit meiner Galerie baden, sei es so, läuft es, werde ich bestimmt nicht glauben, es läge an meinem merkantilen Genie.

Kobiashvili kannte vom Fußball her türkische Geschäftsleute, die ihre Vereine unterstützten, Anadoluspor, İzmirspor. Einer, der zahlreiche Häuser in Kreuzberg mit seinen Restaurants erwirtschaftet hatte, ein anderer, der als Versicherungsunternehmer führend war, Allianz-Versicherung. Zum Teil kannte ich sie auch, noch aus meiner Zeit beim »Fußball-Echo«, die dritte Liga als mittelfristiges Ziel, in der Regionalliga bleiben.

Was seine, Kobas, Idee genau war, worauf er hinauswollte, hat er mir nicht im Einzelnen erklärt, bevor er mich fragte, ob ich nicht jemanden wüsste, der erstens Türke sei, türkischsprachig, und zweitens als eine Art von Vermittler, als Kontaktperson, eingesetzt werden könnte. Was ich, so habe ich ihn verstanden, eine vertrauensbildende Maßnahme nennen würde, heimisches Territorium, es bleibt alles in der Familie.

Ich war überrascht, als ich seinen Namen auf dem Display sah, wir hatten seit Monaten nicht mehr miteinander gesprochen. Ich trank gerade in einem Eiscafé auf der Frankfurter Straße wie fast jeden Morgen in Köln einen doppelten Espresso, blätterte durch den Stadt-Anzeiger, den ich mir vom Tresen geholt hatte. Koba … wie geht's dir? So gut wie dir, hoffe ich. Ich kann nicht klagen.

Nachdem er mir in einem großen Bogen sein Anliegen vorgestellt hatte … immer noch künstlerisch unterwegs? … bat ich mir Bedenkzeit aus, muss ich mal nachdenken, ich melde mich die Tage bei dir. Lass mich nicht zu lange warten, sagte Koba, wo bist du eigentlich? In Köln, sagte ich, kennst du? Nein. Und warum nicht? Ich weiß nicht, sagte er, ruf mich an, und legte auf.

Obwohl es hinter dem Hauptbahnhof ein Musicaltheater gibt, extra errichtet für Besucher von auswärts. Davor ein Hotel, das »Kommerz« heißt, wie es groß an der Fassade zu lesen steht. Wahrscheinlich der seltsamste Name für ein Hotel, den man sich ausdenken kann, Kommerz. Aber auch wieder ehrlich, es geht darum, Geld zu verdienen, sich bewusst zu sein, was unsere Gesellschaft im Innersten zusammenhält. Als erster und letzter Wert, es gibt Städte, in denen man davon eingeschüchtert und zusammengefaltet wird, und Städte, die einem noch Luft zum Atmen lassen. Berlin war immer so eine Stadt, bald nicht mehr. Wie mir scheint, aber ich bin keine Experte, jemand, der solche Statistiken liest. Vielleicht meldet sich irgendwann im Leben eine Stimme, die man lange, zwanzig, dreißig Jahre, nicht gehört hat, und man erliegt ihrem unwiderstehlichen Klang. Wie Odysseus … aber nicht mehr an den Mast eines Schiffes gebunden.

Ich denke, es liegt an meiner Mentalität, dass ich nie daran gedacht habe, Berlin zu verlassen. An einem anderen Ort weiterzukommen, neuer Job, neue Aussichten. Wie Julia, die nach ihrer Promotion Stellenanzeigen durchsah, Lüneburg, Genf, Tübingen. Nach Tübingen ist sie gefahren, um sich vorzustellen, Vorsingen, wie es bei denen heißt. Hätte man sie genommen, wäre sie umgezogen, und ich hätte nichts dagegen gehabt. Nach fünf Jahren Professorin, würde ich drauf gesetzt haben, zwanzig für zehn. Als sie zurück war, habe ich sie gefragt, wie es in Tübingen so sei, ob man da leben könne. Falsche Frage, hatte Julia mir geantwortet, wo kann man leben ohne Arbeit?

Wenn man nicht alle Ansprüche aufgegeben hat und es nur noch darum geht, nicht unterzugehen … ich weiß, wovon ich rede, darf man mir glauben. Wählen zu können ist der größte Vorzug, den man hat mit etwas Vermögen. Nicht in Verhältnisse gezwungen zu sein, die man ertragen muss mangels Masse. Wer das nicht schätzen kann, ist nicht mein Freund.

Seit ich Mira getroffen habe, ihre Kollegen, Freunde und Freundinnen, Alexandra und Blaine, bewundere ich umso mehr jeden, der widrigen Bedingungen trotzt. Tanz auf dem Drahtseil ohne Sicherheit, ohne Netz, das einen auffinge, wenn man 's Gleichgewicht verliert. Als hätten sie alle für sich entschieden, dass kein Absturz so desaströs wäre wie das Sich-Bescheiden in Marktmacht und populärem Geschmack, Erwartungen von anderen folgen.

Was die Anfrage von Koba betraf, musste ich nicht lange nachdenken, ob ich jemanden, der Türkisch sprach, kennen würde, für eine Zusammenarbeit. Weil ich keinen kannte außer Can, den ich nach dem Ende von Tennis Borussia im bezahlten Fußball nur noch bei Ulfs Geburtstagen gesehen hatte. Jedes Mal irgendwo anders beschäftigt, von Kurierfahrer bis Dönerbude. Seine Schwester war Sachbearbeiterin, direkt mit der Mutter damals nach Deutschland gekommen. Verheiratet, bei den Berliner Verkehrsbetrieben in ungekündigter Stellung und mit gehörigem Hass auf diese Männercafés, wo verspielt wird, was man nicht hat. Bombe reinwerfen, habe sie gesagt … wie mir Can erzählte, als ich mich einmal nach seiner Verwandtschaft erkundigt hatte. Und du? Älterer Bruder und jüngere Schwester, zu dritt.

Weil ich keine Telefonnummer von Can hatte, auch keine Mailadresse, müsste ich Ulf anrufen, um ihn zu erreichen. Fragte sich nur, welchen Vorwand ich hätte, wieso und wozu. Als sei die Wahrheit anrüchig. Aber welche Wahrheit? Dass Koba etwas plante mit türkischen Geschäftsleuten? Soweit ich ihn verstanden hatte, ging es um ein Modell, das Abgaben zu reduzieren helfen würde, zugeschnitten auf Berliner Verhältnisse. Was immer das bedeuten sollte, ich hatte nicht nachgefragt. Genauso wenig wusste ich, welche Rolle für Can vorgesehen war, Dolmetscher? Wohl kaum … oder nicht allein. Ulf könnte ich sagen, dass ich über die Versicherung, das Büro, wo ich in seinen Augen tätig war, jemanden kennen würde, der jemanden suchen würde ... was befürchtete ich denn? Enttarnung, als sei ich undercover unterwegs gewesen? Immerhin eine Lüge, die wahrscheinlich schnell aufgedeckt wäre, ich bin jetzt nicht mehr beim »Fußball-Echo«, habe einen neuen Job, Hermesbürgschaften, ich arbeite mich in die Materie von Grund auf rein ... und nie von ihm oder einem der anderen das geringste Misstrauen dafür geerntet.

So habe ich's auch gemacht, als ich mit Ulf sprach, über zwei Ecken hätte ich gehört, dass eine Firma, SoSa Finanzdienstleistungen, Bedarf hätte für einen türkischsprachigen Mitarbeiter, ob das nichts für Can sei? Er käme aus seinen Vorläufigkeiten heraus, der Verdienst wäre sicher besser, etwas ganz Neues. Frag ihn einfach, meinte Ulf, im Augenblick sei Can in einem Handyladen im Gesundbrunnen-Center beschäftigt, schon länger, und das gefiele ihm ganz gut, nach eigener Aussage. Zweifelst du daran? Warum sollte ich?

Bevor ich Can angerufen oder ihm eine Mail geschrieben habe, bin ich in dieses Center gefahren, ein Einkaufszentrum in Wedding, gleich hinter der U-Bahn-Station. War ich nie gewesen, im Wedding sonst nur ein paarmal zum Daddeln. Oder mit Mira in einigen Project Spaces, damit hatte es sich. Ich vermute, es gibt in jeder Stadt Viertel, die man nicht kennt oder kennenlernen will. Selbst wenn einem Vorzüge aufgezählt werden ... meist aber von denen, die dort aufgeschlagen sind. Die Mieten noch erschwinglich, in Seitenstraßen leer stehende Läden, die sich zu Ausstellungsräumen machen lassen, am besten mit den alten Namen, Möbel Klemke. Opening im Möbel Klemke.

Das Center war sehr, sehr groß, langgestreckt, auf drei Ebenen Geschäfte. Nur keine teuren, nichts Exklusives. Wenn man aus der U-Bahn hochkam, lag es wie ein silberfarbenes Raumschiff vor einem, gerade gelandet oder zum Abheben bereit. Es war gut besucht, früher Nachmittag, viele Paare mit Kinderwagen. Mädchengruppen, Gruppen von Jungs in überweiten Jeans. Nachdem ich einmal im Erdgeschoss herumgegangen war, sah ich eine O2-Reklame im ersten Stock. Auf der Rolltreppe entdeckte ich weitere Schilder, Telekom, AY YILDIZ, drei Shops fast nebeneinander. Und in einem stand Can, im Gespräch mit einem Kunden, dem er anscheinend etwas auf der Tastenfläche eines Telefons erklärte, er tippte, sah den Kunden an, der Kunde nickte, Can tippte wieder.

Ganz bei der Sache, dachte ich, jemand, der sich auskennt. Zu was wollte ich ihn überreden? Welches Angebot hatte ich ihm zu machen? Ohne es begründen zu können, hatte ich plötzlich die Eingebung, dass er Kobiashvili nicht gewachsen wäre. Was ich von mir selbst vielleicht auch gedacht hätte, vor sechs Jahren. Mehr als die rechte oder linke Hand von jemandem zu werden, der ohne Angst war. Nicht skrupellos, aber bereit, bis an die Grenzen zu gehen. Weil er sich keine tröstlichen Vorstellungen machte über das Wesen des Menschen, in keinem System. Und es braucht nicht viel, um einen alle Glaubensgrundsätze vergessen zu lassen, zum Schluss zündet man vor einem Marienaltar noch ein Licht an, um mit seinen Schweinereien durchzukommen. Heilige Mutter Gottes, bete für mich.

Ich wandte mich um und ging. Rief Koba an und sagte ihm, dass der, an den ich gedacht hatte, zurück in der Türkei sei. Keine Sache, sagte er, bist du immer noch draußen? Ich denke, sagte ich, gar nicht unwahrscheinlich, dass ich umziehe. In dieses Köln? Kann sein, du wirst es erfahren. Denk an mich, sagte er, werde ich immer, sagte ich, du hörst von mir.

Wo will ich leben? Ich bin nicht auf Rosen gebettet, vierhunderttausend können weg sein, bevor man um die Ecke gebogen ist. Wie es weitergehen soll, als was man sich auch versucht, Galerist, Investor, Spekulant. Etwa Fiala, der von sich sagte, er sei Spekulant, was weder er noch Koba noch ich als ehrenrührig verstand. Ging volles Risiko, gestern noch Gebrauchtwagen, heute ein Apartment in Monaco und Teilhaber einer internationalen Fotomodell-Agentur. Diskret im Hintergrund, kein Eintrag bei Wikipedia oder sonst wo im Netz.

Wer nicht bereit ist, den letzten Chip auf Zero zu setzen, ist schnell raus aus dem Spiel. Mir unmöglich, als scheute ich mich, dem Schicksal so unverhohlen den Mittelfinger zu zeigen, ungeachtet meiner Überlegungen, jeder Großspurigkeit. Ich bin kein Held. Wie die Helden in Jugendbüchern, Detektive oder Piraten, durch nichts zu entmutigen.

Als ich nach Berlin gezogen bin, habe ich nicht mehr über andere Möglichkeiten nachgedacht, Toby hatte eine Wohnung für mich, die so gut wie nichts kostete, ein paar Mark von zu Hause, der Rest würde sich ergeben. Woran es gefehlt hat, kann ich nicht sagen, daran ist auch meine

Therapeutin gescheitert. Den Faktor zu finden, der mich aus dem Gleis geworfen hat, eine Obsession, ein frühkindliches Erlebnis. Frau Leder war kaum älter als ich, drei Jahre oder acht, und ich glaube nicht, dass mein Leben sich von ihrem sehr unterschieden hat. Sie ist auch in die Volksbühne gegangen, war mal auf der Love-Parade. Worüber wir in den fünfzig Stunden nicht alles gesprochen haben.

Gewohnheiten, von denen man denkt, sie seien natürlich wie eine körperliche Eigenschaft. Obwohl sie nur einem Mangel entstammen, einer Lücke in der Phantasie. Dass etwas auch ganz anders sein könnte und man nichts verliert, wenn man die Kurve kratzt. Sich verabschiedet, ohne dann unter Phantomschmerzen zu leiden, einem unwiederbringlichen Verlust. Was würde ich vermissen, wenn ich in Köln, in Frankfurt, in Mannheim leben würde? Selbst wenn es keine Mira gäbe, nicht die Idee, eine Kunstgalerie zu eröffnen. Aufrichtig gesagt: nichts.

Zu sagen, dass man sich an jedem Ort zurechtfinden könnte, ist überstürzt, eine Phrase. Nicht aber, dass es ein inneres Band gibt, das einen irgendwo hinziehen würde. Eher dahin als dorthin. Was unabhängig von den äußeren Bedingungen ist, Ladenmieten oder Steuererleichterungen. Als wünschte man sich, etwas wiederzufinden, wiederzuhören, das man sich im Inneren bewahrt hat, nicht zu erklären und nicht zu verteidigen.

Torstraße. Ich war auf dem Weg vom Senefelder Platz, von der U-Bahn-Station, zur Alten Schönhauser, um mich nach Schuhen umzusehen, es wurde Winter, ich brauchte etwas Festes. War gern bereit, ein paar Scheine hinzublättern für eine Matsch- und Regengarantie, warm, trocken, pflegeleicht.

Es dauerte einen Moment, bis ich den Fahrradfahrer erkannte, der mir entgegenkam, erst als er bremste, sich umdrehte und mich, mit aufgerissenen Augen, anstarrte, rief ich: Claas … Mensch, Claas.

War er, er stieg ab und schob sein Rad rückwärts bis zu dem Fußgängerstreifen, wo ich stand, schluckte, stöhnte. Wie ein Fiepen. Zu fragen, wie es ihm gehe, sparte ich mir, es ging ihm nicht gut. Ich wusste nicht, wie ein Gespräch beginnen, stammelte was von Schuhen, Winterschuhen, nach denen ich suche, kannst du mir was empfehlen, ein Geschäft? Claas sah mich an, als hätte ich Sumerisch gesprochen, Bruno? Bin ich, sagte ich, sollen wir einen Kaffee trinken?

Als sei meine Frage eine ungehörige Ablenkung gewesen, fragte er mich, ob ich heute schon in Facebook reingeschaut habe … oder die Schlagzeile der BZ gelesen. Facebook war ich nicht, die Schlagzeilen der BZ las ich manchmal, weil ihnen vor Kiosken nicht zu entgehen war. Doppelmord in Heinersdorf, die Bestie ist gefasst.

Ich schüttelte den Kopf. Wo ist dein Handy? In meiner Hosentasche. Das ist gefährlich, sagte Claas, wegen der Nachrichtenübermittlung. Meinst du? Zeig mal her. Nachdem er sein Fahrrad auf den Ständer gestellt hatte, gab ich ihm mein Telefon, das er musterte, ohne eine Taste zu drücken. Was, fragte ich, ist denn mit Facebook? Claas fuhr sich mit seiner freien Hand durch die Haare … pass mal bitte auf. Einloggen, mir seinen Account vors

Gesicht halten, kannst du die Botschaft lesen? Die Buchstaben hier. Konnte ich nicht, ich wusste nicht, was er meinte. Er werde überwacht, weil er das Geheimnis entdeckt habe. Selbst die BZ wüsste davon, gäbe es allen bekannt, deshalb seien sie hinter ihm her. Nachdem sie seinen Computer infiltriert hätten, so ein Virenprogramm, um ihn fertigzumachen. Wo ist der Computer? Den hab ich, sagte er und gab mir mein Telefon zurück, hab ich … was? In die Spree. Du hast deinen Apple in die Spree geschmissen? Claas nickte … in dem einzigen Moment, wo ich unbeobachtet war.

Nachdem ich ihn etwas beruhigt hatte, wir kriegen das hin, ganz entspannt, rückte er mit der Geschichte raus … wie ich sie verstanden habe. Er war wie Franco und Livia aus der Danziger ausgezogen, aber noch vor der Sanierung, in einen Seitenflügel auf der Choriner Straße, um ungestört von allem und jedem seine Dissertation zu beenden. Von seinem Auszug wusste ich, Weiteres aber nicht, was in den Jahren seitdem passiert ist. Ob er fertig geworden war, ob er irgendwo arbeitete. Würde ich ihn auch nicht fragen, dachte ich, im Augenblick sicher nicht.

In der Wohnung über ihm, damit hatte es angefangen, die wochenlang leer gestanden habe, sei plötzlich jemand gewesen, Schritte, leise Stimmen. Aber kein Namensschild, nicht an der Tür, nicht an der Klingelanlage. Da hätte er schon geahnt, dass etwas vorgehe … was, Claas? Inkognito, um die Recherche nicht zu gefährden. Weil amerikanische Produzenten auch hinter dem Stoff her gewesen seien, für seinen neuen Film. Wessen neuen Film? Haneke, sagte er, du weißt, wer das ist? Und der war da oben in der Wohnung? Genau, aber ich hätte dichtgehalten, obwohl sie gestern das Schloss an meiner Wohnung ausgewechselt haben. Die Amerikaner? Er nickte.

Das Schloss war natürlich nicht ausgewechselt, wie ich schnell herausfand, als wir vor seiner Tür standen, dazu hatte ich ihn überreden können, lass uns nachgucken gehen. Der alte Schlüssel passte, die Wohnung sah ganz ordentlich aus. Und jetzt? Claas saß mit hängenden Schultern in der Küche, man müsste einen Arzt rufen. Was hältst du davon, wenn wir in die Charité fahren? Und die checken dich mal gründlich durch. Etwas Besseres war mir in dem Moment nicht eingefallen, aber Claas stimmte sofort zu. Ich war erleichtert, hast du einen Bekannten, den wir anrufen könnten? Hatte er, der kam auch schnell, dann sind wir mit einem Taxi zur Notaufnahme, da gibt es eine Extraabteilung für solche Fälle. Warum ich noch mitgefahren bin? Keine Ahnung.

Später an dem Tag habe ich Julia angerufen und ihr von Claas erzählt, sie hatte schon lange nichts mehr von ihm gehört, er sei irgendwie auf einem seltsamen Trip gewesen. Und wie geht's dir? Gut. Mir auch, melde dich doch, wenn du Zeit hast. Mach ich, sagte Julia. Wirklich? Wirklich.

Dem Tod noch mal von der Schippe gesprungen zu sein, das würde ich von mir nicht sagen, das wäre nicht richtig. Trotz Drogen und allem. Wie es scheint, habe ich meine Zügellosigkeiten gut überstanden, vom Körper her gesehen. Auch geistig, bisher keine gravierenden Verluste zu verzeichnen. Also keine, die ich selbst bemerkt hätte oder auf die man mich hinweist. Erinnerst du dich etwa nicht mehr?

Aber trotzdem, mit dem Tod hatte das zu tun, als fordere man ihn heraus, um eine Antwort zu bekommen. Wie lange hält man mit dem Lügen und Betrügen durch, mit dem Spielen, wie viel kann man trinken und sich in die Nase ziehen, bevor einem die Quittung präsentiert wird? Denn dass sie einem präsentiert wird, ist so sicher wie das Amen in der Kirche. Womit ich keineswegs abbiegen will aufs Gebiet der Moral, Jüngstes Gericht, Straffälligkeit, sondern nur eigene Erfahrungen schildere. Wer will, soll sie verallgemeinern.

Über den Tod habe ich nie nachgedacht, wie die meisten von uns, aber bestimmte Gedichte weisen einen darauf hin, wie vorläufig, wie zerbrechlich das Leben ist. Paul Fleming. Theodor Storm. Die ich gelesen habe, um einen Überblick zu bekommen, deutsche Lyrik. Wer jetzt sagt, dass Antibiotika und Herzklappen aus Plastik solche Dichtungen überflüssig gemacht hätten, weiß nicht, wovon er redet. Verdrängt das Tiefste, das in uns rumort, seitdem wir von den Bäumen runtergestiegen sind.

Manchmal frage ich mich, wem oder was ich zu verdanken habe, dass ich nicht untergegangen bin. Meine Verhaftung war doch Zufall, ich hätte noch Wochen und Monate weiter klauen, weiter Spätis überfallen können, ohne erwischt oder überwältigt zu werden. In Lollos Wohnung war ich unauffindbar, mein Telefon war ausgeschaltet, nur einen Moment Klarheit, und ich wäre nicht in Panik verfallen. Dass die Berliner Polizei ernsthaft nach jemandem fahndet, von dem es kein Bild gibt, keinen Namen, keine Adresse.

Dank Koba habe ich überall meine Schulden bezahlt, der Einzige, bei dem ich noch im Minus bin, ist mein Bruder. Was ich bald ansprechen werde, wie sollen wir das regeln? Verrechnen? Ohne Bernhard wäre ich in eine saubere Privatinsolvenz geschlittert, sechs Jahre Margarine, gepfändet, geplündert. Er war tough bei den Verhandlungen mit den Gläubigern, ein Drittel oder nichts, überlegen Sie sich das. Was ich heute auch könnte, mich von juristischen Drohungen, von finanziellen Forderungen, nicht einschüchtern lassen, damals war er mein Rettungsboot. Wofür ich ihm sehr dankbar bin. Weil er das nicht gemusst hätte … sieh selber, wie du da rauskommst.

Glück gehabt. Aber was die Floskel bedeutet, obwohl sie jeder benutzt, ist nicht leicht zu sagen. Was ist Glück? Wie setzt es sich zusammen, eine Frage der Zeit, des richtigen Augenblicks, der Leute, die man gerade kennt? Oder etwas Unbestimmbares, eine Segnung, die man empfängt, ob man's verdient hat oder nicht. Ich glaube, dass man mit Wahrscheinlichkeitsformeln hier nicht weiterkommt, Abwägung von Möglichkeiten. Um mathematisch festzustellen: Dies musste mit einer Sicherheit von dreißig oder sechzig Prozent eintreten. In der Psychologie ähnlich, zähle eins und eins zusammen, und der Delinquent ist geboren. Oder Erfolg. Ansehen. Dabei ist Glück nie die Belohnung für irgendwas, keine Erlösung, kein Geschenk für unermüdliche Strebsamkeit.

Lernt man? Vor was sich zu fürchten ist und was keine Gefahr darstellt? Nicht in einem alltäglichen Sinn, man sollte nachts nicht durch einen unbeleuchteten Park spazieren, nicht in einer Spelunke mit großen Scheinen um sich schmeißen, sondern mehr innerlich gedacht ... vertraust du dir? Bevor es zu einem Aussetzer kommt, den weder du noch ein anderer sich erklären kann. Wären wir wieder beim Tod, als beobachte er uns unablässig, führe uns in Versuchung, lächle über unsere Fluchtversuche. Katz und Maus. Die nicht versteht, wie ihr geschieht.

Jeder Vorwurf, ich sei jetzt existentialistisch, geht an der Sache vorbei. Ich muss nicht auf eine schwere Krankheit warten, um mich zu fragen: Warum ausgerechnet ich? Im Positiven wie im Negativen, Heilung oder fortdauerndes Leiden. Ich bin glücklich über jeden Tag, den ich ohne Sucht bin, auch wenn ich das nicht zelebriere. Oder mir Tiefpunkte ins Gedächtnis rufe, zerknirscht ob meiner Schwäche. Als hätte mein Leben erst spät begonnen, aber nachholen lässt sich nichts. Gejammer über verpasste Gelegenheiten. Von denen man ja nichts wusste, deshalb muss man sie nicht wieder und wieder durchkauen. Auf die Gefahr hin, mich zu wiederholen ... es gibt Sätze, die so beschränkt wie in ihrer Schlichtheit doch wahr sind. Den vom ersten Schritt auf einem langen Weg. Ein anderer lautet, dass heute der Rest deines Lebens beginnt, wie in Roermond an die Wand eines Jugendzentrums gesprayt war, wo wir öfter gewesen sind.

Entrinnt man so dem Tod? Vielleicht findet man die Frage für jemanden, der noch näher an vierzig als an den Fünfzig steht, vermessen oder unangebracht oder total versponnen, aber für mich scheint es die einzige Frage zu sein, die man sich ehrlich zu beantworten hat. Man entrinnt ihm nicht, man muss auch nicht täglich an ihn denken, aber zu wissen, dass er da ist, erleichtert einen.

Finde ich. Deshalb sehe ich Kindern so gerne zu … das war ich, und sie alle werden einmal ich sein, und es wird kein Ende haben.

In der letzten Woche habe ich mir mit einem Makler einige Ladenlokale in Köln angeschaut, ihn dann darauf angesetzt, am Ebertplatz in der Unterführung etwas zu finden. Stünde ja einiges leer, wer vermietet die Räume? Mehr als dreißig Euro den Quadratmeter sei ich nicht bereit zu zahlen … und das wär schon grenzwertig. Außer man könnte Subventionen lockermachen, die Stadt müsste doch Interesse daran haben, dass der Ort aus den Schlagzeilen verschwindet. Aufbauhilfe West.

Über Blaine habe ich eine jüngere Künstlerin kennengelernt, die Performances macht, Edda, die würde ich für einen Eröffnungsabend sofort engagieren. In einem Video, das sie mir in ihrer Wohnung zeigte, testete sie mit einer Freundin aus, bis wohin das Publikum zu treiben sei, wann der Punkt kommt, dass jemand einschreitet oder sich abwendet. Rasierklingen und Blut und infernalische Musik, habt ihr euch echt verletzt? Ja, gut, sagte Edda, das waren ja hauptsächlich unsere Beine, Schienbeine, außerdem waren wir beide so drauf … ne, das war okay für mich. Wir rasieren euch euren Privatporno weg, ihr Spanner.

Bedauerlich, dass Blaine schon fest bei einer Galerie ist, seine Bilder waren bei der Vernissage damals alle verkauft worden … von irgendwas muss man leben. Er malt in einer Doppelgarage in Kalk, weil ihm das Geld für ein Atelier bisher gefehlt hat, Garage kann man bezahlen.

Schießt dir der Galerist etwas vor? Würdest du mir etwas vorschießen? Brauchst du doch jetzt nicht mehr.

Mir liegt nichts daran, Superstars hervorzubringen, in Konkurrenz zu treten mit den großen Namen aus Kunstmagazinen. Wenn sich nicht sowieso alles als romantische Illusion entpuppt. Wenigstens wäre ich hinterher nicht bankrott und müsste irgendwo als Pförtner anheuern. Poststelle, Amtsgericht Charlottenburg.

Meine Zukunft sehe ich weder rosig noch trüb. Dass ich darüber nachdenke, ist noch nicht da gewesen, ich bewerte das nicht. Ob es etwas mit dem Bankkonto zu tun hat, würde ich nicht von vorneherein abstreiten. Als wecke Geld Überlegungen, die man zuvor, schon mangels Masse, nicht angestellt hat.

Im Briefkasten ein Umschlag ohne Absender … erschrecke ich bis heute zuverlässig. Wenn's keine Werbung ist, dann eine Forderung. Von einem Inkasso-Institut, bevor dann offiziell der Mahnbescheid kommt. Ohne Widerspruch steht wenig später der Gerichtsvollzieher vor der Tür.

Es war aber, ich hatte doch keine Schulden mehr, oder?, die Einladung zu einer Geburtstagsfeier … *warum darauf warten, dass sich Zahlen runden?* Gute Frage, der Unterschied besteht in der Größenordnung, zehn oder tausend. Und bei was, wo lohnt es sich, zu zählen und auf die nächste Null am Ende zu warten? Schwellen, die man überschreitet, ab jetzt geht alles einfacher, wird beschwerlicher, ist egal.

Svenja und Bernhard liegen genau einen Monat auseinander, zusammen kommen sie auf zweiundneunzig Jahre, elfter Juni und elfter Juli. Und da ein Grund so gut wie der andere wäre, würden sie zu einem Fest einladen, Beginn 16 Uhr, Kinder und Kindeskinder herzlich willkommen.

Ich war einige Zeit nicht auf dem Hof gewesen, Weihnachtsgeschenke für Antonia und Pascal hatte ich mit UPS geschickt, für Pascal, der seit neuestem Geographie studierte, so ein Multifunktionsgerät zum Höhenmessen, Luftdruck, Digitalkarten, für Antonia ein neues Handy ... kann sich keiner benachteiligt fühlen. Von Svenja wusste ich, was sie sich wünschten, welche Marke, wie viel das kostet. Bei den Eltern hatte ich etwas dazugegeben, wir dazwischen schenken uns nichts mehr. Svenja und Britta, die das ein für allemal entschieden haben.

Ich sagte zu, super, schrieb mir Svenja zurück, Britta und Friedemann kommen auch, wir freuen uns. Friedemann hatte ich erst zwei- oder dreimal gesehen, auch nie ein ausführlicheres Gespräch mit ihm geführt, eher zurückhaltend als Vordergrund, in Bonn hatte er mit einem Kollegen ein eigenes Büro eröffnet. Britta arbeitete da an der Uniklinik, sie erforschte was ... wenn ich's recht verstanden habe, ging es um Blutdruck, genetische Marker, möge man in Lehrbüchern nachlesen.

Seit Julia hatte ich bei Besuchen niemanden mehr mitgebracht, es gab auch niemanden, also eine Partnerin, die ich länger gekannt hätte als zwei Nächte ... und viele waren es nicht. Weder Svenja noch Bernhard, meine Eltern waren zu diskret oder verklemmt, hatten mich je gefragt, ob es eine Freundin gäbe oder einen Freund, irgendwen, mit der oder dem ich mein Leben teilen würde … macht dir das nichts aus, immer allein? Nein, macht mir nichts aus, hätte ich ihnen geantwortet, mir den Witz verkneifend, von Woody Allen?, dass man zu zweit nur die Probleme zu lösen versucht, die man ohne Anhang nicht hätte. Ist nicht falsch, der Spruch, sollte man aber auch nicht zum Prinzip erklären.

Als Mira und ich beim Akademierundgang in Düsseldorf waren, anschließend am Rhein auf einer Terrasse saßen, nein, in einem Café an dieser aufgemotzten Promenade mit den Häusern von Frank Gehry, diesen krummen Türmen, fragte ich sie, ob sie den Niederrhein kennen würde, woher bitte, fragte sie zurück, ist Krefeld Niederrhein? Ich nickte. Dann ja, sie sei schon in den Van-der-Rohe-Villen gewesen, weil ein Freund von ihr dort ausgestellt habe, neue Bildhauerei … willst du mich zu etwas überreden?

In zwei Wochen, sagte ich, würden mein Bruder und seine Frau Geburtstag feiern, ob sie sich vorstellen könne, mit mir zusammen auf das Fest zu gehen. Auf einem Bauernhof? Stell dir vor. Ich war noch nie auf einem Bauernhof, mit Kühen und allem? Weniger, sagte ich, ökologischer Landbau, müsste dir doch entgegenkommen. Die haben keine Tiere? Ziegen, sagte ich, und Gänse, die werden zu Weihnachten geschlachtet. Sadist. Kommst du mit? Warum sollte ich nicht?

Ich mietete in Köln einen Wagen, so könnten wir noch durch die Gegend fahren. Nach Holland, zu dem Schloss mit der Beuys-Sammlung. Britta und Friedemann waren auch einen Tag vorher gekommen, allerdings mit Bahn und Bus. Braucht ein Architekt nicht ein Auto, fragte ich mich, oder nimmt der sich in Zeitnot ein Taxi zur Baustelle? Bei Britta wunderte mich das nicht, deren grüne Anwandlungen waren allgemein bekannt, schnell mit Daten zur Hand, die man sofort kontern muss … bald dann wieder Ochsengespanne, ja?, und der Sämann wie auf alten Bildern mit einem Leinensack, aus dem er das Korn mit Schwung auf den Acker befördert.

Das Land, der Hof, in einem der Gebäude halb verrostete Eggen und Pflüge. Warum man die nicht entsorgt, ist mir unbegreiflich, als bewahrte man sie auf für andere Zeiten. Neben einer prähistorischen Zugmaschine von Fendt, die vorne aufgebockt war, weil die Reifen fehlten. Wer will mit dem Teil noch jemals fahren? Mira fand's interessant, daraus könnte man Phantasie-Apparate bauen, wie Tinguely. Bedien dich, sagte ich, vielleicht verkauft dir Bernhard das Zeug. Verkaufen? Was sonst? Das ist doch nichts mehr wert. So was behauptet man immer, und immer zu schnell.

Svenja hatte seit Tagen eingekauft, einen Platz für den DJ vorbereitet, Tische und Bänke anliefern lassen. Siebzig hätten fest zugesagt, jetzt müsse nur noch das Wetter nicht verrücktspielen. Was es nicht getan hat, darf ich vorwegnehmen. Tante Waltraud, die ihr Leben bei uns verbracht hat, klaglos, nie habe ich sie bedrückt erlebt, hatte Braten geschmort, Saucen gerührt, Berge von Kartoffelsalat geschnitten, dazu Schüsseln voll frisch gekochter Rote Bete, ein gewaltiger Suppentopf … ermahnte Svenja, ich stand daneben, dem Griller, den sie engagiert hatte, zu sagen, dass immer genug Gemüse, Auberginen, Zucchini, Tomaten, als Beilage fertig sein müsse.

Als Kind war mir Tante Waltraud ohne Alter erschienen, irgendwie auch ohne Geschlecht, die ältere Schwester meines Vaters. Ich weiß nicht, ob es das heute noch gibt, früher muss es normal gewesen sein, alleinstehende Schwestern mit durchzubringen, wenn die nicht von selbst auf die Idee kamen, in der nächsten größeren Stadt ihr Glück zu versuchen. Und man konnte es schlechter antreffen als bei meinen Eltern. Waltraud musste um die achtzig sein, wenn nicht darüber. Hatte sie etwas vermisst?

Britta und Friedemann kamen ein paar Stunden nach uns an, war gedankenlos von mir, dass ich bei ihnen nicht angerufen und gefragt hatte, ob wir sie mitnehmen sollten. So verbohrt war Britta nun nicht. Ich machte den Vorschlag, weil Hilfe von uns abgelehnt wurde, ihr seid unsere Gäste, spazieren zu gehen, Friedemann kannte unsere Wege schon, für Mira war alles neu. Britta und sie gingen vor, Friedemann und ich folgten. Er habe von Bernhard gehört, sagte Friedemann, dass ich eine Galerie aufmachen wolle … die sprechen über mich, nach einer Andeutung in einem Telefongespräch? Ich nickte, wahrscheinlich in Köln, kennst du den Ebertplatz? Er sah mich grinsend an, wer kennt den nicht? Eben, sagte ich, genau deshalb. Kontrafaktisch. Vielleicht die beste Lage, es gibt nämlich den Thrill, an einem gefährlichen Ort gewesen zu sein, kann man von berichten. Überlebt.

Wir hatten zusammengelegt für ein Geschenk, ausgiebig darüber gesprochen, womit wir den beiden eine Freude machen könnten. Hin und her, nichts überzeugend. Bis Britta mit Taormina kam, den Simple Minds und Jim Kerr. Weil Svenja doch ein Fan sei, und in Taormina habe Jim Kerr ein tolles Hotel, oder eine Pension, und Sizilien im Frühjahr das Schönste, was man sich vorstellen kann. Die Bilder im Netz waren … betörend, das Meer, die alte Stadt, die Villa Angela mit einem Blick über die Küste bis zum Ätna. Wie teuer? Das bezahlen wir, sagte Britta, denkt mal daran, dass wir jederzeit zu ihnen auf den Hof können, wie gut alles gelaufen ist. Und wenn sie fünfzig werden, veranstalten wir das Fest.

Sie hatte sich um die Buchung gekümmert, eine Woche im nächsten April … was zwar noch etwas hin sei, aber da blühe die Natur, sie und Friedemann wären davon überwältigt gewesen. Ich will auch reisen, dachte ich, warum habe ich das nie gemacht? Wie Julia, die drei Monate auf Sri Lanka gewesen ist, wenigstens einmal, hatte sie gesagt, da war ich mutig. Mira hatte in Lyon gelebt, Britta war in Manila oder Jakarta oder sonst wo gewesen, Friedemann in London im Büro eines berühmten Architekten. In einer Besenkammer gewohnt.

Als wir bei unserem Spaziergang kehrtmachten, flacher geht nicht, sagte Mira, als ich sie fragte, ob ihr die Landschaft gefalle, kamen Antonia und Pascal auf Mountainbikes angefahren, der Onkel und die Tante. Britta war kaum zehn Jahre älter als die beiden, als Pascal, der eine frische, mit durchsichtiger Folie geschützte Tätowierung am Unterarm hatte. Zeig mal, sagte Britta, ist das dein Sternzeichen? Genau, sagte Pascal, Zwillinge. Es war so eine Hafentätowierung, Hamburg, zwanziger Jahre. Hauptsache, Antonia sah Britta an, dann mich, er lässt sich nichts auf die Stirn tackern.

An dem Abend saßen wir noch lange im Wohnzimmer zusammen, nur die Eltern waren schon ins Bett gegangen. Ob uns mal aufgefallen sei, sagte Mira, dass unsere Namen alle mit B beginnen würden, Bernhard, Bruno, Britta. Hatte ich nie drüber nachgedacht … unsere Großväter hießen so, sagte ich, das sei doch der Grund gewesen, bei uns Brüdern. Unlogisch, sagte Antonia, dann gäbe es ja immer nur dieselben Namen, Großvater, Enkel, Vater, Urenkel, immer nur Brunos und Bernhards und Theodors und Josefs. Und Pascal heiße Pascal, kein anderer in der Familie. Traditionsbruch, sagte ich, so fängt's an, Antonia tippte sich an die Stirn.

Bernhard hatte in seiner Freizeit begonnen, eine Chronologie zu erstellen, woher die Familie kam, ob es überhaupt eine Urkunde gäbe, die den Besitz an unserem Land dokumentieren würde. Beim Entrümpeln des großen Speichers fand sich alles Mögliche, uralte Kaufverträge, Zeichnungen für Anbauten, Rechnungen. Was Maurer im neunzehnten Jahrhundert verlangt hatten. Und eben amtliche Briefe, die an unseren Urgroßvater adressiert waren, Vorladungen … im Zusammenhang mit separatistischen Umtrieben, das freie Rheinland. Bernhard hatte die Dokumente in eine Klarsichthülle gesteckt, bei den Gerichten in Kempen und Krefeld müsste sich mehr finden lassen, wenn die Archive nicht weggebombt worden sind.

Und im Dritten Reich? Miras Stimme klang weder anklagend noch inquisitorisch, hast du für diese Zeit was? Bernhard schüttelte den Kopf, da ist eine Leerstelle, nur ein paar Zeitungsseiten, Landvolkbewegung … meinst du Zwangsarbeiter? Mira hob die Schultern, warum habe ich das angeschnitten? Nichts Schriftliches, sagte Bernhard, ausschließen wolle er es nicht. Als könne man, sagte Antonia, in diesem Land irgendwas ausschließen. Danke, sagte Pascal, darauf haben wir gewartet. Du, sagte Antonia, hast darauf gewartet, amnesia universalis. Was soll das heißen? Weißt du genau. Ich kann kein Latein. Dein Problem.

Später noch ein Gespräch über Thüringen, über Erfurt, wo Mira aufgewachsen war. In der vierten Klasse gewesen, als die Wende kam. Ihre Eltern? Seien gut über die Zeit hinweggekommen, ihr Stiefvater bei der Reichsbahn und dann in den West-Dienst übernommen, ihre Mutter als Elektroingenieurin habe bei Siemens angefangen, Siemens Energy, bis zum Ruhestand im letzten Jahr. Hatte sie mir auch schon einmal erzählt, in Umrissen. Weil ich nicht so neugierig bin, jemanden auszufragen nach den Altvorderen, als erschließe sich auf diese Weise der Charakter eines Menschen. Ignorant? Erstens bin ich kein Sozialarbeiter, und zweitens glaube ich nicht, dass man so zu Schlüssen kommt, die mehr sein könnten als Glorifizierungen oder Entlastungen. Nimm die Leute, wie sie dir begegnen, eine Vergangenheit hat jeder. Wer sie als Vorwand benutzt, kann nicht mehr klar urteilen, gibt die Verantwortung für sich selber ab. Heute mehr denn je … scheint mir.

Noch eine Flasche Sekt. Aber das ist die letzte, sagte Svenja, für mich. Für mich auch, sagte Mira … machst du schlapp? Antonia lachte, nahm sie in den Arm. Ich hol noch eine. Hast du eine Zigarette für mich, fragte Friedemann, der neben mir an unserem großen Esstisch saß. Einmal war ich mit Svenja draußen gewesen, um eine zu rauchen, ein Päckchen in drei Tagen. Geht ihr rauchen? Ich nickte, bin ich dabei, sagte Britta.

Was er gerade baue, fragte ich Friedemann, nachdem ich den beiden Feuer gegeben hatte. Zwei Wohnblocks, sagte er, halb gefördert, halb privat. Wo? Bergisch Gladbach, eine Hanglage, sei ganz reizvoll gewesen. Er paffte … im Gegensatz zu Britta, die schön tief auf Lunge rauchte. Ärztin. Haben sie einen Preis für bekommen, sagte sie, sei mal bitte nicht so bescheiden. Ich bin nicht bescheiden, sagte Friedemann … doch, bist du.

Seit einigen Wochen arbeiteten er und sein Kompagnon am Entwurf für einen Wettbewerb, Verwaltungsgebäude mit angeschlossener Recreation Area, Dänemark. Und wie stehen die Chancen? Sie seien eingeladen worden, sagte Friedemann, darüber hätten sie sich schon gefreut. Man wird zu Wettbewerben eingeladen? Wenn man gut ist, sagte Britta, nicht jeder. Seid ihr gut? Ich glaube, sagte Friedemann, ja, doch, wir sind gut.

Und dann das Fest am nächsten Tag. Ein bisschen wie bei ihrer Hochzeit, fehlten nur die Onkel und Tanten. Zu tatterig oder schon tot. Waltraud hatte das Essen im Griff, wie eine Haushofmeisterin, die Suppe würde es erst spätabends geben. Das Wetter spielte perfekt mit, Freunde von Svenja und Bernhard, von Antonia und Pascal, und der DJ, der um sieben kam, mit Lounge-Sachen anfing, bevor er zu Soul überging, war eine Nummer für sich.

Mira saß lange mit meiner Mutter zusammen … worüber habt ihr gesprochen? Darüber. Du musst mir das nicht sagen, Entschuldigung. Mira wollte mit ihr ein Interview machen, wie alt ist deine Mutter? Fiel mir auf Anhieb nicht ein, kleine Rechnung, sechsundsiebzig. Also hat sie deinen Vater erst spät geheiratet. Ist achtundzwanzig oder so spät?

Ein Gast kam mit einem AMG an, Mercedes, sah ich durchs Tor. Den Motor hörte man schon auf der Straße, gluckernd, röhrend, dann heiser ausrollend auf dem Parkplatz. Frau und Mann stiegen aus, es war, mit Haarkranz jetzt, Bernhards Kumpel vom Seeblick, wo Svenja als Studentin gearbeitet hatte. Ihm gehörte inzwischen der See, an dem das Ausflugslokal lag, das Waldbad, Aussichtsplattform, Minigolf, Fahrradverleih, acht Fremdenapartments … und das alles in einem Landschaftsschutzgebiet, in dem nichts mehr gebaut werden durfte. Der könne auch Geld drucken gehen, hatte Bernhard über ihn gesagt, der Marcel. Dessen einziger Sohn nach einer Kochlehre den Betrieb inzwischen übernommen hatte, sonntags Brunch mit geräucherter Gänsebrust von van Gelderen, preisgekrönt.

Ich fühlte mich dazugehörig und dann wieder nicht, ich kannte hier viele, die meisten, und doch lebte ich anderswo, nicht ökonomisch, ich hätte mir ja auch ein teures Auto kaufen können, sondern … worauf kommt es denn an? Als sei ich der Einzige, der sich die Frage jemals gestellt hat. Auch so ein Irrtum.

Es ging lange, zum Schluss saßen die Übriggebliebenen mit Decken im Hof, meine Geschwister, die Kinder, Mira, Friedemann, mein Cousin von der Königsburg, Marcel, ihre Frauen. Wobei sich herausstellte, dass Marcel ein großer Erzähler ist, der letzte Besuch in einem Drei-Sterne-Restaurant und wie er die Gäste dort schilderte, den Betrieb. Ob sie alles verstehe, fragte ich Mira leise, so halb, sagte sie, trotzdem lustig. Als würden die Pointen auf Hochdeutsch verpuffen, es wäre eine andere Geschichte. In einer anderen Sprache, deren Witz der heimatlichen nicht das Wasser reichen könnte. Mein Cousin, mein Bruder, Svenja, Antonia, alle sprachen nun Platt … wat 'ne Schauter, dä Mann … wie ein Band, das sie über jede Verschiedenheit hinweg zusammenschweißte.

Am nächsten Tag, kommt bald wieder, sagte Bernhard, als wir uns verabschiedeten, sind Mira und ich noch bis Schloss Moyland gefahren, haben uns das Beuys-Sammelsurium angesehen, schöne Zeichnungen, sind dann aber nicht mehr nach Holland, sondern zurück nach Köln. Hat's dir gefallen? Unbedingt, können wir ruhig wieder hin.

Sind wir einige Wochen später auch, meine Mutter hatte zugestimmt, sich vor der Kamera interviewen zu lassen. Ich hab doch nichts zu sagen. Das dürfen Sie nicht glauben.

Wie geht's weiter? Wahrscheinlich fragt sich das die Mehrheit der Menschen jeden Tag. Oder auch nicht, sofern man sich's leisten kann. In einem ganz grundlegenden Sinn, meine ich, weil man keine Angst haben muss, zu verhungern oder ausgeraubt zu werden.

Vielleicht wäre ich ein guter Pastor geworden … wenn ich mir so zuhöre. Aber zu predigen ist leicht, wenn mittags das Essen auf dem Tisch steht. Also lassen wir das jetzt. Denn ans Wohl der Menschheit denkt keiner beim Blick auf den eigenen Kontoauszug.

Viel mehr Weisheiten habe ich nicht zu verkünden, als Lebensberater würde mir schnell die Kundschaft ausgehen. In zehn Schritten zum Erfolg, akzeptieren Sie sich so, wie Sie sind. Abgemacht, prima.

Das mit der Münze, die man vor jeder wichtigen Entscheidung wirft, hat was für sich. Dann gäbe es niemanden und nichts mehr, dem man die Verantwortung zuschieben könnte, man müsste sich nur trauen. Sich von dem Gedanken befreien, alles hinge von einem selber ab … statt Kopf oder Zahl. Ich vermute, die meisten würden sich beleidigt fühlen, wenn man ihnen mit dem Vorschlag käme, wir haben 's Schicksal selbst in der Hand, aus welchem Jahrhundert bist du denn übrig geblieben?

Ob ich zufrieden damit bin, wie es ausgegangen ist … sicher, schließlich nicht in der Gosse gelandet. Oder wieder rausgekommen, um der Wahrheit genüge zu tun. Geläutert? Wenn ich wüsste, wovon, könnte ich ja oder nein sagen, man lernt was, das ist nicht zu verachten. Wie man es aber schafft, sich bis zuletzt daran zu halten, darauf weiß ich keine Antwort. Für mich nicht.

Vielleicht hat es etwas mit dem Namen zu tun, wie man sich durchs Leben schlägt. Ich würde das nicht ausschließen, denn wie man heißt, wie man sich vorstellt, wie die Leute einen ansprechen, wird man nicht los. Den Rest kann man sich immer zurechtbiegen, kein Zeugnis, das nicht zu besorgen wäre.

Van Gelderen geht für mich durch, Bruno ist auch annehmbar. Chief Financial Officer. Die Klage, die gegen Merkur-Invest noch anhängig ist, scheint sich bald erledigt zu haben, unser Rechtsanwalt gab uns letztens in einem Schreiben zu verstehen, dass die Gegenseite anscheinend die Revision zurückziehen wird. Dazu hätte ich ihnen auch geraten. Wenn sie nicht auf den Kopf gefallen sind, die Kosten rechnen sich nicht. Öffentlicher Schaden, den nicht wir erleiden.

Im Handelsregister habe ich kurz nach der Feier auf dem Hof die Galeriegründung eintragen lassen. Damit macht man nichts falsch, und für mich war es ein unwiderrufliches Zeichen. Ist das Geld weg, ist es weg, und ich mache den Laden wieder zu. Edda wird am ersten Abend dabei sein, du kannst machen, was du willst, hab ich ihr gesagt, es muss nur richtig knallen. Was zahlst du? Tausend. Zweitausend. Fünfzehnhundert. Und die Rechte, Video, Ton? Wenn du einverstanden bist, machen wir einen Vertrag. Bin ich, sagte sie, es wird heiß werden. Ich hoffe.

Ich weiß nicht, warum ich mich für Köln und nicht für Berlin entschieden habe, als ich die Angebote der Makler verglichen habe. Die lagen preislich nicht so weit auseinander, und die alte kleine Lagerhalle in Lichtenberg, am Rand von Lichtenberg, fast noch Friedrichshain, und das unrenovierte Erdgeschoss in der Nähe des Eigelsteins, in dem vorher ein iranischer Änderungsschneider gehaust hatte, waren beide, sagen wir, wie es ist, gleich renovierungsbedürftig. Müll rausschaffen, Sanitäranlage, Beleuchtung, ansonsten aber, wie Friedemann sagte, der mit Britta aus Bad Godesberg gekommen war, den alten Charme der Räume belassen. Diesen Eingang mit Fliesen aus den Fünfzigern, das Schaufenster ist schön groß, und hinten raus hast du Platz für ein Office.

Wie der Iraner die Miete mit seiner Schneiderei bezahlt hat, zwei fünf für knapp hundert Quadratmeter, war mir unbegreiflich, vielleicht hat er da auch gewohnt, vielleicht kam er so über die Runden.

Kannst du mir einen Architekten in Köln empfehlen? Bevor Friedemann antworten konnte, sagte Britta, dass sein Büro das übernehmen würde. Dafür werdet ihr doch Zeit haben? Gerne, sagte Friedemann, komm nächste Woche vorbei.

Finito la musica … wie Franco immer sagte, wenn eine Geschichte, die er erzählt hatte, nicht mehr weiterging, ob sie einen guten Ausgang genommen hatte oder nicht. Aber was ist schon ein guter Ausgang? Alle sind glücklich, und alles mündet in einen jubilierenden Schlusschor? So funktioniert's oft nicht, leider. Wir werden ja sehen, wo man mich in ein paar Jahren wiedertrifft, ich sage nichts voraus. Das dürfte doch klar geworden sein.